arquivos
permanentes
Tratamento documental

Heloísa Liberalli Bellotto

arquivos
permanentes
Tratamento documental

4ª edição

ISBN 85-225-0474-1

Copyright © 2006 Heloísa Liberalli Bellotto

Direitos desta edição reservados à
EDITORA FGV
Rua Jornalista Orlando Dantas, 37
22231-010 — Rio de Janeiro, RJ — Brasil
Tels.: 0800-021-7777 — 21-3799-4427
Fax: 21-3799-4430
e-mail: editora@fgv.br — pedidoseditora@fgv.br
web site: www.fgv.br/editora

Impresso no Brasil / *Printed in Brazil*

Todos os direitos reservados. A reprodução não autorizada desta publicação, no todo ou em parte, constitui violação do copyright (Lei nº 9.610/98).

Os conceitos emitidos neste livro são de inteira responsabilidade da autora.

3ª edição — 2005; 4ª edição — 2006; 1ª e 2ª reimpressões — 2007; 3ª reimpressão — 2008; 4ª reimpressão — 2009; 5ª e 6ª reimpressões — 2010; 7ª reimpressão — 2011; 8ª reimpressão — 2012; 9ª e 10ª reimpressões — 2013; 11ª reimpressão — 2015; 12ª reimpressão — 2016; 13ª reimpressão — 2019; 14ª reimpressão — 2021.

Revisão de originais: Maria Lucia Leão Velloso de Magalhães
Revisão: Aleidis de Beltran e Andréa Bivar
Capa: Studio Creamcrackers

Ficha catalográfica elaborada pela Biblioteca
Mario Henrique Simonsen/FGV

Bellotto, Heloísa Liberalli
    Arquivos permanentes: tratamento documental / Heloísa Liberalli Bellotto. — 4. ed. — Rio de Janeiro : Editora FGV, 2006.
    320p.

    Inclui bibliografia.

    1. Arquivos e arquivamento (Documentos). I. Fundação Getulio Vargas. II. Título.

CDD — 025.171

*A meus alunos de todo o Brasil,
a cujo interesse e entusiasmo espero ser
este livro a resposta adequada, justa e grata.*

Sumário

Prefácio 9

Introdução à 1ª edição 13

Introdução à 2ª edição 17

Temas introdutórios 21

    1. Da administração à história: ciclo vital dos documentos e função arquivística 23
    2. Documento, informação e meios institucionais de custódia e disseminação 35
    3. Diplomática e tipologia documental 45
    4. Análise diplomática e análise tipológica dos documentos de arquivo 65
    5. Tradição documental 105
    6. Valores dos documentos de terceira idade 113

Temas centrais 125

    7. Identificação de fundos 127
    8. Sistemática do arranjo 135
    9. A ordenação interna dos fundos 147
    10. Dispersão e reintegração de fundos 161

11. O sentido da descrição documental   173
12. O processo da descrição: a norma Isad (G) e os instrumentos de pesquisa   179
13. Política de descrição documental   219
14. Difusão editorial, cultural e educativa em arquivos   227
15. Arquivos privados: conceituação e caracterização   249

Temas complementares   261

16. Arquivos pessoais como fonte de pesquisa   263
17. Reflexões sobre o conceito de memória no campo da documentação administrativa   271
18. Direito à história: a questão da microfilmagem de arquivos coloniais e o projeto Resgate   279
19. O arquivista na sociedade contemporânea   299

Bibliografia   307

Nota da autora   317

Prefácio

El trabajo en los archivos es antiguo, metódico y callado, de tal manera que la transmisión de sus principios y normas era tarea directa que se aprendía con la práctica del buen administrar y ordenar los documentos producidos. La producción de documentos y el número de personas que de ellos tenían custodia estaban, más o menos, equilibrados. Por lo tanto, no se apreciaba la necesidad de manuales ni escuelas.

En nuestro siglo, las circunstancias han cambiado y la mayor producción de documentos y la mayor demanda de su servicio, en las tres edades, hace que no sean suficientes unas ordenanzas o reglamentos, sino que hay que preparar archiveros que se encarguen de los documentos en las tres etapas. Ello hace surgir las enseñanzas y los estudios teóricos en escuelas y universidades: los archivos necesitan suficientes archiveros bien preparados.

La decisión de transmitir los conocimientos por medio de textos, tomada por la profesora Heloísa Liberalli Bellotto con la publicación de *Arquivos permanentes: tratamiento documental*, es una posición vital que manifiesta esta realidad y que, al tiempo, muestra en esta historiadora su reconocimiento de que la dedicación a los documentos como tarea esencial cotidiana, en su categoría de profesión, es capaz de llenar una ilusión y una vida. Esta decisión, libremente tomada, pese a que tal profesión aparezca muchas veces, injustamente, como subsidiaria de la labor investigadora, la coloca entre los archiveros cuya misión docente va a ser de gran valor para el patrimonio documental del país. Por fin, y este es un paso que muchos colegas debían dar, decide el enfrentarse a unas cuartillas para recopilar, organizar y editar de manera clara y puesta al día los saberes que ha ido acumulando como resultado del estudio, la práctica docente y el quehacer en el archivo. Sus escritos van a servir a los demás, a los estudiantes y a los colegas, para la formación de una bibliografía brasileña que sitúe la tradición heredada en el conjunto de la producción archivística general del momento.

Estamos seguros de que sus alumnos de todo Brasil, a los que va dedicado el libro, acogerán este esfuerzo con el mismo entusiasmo con el que han seguido sus clases en la Universidad de São Paulo en los cursos permanentes y los otros, los del *todo* Brasil, que han tenido oportunidad de beneficiarse de sus lecciones y escritos anteriores. La proyección del profesor en los alumnos es un premio que conviene se vea recompensado con la publicación de sus enseñanzas, para que circulen más. De manera que perduren las palabras escuchadas en las clases, fugaces y perecederas, con la permanencia de lo escrito y editado.

Por otro lado, que el tema elegido sea el de la documentación histórica, la de los archivos permanentes, resulta muy oportuna en estos tiempos. Explicando, como lo hace, con toda claridad, la importancia y ligazón con las otras dos edades, la corriente y la intermedia, el que se destaque la dependencia sucesiva de unas y otras, en el enriquecimiento de la archivalía de las naciones, de todas las naciones, las de vieja tradición y las nacidas en nuestros días, significa reconocer las peculiaridades del acervo documental de los archivos en sus raíces básicas: los documentos tienen que ser conservados para siempre. El siempre, junto a la historia, significa lo repetido en el tiempo, lo organizado y seriado, lo que interesa en relación con los demás, porque cada unidad se integra y forma parte de un todo. Por eso, nos encanta que repita como distintivo de los archivos que no se trata de "preciosidades coleccionadas", que diga que el trabajo de los archiveros es apasionante y contrario a la rutina, siempre vivo, desinteresado, sin personalismos ni discriminaciones de tiempo, tema o lugar. Cada tiempo plantea sus problemas y los nuestros, por serlo de una época de magnitudes millonarias, nos obliga a encontrar soluciones casi imposibles en nuestro quehacer de servicio e información.

Por eso, Heloísa dice: "Sendo o acervo cumulativo infinitamente, o trabalho de transferência da informação poderá representar uma corrida sem fim, que será inócua se for incompleta". Para que no lo sea, hay que formar a muchos y buenos archiveros entre los jóvenes que buscan trabajo interesante y de valor para la comunidad. Hay que enseñarles lo que es encargarse de la custodia y servicio de la archivalía nacional de manera correcta y rentable. Un trabajo que abarca desde la asistencia a los ciudadanos en la búsqueda de testimonios para sus vidas y haciendas, a la ilustración de los estudiantes y la orientación de los más prestigiosos investigadores. Un trabajo que va desde la certificación de un documento a una edición que es un deleite cultural, pues la preparación de los fondos, su descripción y estudio son tareas, como hemos dicho, alejadas de la rutina y que entran en la categoría de la creación.

El estudio tiene a nuestro entender, otra cualidad. Con un aporte de bibliografía y ejemplos de lo que sucede en los demás países en el campo de la archivística, sitúa la posición del Brasil en cada tema, en la teoría y en la realidad vivida, con arreglo a lo que recomiendan las normas como óptimo, poniendo de manifiesto la universalidad de los problemas y las soluciones más admitidas. Pero, dando un paso más, los ejemplos los acompaña de propuestas de solución para cada una de las tareas que los archiveros tienen que desarrollar: la recogida, transferencia, selección, organización, descripción y servicio. Explica las diferencias en la terminología y recomienda los cambios que en cada caso le parecen oportunos, siguiendo una política de simplificación y normalización positivas.

Un país de tanta población, tan larga producción documental y con tal número de archivos antiguos, necesita muchos archiveros que se encarguen de los documentos ya producidos y de los que ahora se producen para que, en su día y de manera apropiada, lleguen a los archivos históricos los debidos y solo los debidos, ni todos ni en parte. Creemos que este libro puede ayudar a que esta inmensa tarea se realice en mejores condiciones. Así lo esperamos.

Vicenta Cortés Alonso
Madrid, 7 de julio de 1988

Introdução à 1ª edição

Um fundo de arquivo é um universo arqueológico a identificar, balizar, ordenar, descrever e analisar de modo a possibilitar a preservação de sua organicidade, de sua integridade física, e a disseminação de informações extraídas de seus elementos, colocando-as em condição de apreensão e uso plenos.

A arquivística, no âmbito dos arquivos permanentes, não dispõe e nem pretende dispor de códigos e tabelas universais preestabelecidos de arranjo e descrição. Isto porque, ao contrário da biblioteconomia, ela não trabalha com documentos múltiplos e nem com tipologias uniformes, passíveis de se submeterem a uma estrita normalização de processamento técnico. No entanto, não se pode dizer que a arquivística não tenha doutrina e metodologias próprias; muito menos se pode taxá-la de isenta de princípios gerais que possibilitem o entendimento entre seus profissionais e entre estes e os usuários dos acervos a recolher, arranjar, descrever e divulgar.

Sendo um universo arqueológico, o fundo de arquivo é, com raras exceções, um desafio que acena com o caótico que lhe imprimiram o tempo e o desuso em que caíram seus elementos. Assim, no sentido do desafio e da descoberta, o trabalho de arquivo, especialmente quando se trata de acervos históricos, é invariavelmente fascinante.

Com estes parágrafos iniciei a introdução ao *Inventário analítico do Arquivo Silva Coutinho*, publicado pelo Museu Paraense Emilio Goeldi em 1984, dentro do projeto Arquivo Permanente, no qual tenho atuado como consultora de técnica arquivística. Julguei-os significativos para introduzir os capítulos que se seguem, alguns deles resultantes de trabalhos publicados em revistas especializadas, sobretudo na do Arquivo Municipal de Rio Claro, cujos devidos créditos encontram-se no final desta edição.

O subtítulo previne que o conteúdo não está dirigido a questões políticas, históricas ou institucionais dos arquivos permanentes e, sim, que aborda conceituações, metodologias e técnicas de tratamento de seus fundos documentais.

O objetivo desta publicação é facilitar informações aos alunos dos cursos de arquivos, para os quais é escassa a literatura nacional sobre arranjo e descrição em arquivos permanentes. De outra parte, aos que já atuam nas atividades técnicas junto a acervos de terceira idade poderão ser úteis algumas das reflexões aqui expressas.

Este conjunto de textos representa o resultado de mais de 15 anos de experiência no campo da arquivística, tempo em que foi possível decantar teoria, aprendizagem, prática, observação, ensino e reflexão. Às entidades nacionais e estrangeiras que me possibilitaram aprendizagem, às que me abriram suas portas para que eu ministrasse cursos e àquelas que me propiciaram prática, sou devedora desta experiência.

Nesta trajetória pude contar com o inestimável apoio de duas das maiores autoridades arquivísticas do país: José Pedro Esposel e Nilza Teixeira Soares, tanto quanto o de Vicenta Cortés, minha mestra em Madri e cuja experiência e prestígio internacional dispensam comentários. Deles tenho herdado o entusiasmo pela causa dos arquivos e a fascinação pelo trabalho arquivístico. Sem este norte, todo conhecimento técnico não teria o suficiente esteio para garantir o bom êxito e a necessária continuidade desse trabalho.

Afastar da atividade arquivística toda sorte de improvisação, de adaptações casuísticas e de despreparo é a larga tarefa para a qual este livro pretende contribuir, ainda que dentro de seus limites.

A matéria foi agrupada em três grandes segmentos, com destaque para o segundo, que trata das questões técnicas de tratamento dos documentos ditos históricos. Na parte introdutória, uma visão bastante ampla das questões conceituais e metodológicas é a intenção do primeiro capítulo. É necessário colocar o leitor, desde o início, diante do que tem sido denominado pelos teóricos "unicidade da função arquivística". Embora as matérias que se seguem estejam voltadas para a terceira idade dos documentos e para o trabalho de sua organização no interior dos arquivos permanentes, um quadro linear do ciclo documental e as principais características de cada uma das suas três fases eram imprescindíveis.

Dada a especificidade brasileira (e também a de alguns outros países) de, mesmo entre profissionais de relativa experiência, haver confusão quanto à tipologia, à função e ao destino dos documentos, tomados genericamente, misturando-se a atribuições técnicas formas de tratamento e de utilização que deveriam ser obrigatoriamente diferenciadas, julgamos útil a inclusão do capítulo 2. Nele procura-se distinguir as características do acervo e das funções documentais relativas a arquivos, bibliotecas, museus e centros de documentação. As questões da diplomática, da tipologia documental e dos valores de arquivo são abordadas como antecedentes à própria entrada dos documentos permanentes no arquivo — momento em que começa a atuar o arquivista, no âmbito da terceira idade documental.

Colocado o quadro inicial, podem ser introduzidos os temas técnicos centrais, iniciados pela apresentação dos conjuntos típicos dos arquivos permanentes: os fundos. Os capítulos referentes ao arranjo e à descrição são os mais longos e detalhados. Não poderia ser de outro modo, já que se trata de indicar o tratamento documental daqueles conjuntos como objetivo maior. A exemplificação torna-se indispensável para que seja possível uma aplicação efetiva das normas aqui expostas. Todas as exposições feitas foram pautadas por uma preocupação eminentemente didática e voltadas para a realidade brasileira. Em algumas, pesou mais a vertente conceitual e metodológica; em outras, a prática. As operações descritivas mereceram três capítulos, uma vez que são as menos frequentes nos manuais brasileiros.

Não se pretende esgotar toda a questão do processamento técnico dos acervos de terceira idade: outras faces ainda ficam por explorar futuramente. No entanto, os itens fundamentais que contornam o tratamento documental em arquivos permanentes foram aqui apresentados. Que com eles se possa, de alguma forma, dirimir dúvidas e atingir soluções aceitáveis.

A tarefa da identificação, organização, descrição e transferência da informação dos documentos custodiados nos diferentes arquivos em nosso país é gigantesca, até mesmo aterradora diante da escassa parcela já levada a cabo até hoje. Oxalá este livro contribua para que ela possa atingir níveis de otimização cada vez maiores.

Heloísa Liberalli Bellotto
São Paulo, 30 de maio de 1988

Introdução à 2ª edição

Passados mais de 10 anos, desde a sua finalização em 1988 e a sua publicação em 1991, este livro é uma obra datada. Com isto quero dizer que, nesse período de tempo, a arquivística evoluiu muito, inúmeras publicações de cunho teórico e metodológico, assim como novas práticas profissionais, surgiram tanto no plano nacional quanto no internacional, fazendo com que seu conteúdo de alguma forma tivesse ficado "congelado" dentro da bibliografia e do saber arquivístico anteriores aos anos 1990. Entretanto, as ponderações de alguns colegas e os apelos de ex-alunos, aliados à honrosa sugestão de Marilena Leite Paes para que pensasse na possibilidade de uma segunda edição, não deixaram de calar fundo, levando-me a uma acurada leitura deste *Arquivos permanentes*, para conferir as suas possibilidades de ainda ser útil e proveitoso para as novas gerações de estudantes de arquivologia.

O dilema que se apresenta a um autor, quando diante da potencial nova edição de sua obra, coloca-se entre recusar, reeditar *ipsis literis* ou, então, sucumbir à tentação de tudo mudar e inovar, construindo praticamente um novo texto. Se publica tal e qual, sem adendos à edição anterior, corre o risco do total anacronismo da obra; se sucumbe e põe-se a refazer todos os capítulos, arrisca-se a perder-se no emaranhado entre o novo e o antigo, acabando por desvirtuar seus objetivos e confundir seus leitores. É preciso chegar a um meio-termo satisfatório a ambas as partes: autor e leitor.

Evidentemente, muito poderia ser acrescentado a este livro à luz dos novos estudos teóricos, das potencialidades aportadas pela informática em todas as fases do tratamento de documentos de arquivos permanentes, das novidades surgidas nas áreas da utilização das fontes arquivísticas, da metamorfose ocorrida na ação cultural dos arquivos históricos, passando atualmente a ser vista como função, tão básica quanto às tradicionais etc. etc. Porém, ao introduzir-se essa imensa gama de novos aportes, estar--se-ia construindo um outro livro...

A solução intermediária pareceu-me ser, de uma parte, deixar ficar o que eu julgasse ainda válido e vigente, muito embora aplicando pequenas correções de natureza conceitual; de outra, acrescentar alguns novos itens de interesse atual do conhecimento arquivístico, sendo, no caso, os que tocam na questão da atitude do arquivista diante das novas tecnologias, os que demonstram a revitalização da diplomática e a nova feição da tipologia documental, além do capítulo que aborda a discutida problemática da dispersão e reintegração de fundos e a contribuição do projeto Resgate na área da pesquisa remota. Na revisão dos capítulos foram feitos alguns cortes e alguns acréscimos, sempre visando maior clareza, atualização e precisão na exposição. Certos termos técnicos foram substituídos para estarem coerentes com a moderna terminologia arquivística brasileira, isto porém apenas nos casos em que sua compreensão não ficasse prejudicada por alguma alteração de sentido.

O antigo capítulo 3, que traduzia as representações que se fazia, na década de 1980, com relação à tipologia documental em arquivística, perdeu o sentido após o surgimento e a difusão das contribuições revolucionárias de Luciana Duranti e de Paola Carucci no terreno da moderna diplomática, assim como as do grupo de arquivistas municipais de Madri, liderados por Vicenta Cortés Alonso e Ana Maria Duplá del Moral. Com estes novos "olhares" lançados sobre os documentos, aliando, de forma inquestionável, sua estrutura e sua natureza ao princípio da proveniência e ao contexto de produção, a questão das espécies e tipos documentais sofreu significativas transformações conceituais e metodológicas. Assim, o conteúdo deste capítulo foi substituído pelo texto intitulado "Diplomática e tipologia documental", que incorporou partes do antigo capítulo 4, passando este a ser ocupado apenas pelas análises diplomática e tipológica.

Quanto ao capítulo 11, sobre a descrição arquivística, deixá-lo na íntegra em sua forma primitiva tornou-se inaceitável, por estar vazado em práticas e terminologias ultrapassadas pela arquivística brasileira e por não citar a norma Isad (G) — ainda inexistente na ocasião da primeira edição. Assim sendo, apesar de manter o mesmo título e a mesma numeração, ele foi substancialmente modificado.

O capítulo 18 recebeu o acréscimo relativo ao projeto Resgate da Documentação Histórica do Barão de Rio Branco, projeto no qual tenho atuado como pesquisadora e como assessora de arquivística, e que, surgido em meados dos anos 1990, se enquadra perfeitamente na temática deste capítulo.

Quanto aos demais capítulos, se, por um lado, contêm certas colocações que podem apresentar já algum descompasso com a arquivística contemporânea, tão eivada em sua práxis das modernas tecnologias e dos reflexos da modernização administrativa, por outro, é possível constatar-se que as bases teóricas e metodológicas da arquivística neles demonstradas não perderam sua essência, atualidade e aplicabilidade.

Tal como propus em meados dos anos 1980, quando a *Revista do Arquivo de Rio Claro* começou a publicar meus artigos sobre a organização de arquivos, graças à generosidade de Ana Maria de Almeida Camargo, então sua diretora, artigos que acabaram sendo, com algumas modificações, a parte mais substancial da primeira edição deste livro, igualmente proponho que esta segunda edição seja considerada um manual para os alunos de arquivologia do país, aos quais se juntam os de outros países do Mercosul e de Portugal, como recentemente — e com emocionada satisfação — pude constatar.

Diante dessa certeza — e com o apoio e o incentivo de alguns experientes colegas — surge esta segunda edição, que só se tornou possível graças ao trabalho de *scanner* da primeira edição, realizado pela arquivista e amiga Maria Cecília de Castro Cardoso e por Daniel de Castro Cardoso, e à gentileza da indicação da arquivista e amiga Marilena Leite

Paes para que a Editora FGV se interessasse em levá-la a efeito. Espero que este olhar para o tratamento documental nos arquivos permanentes possa encontrar eco neste momento, seguramente promissor, de uma arquivística brasileira agora já mais consolidada, difundida e respeitada.

Heloísa Liberalli Bellotto
São Paulo, 20 de outubro de 2003

Temas introdutórios

Capítulo 1

Da administração à história: ciclo vital dos documentos e função arquivística

No universo da administração e da história reside a própria razão de ser dos arquivos públicos na sua característica dinâmica: a do ciclo vital dos documentos.

Sendo a função primordial dos arquivos permanentes ou históricos recolher e tratar documentos públicos, após o cumprimento das razões pelas quais foram gerados, são os referidos arquivos os responsáveis pela passagem desses documentos da condição de "arsenal da administração" para a de "celeiro da história", na conhecida acepção do consagrado arquivista francês Charles Braibant. E a chamada teoria das três idades nada mais é que a sistematização dessa passagem.

A distância entre a administração e a história no que concerne aos documentos é, pois, apenas uma questão de tempo. Isto quer dizer que os arquivos administrativos guardam os documentos produzidos ou recebidos por cada uma das unidades governamentais durante o exercício de suas funções, e que vão sendo guardados orgânica e cumulativamente à medida que se cumprem as finalidades para as quais foram criados. Esses documentos são, na realidade, os mesmos de que se valerão os historiadores, posteriormente, para colherem dados referentes ao passado, já no recinto dos arquivos permanentes.

O ciclo vital dos documentos administrativos compreende três idades. A primeira é a dos arquivos correntes, nos quais se abrigam os documentos durante seu uso funcional, administrativo, jurídico; sua tramitação legal; sua utilização ligada às razões pelas quais foram criados. A permanência de tais documentos nesse tipo de arquivo depende de sua tipologia/função e, principalmente, de sua vigência, mas pode ser generalizada em um ano; podem passar dali a um arquivo central do respectivo órgão gerador, onde permanecerão de cinco a 10 anos (sem que isso seja considerado uma outra idade).

A segunda fase — a do arquivo intermediário — é aquela em que os papéis já ultrapassaram seu prazo de validade jurídico-administrativa, mas ainda podem ser utilizados pelo produtor. Permanecerão em um arquivo que já centraliza papéis de vários órgãos, porém sem misturá-los ou confundi-los, pelo prazo aproximado de 20 anos. É nessa fase que os documentos são submetidos às tabelas de temporalidade, que determinam seus prazos de vigência e de vida, segundo as respectivas tipologia e função. Redigidas pelas comissões de avaliação, nas quais os arquivistas contam com a assessoria de administradores, juristas e historiadores, tais tabelas baseiam-se na legislação em geral, nas normas internas do órgão e, sobretudo, na própria finalidade dos documentos em questão. Fixam critérios e justificativas para que se possam eliminar certos papéis desnecessários ao órgão de origem e sem interesse para a pesquisa histórica. Os que restarem são os de valor permanente, são os documentos históricos.

Abre-se a terceira idade aos 25 ou 30 anos (segundo a legislação vigente no país, estado ou município), contados a partir da data de produção do documento ou do fim de sua tramitação. A operação denominada "recolhimento" conduz os papéis a um local de preservação definitiva: os arquivos permanentes. A custódia não se restringe a "velar" pelo patrimônio documental. Ultrapassado totalmente o uso primário, iniciam-se os usos científico, social e cultural dos documentos.

A própria localização física dos arquivos correspondentes às três idades dos documentos já demonstra suas especificidades. O primeiro deve situar-se junto ao produtor/administrador, tem que ser ágil, seguindo classificação de acordo com as funções administrativas, e deve ser reservado como informação pública. O segundo — o arquivo intermediário — é pouco consultado pela administração, que dele não mais necessita, a não ser esporadicamente; também ainda não está totalmente aberto à pesquisa, salvo com licenças especiais; pode estar em local afastado, de manutenção barata. É um depósito onde os documentos aguardam seus prazos de vida ou seu recolhimento aos arquivos de terceira idade. Estes, que interessam muito mais aos pesquisadores do que aos administradores, devem estar localizados junto às universidades ou aos centros culturais. Enfim, devem situar-se em lugares de fácil acesso para seus usuários típicos, devendo estar dotados de amplas salas de consultas, pois neles a pesquisa está aberta a todos.

De um lado, temos os arquivos administrativos correntes, que permitem que a administração siga em frente; de outro, os arquivos permanentes, que são a matéria-prima da história. Ali estão documentados direitos e deveres do Estado para com o cidadão e do cidadão para com o Estado: provas e testemunhos que ficarão armazenados. Serão "dados" até que a pesquisa os resgate, transformando-os em "informações", que poderão demonstrar, afinal, como se efetuaram as relações Estado-sociedade, e deles faça sua análise, síntese, crítica e "explicação".

As atividades clássicas da administração — prever, organizar, comandar, coordenar e controlar — não se efetuam sem documentos. Quanto mais informados os administradores/dirigentes estiverem sobre um assunto, melhor e mais completamente poderão decidir sobre ele. Por isso é que, além de não poderem dispensar seu arquivo, também não devem deixar de contar com uma boa biblioteca e com um bom centro de documentação. Este cumprirá sua função de assessoria informacional: coleções de recortes de imprensa, folhetos, resumos, índices, microfilmes etc. O arquivo de uma unidade administrativa armazena tudo o que ela produz — normas, objetivos, documentos decorrentes de suas funções —, servindo à informação e à gestão. Mas, para o processo decisório, a administração necessita mais do que ela própria produz: requer legislação, dados econômicos, sociais, políticos etc., o que será fornecido pelos outros órgãos voltados para a informação técnico-científica.

Os documentos, na sua fase inicial, apresentam valor primário. "Chama-se primário o valor que o documento apresenta para a consecução dos fins explícitos a que se propõe; secundários são aqueles que, embora já implícitos no tempo em que são gerados os documentos, avultam com o correr dos anos."[1] Têm valor secundário ou valor de arquivo, ou ainda valor permanente, desde o elemento informativo para a análise crítica da administração até, em perspectiva, os aspectos sociais e políticos generalizados que, no mesmo documento, o historiador puder detectar.

Schellenberg afirma que os documentos públicos oferecem dois gêneros de valor e assim os define: "primários" são os que interessam à própria repartição originária e "secundários", os que interessam às outras entidades do governo e ao público em geral. Neste segundo tipo, ele considera ainda os valores de informação: passado o devido tempo, ambos serão de grande interesse para o historiador. No sentido de prova, será possível saber sobre a organização e o funcionamento do órgão do governo que produziu o documento e, como informação, pode conter dados sobre pessoas, coisas e fatos.[2] Completando a colocação daquele especialista, pode-se acrescentar que o historiador, por sua própria formação profissional, tem meios teóricos e metodológicos como instrumentos para ir além, penetrando nas sutilezas da informação contida na frieza característica do dado administrativo.

No entanto, para que o documento faça seu percurso natural de vida, da administração à história, isto é, da produção e tramitação administrativa à utilização científica e cultural, suas potencialidades devem ser reveladas. Cabe ao arquivista identificar, descrever, resumir e indexar. O historiador saberá selecionar, interpretar e "explicar". Entretanto, para que isso se realize, faz-se necessário que o fluxo não seja interrompido.

A ignorância dos administradores sobre o fato de que os documentos administrativos contêm, como informação histórica, uma dimensão muito mais ampla do que a que envolve a sua criação tem causado graves danos à historiografia. Documentos são diariamente destruídos, nas diferentes instâncias governamentais, por desconhecimento de sua importância para o posterior estudo crítico da sociedade que o produziu. Tal desconhecimento acarreta o desleixo e a não priorização no que tange

---

[1] Schellenberg, 1959b:62-69.

[2] Ver o capítulo 6, referente aos valores dos documentos de terceira idade.

aos serviços de arquivo e à preservação de documentos. É preciso que os responsáveis pelas políticas de informação/documentação dos diferentes órgãos governamentais estejam cientes de que, uma vez cumprida a razão administrativa pela qual um documento foi criado, este não se torna automaticamente descartável. Sua utilização jurídica pela própria administração e/ou pela pesquisa histórica poderá ocorrer sempre. Assim, a entidade produtora não deve e não pode ditar sua destruição sem antes consultar as autoridades arquivísticas do nível administrativo a que pertença o órgão governamental.

Os avanços da tecnologia, a complexidade dos sistemas burocráticos, o aumento das necessidades administrativas, jurídicas e científicas na atualidade são responsáveis pelo crescimento assustador da documentação gerada. Seu armazenamento cumulativo integral torna-se impossível. Por isso, a eliminação é necessária e obrigatória. Mesmo porque a pesquisa histórica, ainda que se servindo de recursos da informática, não daria conta de um número tão grande de fontes a seu dispor. Entretanto, reitera-se, sob nenhum pretexto a avaliação poderá ser feita por leigos e sem o cuidadoso exame da procedência, do tipo documental, do conteúdo e dos potenciais informativos da documentação. Só então se poderá decidir sobre a vida ou a morte do documento. Os papéis que já completaram sua tramitação e seu uso administrativo e foram considerados de valor permanente devem ser, no devido tempo, recolhidos a entidades que, de direito, se encarreguem de seu registro, acondicionamento, ordenação, descrição, indexação e, se for o caso, preservação e difusão.

Um arquivo permanente não se constrói por acaso. Não cabe apenas esperar que lhe sejam enviadas amostragens aleatórias. A história não se faz com documentos que nasceram para serem históricos, com documentos que só informem sobre o ponto inicial ou o ponto final de algum ato administrativo decisivo. A história se faz com uma infinidade de papéis cotidianos, inclusive com os do dia a dia administrativo, além de fontes não governamentais. As informações rastreadas viabilizarão aos historiadores visões gerais ou parciais da sociedade. De qualquer forma, eles terão de contar com todos os elementos possíveis, não apenas os extraídos dos documentos de efeito, pois estes produziriam imagens distorcidas dos fatos e dos comportamentos. Um arquivo público não pode ser constituído de preciosidades colecionadas, reunidas sem organicidade e sem formar grupos significativos de fundos.

Um arquivo final, permanente ou histórico, é formado por documentos produzidos há mais de 25 ou 30 anos, portanto em "idade histórica", pelos vários órgãos da administração de um mesmo nível, seja municipal, estadual ou federal. Esses documentos, dentro de seus níveis administrativos, guardam entre si relações orgânicas que devem ser obrigatoriamente respeitadas.

O documento de arquivo só tem sentido se relacionado ao meio que o produziu. Seu conjunto tem de retratar a infraestrutura e as funções do órgão gerador. Reflete, em outras palavras, suas atividades-meio e suas atividades-fim. Esta é a base da teoria de fundos. Ela é que preside a organização dos arquivos permanentes.

O fundo de arquivo compreende os documentos gerados e/ou recolhidos por uma entidade pública ou privada que são necessários à sua criação, ao seu funcionamento e ao exercício das atividades que justificam sua existência. Por isso, os documentos de uma determinada unidade administrativa não devem ser separados para efeitos de organização sob nenhum pretexto. Exclui-se, assim, o sentido de coleção: documentos reunidos obedecendo a critérios científicos, artísticos, de entretenimento ou quaisquer outros que não os funcionais/administrativos.

O fator norteador da constituição do fundo é o princípio da proveniência: a origem do documento em um dado órgão gerador e o que ele representa, no momento de sua criação, como instrumento que possibilitará a consecução de uma atividade dentro de uma função, que cabe ao referido órgão gerador no contexto administrativo no qual atua, ou que provará o cumprimento dessa atividade.

A justificativa para a organização de arquivos públicos está na ordem direta do interesse dos quatro tipos fundamentais de público que dele fazem uso:

1. O administrador, isto é, aquele que produz o documento e dele necessita para sua própria informação, na complementação do processo decisório.
2. O cidadão interessado em testemunhos que possam comprovar seus direitos e o cumprimento de seus deveres para com o Estado.

3. O pesquisador — historiador, sociólogo ou acadêmico — em busca de informações para trabalhos de análise de comportamentos e eventos passados, podendo ser incluído nessa categoria o estudioso em geral.
4. O cidadão comum, aqui não mais o interessado em dados juridicamente válidos, mas o cidadão não graduado, o aposentado, a dona de casa etc. à procura de cultura geral, de entretenimento, campos em que pode haver lugar para o conhecimento da história.[3]

Se é o princípio do *respect des fonds* (agrupamento sistemático dos papéis de um fundo de forma a que não se misturem com os demais fundos) o que preside a organização dos acervos arquivísticos de terceira idade, evidencia-se que, nesta fase, são ainda a estrutura e o funcionamento da administração os elementos norteadores do arranjo. As autorias, a caracterização das tipologias de documento, a função implícita, os assuntos, as datas (tópica e cronológica) são fornecidos pela operação denominada, em arquivística, "descrição de documentos". Aí sim, o arquivista poderá, em seus inventários, catálogos e índices, preocupar-se em propiciar aos historiadores os elementos identificadores e rastreadores de informações. Isto porque, não sendo a estrutura e o funcionamento da administração do conhecimento dos profissionais de história, eles necessitam desses instrumentos de pesquisa como mediadores.

Em síntese, o arranjo (que nada mais é do que a classificação no âmbito dos arquivos permanentes) é comandado pela estrutura e pelo funcionamento da administração. O arranjo pode ser considerado a acomodação que se faz à classificação efetuada anteriormente, depois das baixas sofridas em decorrência da avaliação. Não há por que desconsiderar a classificação anterior se os conjuntos documentais que se vai arranjar não foram atingidos pelos prazos da temporalidade, tendo sido julgados de valor permanente.

A descrição é ditada pelos interesses da pesquisa, sem que se percam as amarras com a proveniência e a funcionalidade do documento em sua

---

[3] Ver o capítulo 14, referente à ação cultural dos arquivos.

origem. A coexistência dessa dualidade é a única forma — e bem o sabem os arquivistas e os historiadores experientes — de os arquivos servirem adequadamente a ambas as áreas (administração e história), sem deformações prejudiciais à fidedignidade dos dados e, consequentemente, à veracidade das informações extraídas dos documentos.[4]

Perpassando por todo o ciclo vital e, portanto, pelos três tipos-idades dos arquivos, a função arquivística é hoje considerada um todo indivisível, ao contrário da conceituação obsoleta de tomar-se, de um lado, a administração de documentos e, de outro, o arranjo e a descrição de fundos como atividades estanques e desvinculadas uma da outra. Há toda uma gama de tarefas sucessivas que cabe ao arquivista desempenhar ao longo de três fases bem-definidas: o controle dos arquivos em formação, a destinação e a custódia definitiva.

A problemática da teoria e da prática dos arquivos correntes e intermediários não está no escopo deste livro. Entretanto, para bem delimitar a especificidade do processamento da documentação no próprio âmbito dos arquivos permanentes há que se começar pela fase da administração de documentos correntes (o *records management* dos norte-americanos), a gestão documental, enfim. Resume-se esta tarefa no acompanhamento da produção, no recebimento, na classificação, no controle da tramitação e na avaliação. Afinal, "a administração dos arquivos correntes oficiais tem por objetivo fazer com que os documentos sirvam às finalidades para as quais foram criados, da maneira mais eficiente e econômica possível".[5] Assim, se, no ato de receber, for considerado aquilo que Vicenta Cortés denomina a "ação ativa da preparação", a tarefa subsequente — a da recepção propriamente dita — estará grandemente facilitada.[6]

As atividades inerentes à referida preparação são, no entender da conceituada arquivista espanhola, a participação no processo da criação, na normalização da tipologia documental, na normativa da vigência,

---

[4] Arranjo e descrição serão objetos de capítulos específicos. Ver, respectivamente, capítulos 8 e 12.

[5] Schellenberg, 1973a:45.

[6] Cortés Alonso, 1979:30.

na programação do expurgo e no estabelecimento da sistemática do recolhimento de fundos. Está hoje mais do que comprovado que se os arquivistas fossem chamados a participar do processo de criação formal do documento, podendo opinar na elaboração de formulários, na racionalização de terminologia e na economia de etapas de tramitação, o fluxo documental seria mais lógico, racional e eficiente, servindo mais plenamente aos interesses da administração.

Se, ao receber documentos, ainda na fase corrente, o arquivista souber, a partir da identificação da tipologia e das funções a que os documentos se referem, responder a que vieram, a quem ou a que órgão cabe a tramitação, que legislação regula sua vida ativa, que informação essencial contêm e qual seu papel na teia orgânica da administração a que o arquivo serve, as tarefas de classificação e de ordenação tornam-se automáticas. E ainda nesse mesmo quadro da primeira idade do documento (a do uso primário), se a tramitação for bem controlada por um rigoroso sistema de carga e se forem estabelecidas tabelas de temporalidade adequadas, as diferentes unidades documentárias não apresentarão, no devido momento, maiores dificuldades quanto à destinação.

O arquivista tem sido chamado justamente a "melhor assegurar a conservação dos documentos para o historiador futuro, a estabelecer seu controle sobre as eliminações dos papéis pelas administrações e a tomá-los a seu encargo cada vez mais cedo: portanto, a colaborar de forma mais estreita com a administração".[7] E essa colaboração propicia enormes vantagens, quer no tocante a racionalizar o processamento da documentação, quer no que diz respeito a sensibilizar o administrador sobre os fins (e vantagens) da transferência controlada dos documentos para os arquivos da segunda e da terceira idades.

O segundo tempo da função arquivística inicia-se com a chamada destinação. Trata-se agora da transferência dos documentos dos arquivos de gestão (ou dos centrais, que são uma espécie de segundo momento da fase corrente) para os arquivos intermediários. É frequente não se contar com eles e, nesses casos, faz-se a passagem direta do corrente ao

---

[7] Ver "La place des archives et des archivistes dans l'État", 1958:63.

permanente, conquanto não seja a sistemática preconizada e a que melhor responde às exigências da moderna arquivística. O ideal é que todas as administrações adotem essa fase de transição, espaço ideal para a vigência dos expurgos criteriosamente predeterminados, estabelecidos pelas tabelas de temporalidade. A grande tarefa técnica desta idade é administrar a eliminação: a aplicação e o controle das determinações estabelecidas nas tabelas de temporalidade, assim como toda a preparação dos documentos remanescentes para o recolhimento aos arquivos finais, permanentes, históricos ou de custódia.

Não se tenciona ainda tratar dos processos técnicos desta fase. O essencial para que se aborde corretamente a função arquivística no âmbito da terceira idade dos documentos é entender que, quanto melhor o arquivo intermediário cumprir sua atividade de preservação dos documentos permanentes e de eliminação criteriosa do material inservível, tanto melhor serão as tarefas da custódia e da disseminação da informação.

A custódia definitiva é a guarda perene e responsável de fundos documentais que, passados pelo crivo da avaliação/prazos de vida, se tornam elementos a preservar, analisar e utilizar na pesquisa histórica.

As coordenadas dentro das quais se situam as atividades do arquivo permanente são o arranjo e a descrição de fundos. No primeiro caso, é fundamental a noção exata do estabelecimento de fundos e, no segundo, a apreensão das técnicas de recuperação da informação, para que, por meio dos chamados instrumentos de pesquisa, o pesquisador possa ter acesso ao material arquivado.

A conceituação de fundo tem sido exaustivamente estudada, uma vez que, em arquivística, no campo dos arquivos permanentes, ela é fundamental à compreensão do princípio do *respect des fonds*. Em reunião internacional na qual o tema central era o conceito de arquivos, a questão da definição de fundos foi largamente debatida.[8] Embora os países participantes divergissem em pontos específicos e formais, foi possível chegar a um acordo geral quanto a "reconhecer como fundo o conjunto de

---

[8] Isto se deu na Septième Conférence de la Table Ronde Internationale des Archives, em 1962. Ver "Les fonds d'archives", 1963:10. O assunto será abordado mais detalhadamente nos capítulos 7, 9 e 10, concernentes à conceituação e ao tratamento de fundos.

documentos de arquivo provenientes de uma determinada instituição ou pessoa". De qualquer modo, a definição mais detalhada, enunciada como "conjunto de peças de qualquer natureza que todo corpo administrativo, toda pessoa física ou jurídica automática e organicamente tenha reunido em razão de suas funções ou atividades",[9] já traz em seu bojo o princípio do *respect des fonds*, isto é, não se pode mesclar documentos provenientes de fundos diferentes sem incorrer no risco de, fatalmente, impedir todo o rastreamento futuro do historiador em torno das funções e atribuições do órgão gerador. "O princípio do *respect des fonds* ou princípio da proveniência é considerado universalmente como a base da arquivística teórica e prática; (...) Fora do *respect des fonds* todo trabalho arquivístico será arbitrário, subjetivo e desprovido de rigor".[10]

Escusado dizer o quanto pesa, nessa fase da função arquivística, o conhecimento profundo das estruturas administrativas atual e passada das entidades nas quais o arquivo se insere. Sem que se conheça o ato de criação, a evolução, a competência e as atribuições de cada organismo governamental ou organização privada, e qual sua posição no organograma administrativo, não se pode estabelecer o quadro de fundos para efeitos classificatórios e descritivos.

A outra vertente da função arquivística nos arquivos permanentes é a da descrição de documentos.[11] As tarefas da descrição levam à elaboração dos chamados instrumentos de pesquisa. Eles constituem as vias de acesso do historiador ao documento, sendo a chave da utilização dos arquivos como que fontes primárias da história. Os instrumentos, dos mais genéricos — como os guias e quadros de fundos — aos específicos — como os inventários, catálogos, catálogos seletivos, índices e textos na íntegra —, serão objeto de capítulo próprio; aqui, neste texto introdutório, ocorrem para fazer notar a posição que ocupam nas tarefas da descrição de arquivos.

Além da elaboração dos instrumentos de pesquisa, também no campo da disseminação da informação, resta, para completar a função

---

[9] *Manuel d'archivistique*, 1970:22.
[10] Duchein, 1976:7-31.
[11] Ver o capítulo 12.

arquivística, sua faceta cultural, voltada para a comunidade. Hoje em dia, amplia-se cada vez mais o entrosamento entre arquivo e cidadão ou entre arquivo e escola de segundo grau, funcionando ainda o arquivo como laboratório para futuros historiadores.[12] Assim, as atividades do arquivista, quando no âmbito da custódia permanente, ganham dimensões sociais e culturais muitíssimo mais amplas que as da fase inicial, a dos arquivos correntes. Entretanto, é lá que se criam as condições necessárias para que o ciclo vital do documento se processe de forma ideal. Sem deixar de ser uma sequência da administração de documentos correntes, pela própria unicidade da função arquivística, a tarefa do profissional no arquivo permanente adquire uma feição científica e social que convém explorar, em benefício seja da pesquisa histórica, seja da própria comunidade.

---

[12] As variantes da ação cultural e educativa figuram no capítulo 14.

Capítulo 2

Documento, informação e meios institucionais de custódia e disseminação

Arquivos, bibliotecas, centros de documentação e museus têm corresponsabilidade no processo de recuperação da informação, em benefício da divulgação científica, tecnológica, cultural e social, bem como do testemunho jurídico e histórico. Esses objetivos são alcançados pela aplicação de procedimentos técnicos diferentes a material de distintas origens.

Partamos do elemento comum e primeiro: o documento. Segundo a conceituação clássica e genérica, documento é qualquer elemento gráfico, iconográfico, plástico ou fônico pelo qual o homem se expressa. É o livro, o artigo de revista ou jornal, o relatório, o processo, o dossiê, a carta, a legislação, a estampa, a tela, a escultura, a fotografia, o filme, o disco, a fita magnética, o objeto utilitário etc., enfim, tudo o que seja produzido, por motivos funcionais, jurídicos, científicos, técnicos, culturais ou artísticos, pela atividade humana. Torna-se evidente, assim, a enorme abrangência do que seja um documento. O processo de fornecer informações a partir dos dados existentes em qualquer tipo de continente é da área comum dos profissionais das chamadas ciências da informação, ciências documentais ou ainda ciências documentárias, como querem alguns. Recolher, tratar, transferir, difundir informações é o objetivo convergente de arquivos, bibliotecas, museus e centros de documentação. Partindo de material diverso e através de mecanismos técnicos completamente distintos, essas instituições devem estar aptas a cobrir, da maneira mais completa possível, um "campo de investigação". Têm em comum, portanto, as finalidades a que se destinam e o papel que ocupam no processo social, cultural e administrativo de uma sociedade.

A forma/função pela qual o documento é criado é que determina seu uso e seu destino de armazenamento futuro. É a razão de sua origem e de seu emprego, e não o suporte sobre o qual está constituído, que vai determinar sua condição de documento de arquivo, de biblioteca, de centro de documentação ou de museu. As distinções entre essas instituições produzem-se, portanto, a partir da própria maneira pela qual se origina o acervo e também do tipo de documento a ser preservado: pela biblioteca, os impressos ou audiovisuais resultantes de atividade cultural e técnica ou científica, seja ela criação artístico-literária, pesquisa ou divulgação; pelo arquivo, o material de uma gama infinitamente variável (desde uma tabuleta assíria ou um relatório impresso de empresa até as provas-objeto de um processo judiciário), oriundo de atividade funcional ou intelectual de instituições ou pessoas, e produzido no decurso de suas funções; pelo museu, os objetos que tanto podem ter origem artística quanto funcional.

Os fins, em se tratando de bibliotecas e de museus, serão didáticos, culturais, técnicos ou científicos; e de arquivos, administrativos e jurídicos, passando, a longo prazo, a "históricos". O documento de biblioteca instrui, ensina; o de arquivo, prova.[13]

Os centros de documentação, por sua vez, no que se refere à origem, à produção e aos fins do material que armazenam (ou referenciam) representam um somatório das instituições anteriormente indicadas. Isto porque, definido o centro de documentação como a "transposição das informações primárias para outros recursos", ele acaba assimilando as características daquelas instituições.[14] Sua finalidade é informar, com o objetivo cultural, científico, funcional ou jurídico, conforme a natureza do material reproduzido ou referenciado.

---

[13] Cortés Alonso, 1981a:19.
[14] Soares, 1977:4.

Os documentos de biblioteca são resultado de uma criação artística ou de uma pesquisa; e podem ainda objetivar a divulgação técnica, científica, humanística, filosófica etc. É material que trata de informar para instruir ou ensinar. Os documentos são gráficos, sejam eles impressos ou manuscritos, desenhos, mapas, plantas, ou são material audiovisual. Sua forma usual é a impressa e múltipla, isto é, a mesma obra pode existir em mais de uma biblioteca. São os documentos mais acessíveis e os mais conhecidos do grande público.

Os documentos de arquivo são os produzidos por uma entidade pública ou privada ou por uma família ou pessoa no transcurso das funções que justificam sua existência como tal, guardando esses documentos relações orgânicas entre si. Surgem, pois, por motivos funcionais administrativos e legais. Tratam sobretudo de provar, de testemunhar alguma coisa. Sua apresentação pode ser manuscrita, impressa ou audiovisual; são em geral exemplares únicos e sua gama é variadíssima, assim como sua forma e suporte.

Os documentos de museu originam-se de criação artística ou da civilização material de uma comunidade. Testemunham uma época ou atividade, servindo para informar visualmente, segundo a função educativa, científica ou de entretenimento que tipifica essa espécie de instituição. A característica desses documentos é serem tridimensionais, isto é, serem objetos. Têm os mais variados tipos, naturezas, formas e dimensões.

Os documentos de centro de documentação (considerado em sua definição estrita, como entidade que reúne em torno de uma especialidade bem determinada qualquer tipo de documento) são em geral reproduções (em microforma ou não) ou referências virtuais, que originariamente poderiam ser tipificados como documentos de biblioteca, arquivo ou museu. Material sonoro ou gravado, ou ainda em suporte eletrônico, desde que em cópia ou reprodução, é também característico dos centros de documentação.

As formas de entrada do material na biblioteca e no museu são, em geral, a compra, a doação ou a permuta. O arquivo, porém, recebe os documentos através de passagem natural, dentro do esquema das três idades do documento: da produção à tramitação, desta ao arquivo corrente, deste, por transferência, ao intermediário e daí, por recolhimento, ao permanente. O material será obrigatoriamente recolhido (o remanescente das baixas causadas pelo cumprimento das tabelas de temporalidade), abstendo-se o arquivista da seleção para aquisição, como faria o bibliotecário. O único momento em que o fator "julgamento" entra no trabalho arquivístico é quando, juntamente com administradores ligados à entidade de cujos documentos se está tratando, juristas e historiadores, os profissionais de arquivo estabelecem as tabelas de temporalidade. Elas é que ditam a destruição racional de documentos rotineiros, segundo os diferentes prazos nelas fixados.

A partir dessas considerações é possível estabelecer:

❑ que a biblioteca é órgão colecionador (reúne artificialmente o material que vai surgindo e interessando à sua especialidade), em cujo acervo as unidades estão reunidas pelo conteúdo (assunto); que os objetivos dessa coleção são culturais, técnicos e científicos; e que seus fornecedores são múltiplos (diferentes livrarias, editoras, empresas gráficas, empresas jornalísticas, laboratórios de microfilmes etc.);

❑ que o arquivo é órgão receptor (recolhe naturalmente o que produz a administração pública ou privada à qual serve) e em seu acervo os conjuntos documentais estão reunidos segundo sua origem e função, isto é, suas divisões correspondem ao organograma da respectiva administração; que os objetivos primários do arquivo são jurídicos, funcionais e administrativos e que os fins secundários serão culturais e de pesquisa histórica, quando estiver ultrapassado o prazo de validade jurídica dos documentos (em outras palavras, quando cessarem as razões por que foram criados); e que a fonte geradora é única, ou seja, é a administração ou é a pessoa à qual o arquivo é ligado;[15]

---

[15] Não há possibilidade de coleção nos arquivos genuínos porque, em se tratando de fundos, é fundamental a relação orgânica entre seus elementos. Não se compreende o documento de arquivo fora do meio genético que o produziu. Os documentos de arquivo surgem obrigatoriamente dentro das funções e atividades de uma administração. Ver Gauye, 1984:15-23.

❏ que o museu é órgão colecionador, isto é, a coleção é artificial e classificada segundo a natureza do material e a finalidade específica do museu a que pertence; e que seus objetivos finais são educativos e culturais, mesmo custodiando alguns tipos de documentos originariamente de cunho funcional;
❏ que o centro de documentação é órgão colecionador ou referenciador (quando não armazena documentos como as demais entidades obrigatoriamente o fazem e só referencia dados em forma física ou virtual). Seus objetivos são fundamentalmente científicos, já que a coleção (quando os documentos são armazenados) é formada de originais ou de reproduções referentes a determinada especialidade; incluem-se nessa categoria as bases de dados.

No processamento técnico da documentação existem algumas diferenças fundamentais. Se, na biblioteca e no museu, o tratamento documental é feito peça por peça, ainda que totalizando uma única e grande coleção, no arquivo, em geral, o tratamento técnico é dispensado não à unidade, mas às séries documentais que formam agrupamentos lógicos e orgânicos dentro dos diferentes fundos. Já o centro de documentação adota um tratamento que varia segundo a natureza de seu material.

Arquivos, bibliotecas e museus utilizam diferentes formas e procedimentos para registros de entrada, e o centro de documentação comporta-se semelhantemente a um e a outro, conforme sua caracterização. Além disso, os registros de entrada variam também conforme sejam eles correntes, intermediários ou permanentes. O tombamento feito em bibliotecas e museus só tem sentido no arquivo final, uma vez que nos demais o documento está de passagem, embora não deixe evidentemente de ser protocolado/registrado.

As relações de remessas de papéis são peças indispensáveis nas transferências e recolhimentos, já que os organismos produtores de documentos, assim como seus autores, poderão a qualquer momento requisitar vistas a um processo, a um documento avulso ou a um dossiê, quando já passada a sua utilização primária.

As entradas paulatinas, entendidas como desenvolvimento de coleção, acabam constituindo, no caso da biblioteca, do museu e do centro de documentação, uma reunião artificial de documentos dos mais variados tipos. Já o arquivo, por suas próprias coordenadas de definição, é uma reunião orgânica: seu acervo faz-se natural e cumulativamente.

A fase denominada classificação, em bibliotecas e em arquivos correntes, corresponde, nos arquivos de segunda e terceira idades, ao que se chama de arranjo no concernente aos fundos e séries, e de ordenação no que respeita à ordem interna dos documentos nas séries.

A própria variação semântica nos conduz àquela que seria a dicotomia básica entre as áreas: enquanto a biblioteconomia pode ser regida por normas, a arquivística e, em parte, a museologia fundamentam-se em princípios gerais. Os sistemas de classificação bibliográfica e suas extensões (no caso dos centros de documentação), salvo raríssimas exceções, podem ser rigidamente obedecidos, mas a organização de arquivos deve submeter-se à estrutura dos órgãos geradores do documento e à natureza do material ordenado. Por isso, a noção de *respect des fonds* é preceito essencial ao trabalho arquivístico: não se deve misturar os documentos produzidos por uma entidade com os de outra. A proveniência do documento define o seu fundo no arquivo, assim como também define sua posição no acervo do museu.

A catalogação, via pela qual o usuário chega a uma publicação no centro de documentação e na biblioteca ou a um objeto no museu, tem seu similar, quando se trata de arquivos permanentes, na descrição. No caso dos arquivos correntes, a descrição é feita no momento da incorporação do documento ao conjunto do acervo do arquivo, através de sua inserção no plano de classificação, não se perdendo de vista, se for o caso, a numeração de protocolo.

No primeiro caso, os catálogos em ficha, impressos ou online trazendo elementos descritivos da obra permitem que sejam identificados autor, título, local, editor, data de impressão e assunto ou assuntos. No museu, os elementos são autor, título, forma, material, dimensões e especificidades.

A descrição de documentos de arquivos permanentes, feita por meio dos chamados instrumentos de pesquisa (impressos ou virtuais), também permite a identificação do material. Das mais gerais e abrangentes (guias, quadros de fundos, relações) às mais específicas (inventários, catálogos, índices, catálogos seletivos, edição de fontes), essas publicações trazem os seguintes elementos dos documentos de arquivo: unidade criadora do documento, tipologia documental, autoria, função a que se refere, ação que traduz e data, conteúdo (se for o caso) e notação (cota, na terminologia arquivística portuguesa) de identificação e localização.

Os museus também adotam instrumentos de pesquisa (guias, inventários, catálogos), geralmente impressos ou mimeografados, como no caso dos arquivos. Empregam normas próprias para a formatação dos verbetes que os compõem.

Na biblioteca, um catálogo em fichas, impresso ou virtual permite as intercalações necessárias a acervos em expansão. Além disso, a identificação bibliográfica é sucinta, conforme a tendência moderna de racionalizar e simplificar a catalogação. No arquivo (aqui nos reportamos ao permanente), a necessidade de uma descrição maior das séries, a circunstância de o fator expansivo não contar e a unicidade do documento fazem com que a ficha perca a sua funcionalidade. O fato de o pesquisador precisar saber a localização do material de seu interesse, muitas vezes distante de sua cidade ou país, torna necessários instrumentos impressos ou virtuais, passíveis de pesquisa remota, multiplicação e disseminação. Como se trata de instrumentos parciais, o programa descritivo deve estabelecer prioridades; outra consideração é que, estando as séries já com datas encerradas, elimina-se a questão da necessidade de expansão.

Quanto ao público: quem é o usuário-padrão da biblioteca, do arquivo, do museu e do centro de documentação? A biblioteca, teoricamente, é das quatro instituições a que possui consulentes em maior número e variedade. Fazem uso dela não só o pesquisador (aqui configurado como o acadêmico, o professor universitário e o pesquisador profissional ou eventual), mas também o grande público, que abrange estudantes, estudiosos em geral e cidadãos comuns. O museu tem a mesma tipologia de público, no sentido do entretenimento e do lazer que a visita a suas dependências pode proporcionar. Isto embora não se possa excluir o especialista-pesquisador, quando a natureza e a especialidade do museu forem relacionadas com seus temas de pesquisa.

No centro de documentação o público básico é constituído por pesquisadores, que buscam documentos de origens e suportes vários, sobre determinado tema, dentro da própria especialização do centro.

No arquivo — quando no âmbito dos de primeira e segunda idades —, a clientela é formada pelo administrador, pelo empresário ou seus representantes, enfim, pelos produtores do documento, bem como por profissionais da área jurídica, pesquisadores administrativos ou cidadãos em busca de seus direitos. No arquivo permanente, portanto na esfera da pesquisa científica ou do interesse puramente cultural, o público estará personificado no historiador ou em profissionais cuja atividade possa demandar informações sobre épocas anteriores, como jornalistas, sociólogos, cientistas políticos etc. Outro tipo de usuário é o cidadão em busca de seus interesses ou que revela alguma curiosidade pelo trabalho de investigação histórica.

Arquivos, bibliotecas, centros de documentação e museus têm, portanto, fronteiras bem-definidas.[16] Não devem ser confundidos nem quanto à documentação que guardam, nem quanto ao trabalho técnico que desenvolvem a fim de organizar seus acervos e de transferir e disseminar informação. Sendo instituições públicas ou particulares preocupadas com a transmissão cultural e com a custódia e a divulgação de informações técnicas e científicas, possuem, cada uma, de per si, um espaço social próprio e independente no qual devem agir.

O quadro comparativo desses quatro tipos de instituição, diferenciando-lhes as características e a natureza dos acervos e do tratamento técnico, pode ser esclarecedor, uma vez que esquematiza os argumentos desenvolvidos neste capítulo.

---

[16] A questão é abordada em Schellenberg, 1959c:12. Os manuais brasileiros *Arquivística = técnica; arquivologia = ciência*, de Astrea de Moraes e Castro e outros, e *Teoria e prática de arquivo*, de Marilena Leite Paes, também contêm itens respeitantes ao tema. O melhor conjunto bibliográfico para estudar o assunto é o número 34 da revista *Archivum*, do Conselho Internacional de Arquivos, editada em Paris em 1984.

	Arquivo	Biblioteca	Museu	Centro de documentação/banco de dados
Tipo de suporte	manuscritos, impressos, audiovisuais, exemplar único	impressos, manuscritos, audiovisuais, exemplares múltiplos	objetos bi/tridimensionais, exemplar único	audiovisuais (reproduções) ou virtual, exemplar único ou múltiplo
Tipo de conjunto	fundos; documentos unidos pela proveniência (origem)	coleção; documentos unidos pelo conteúdo	coleção; documentos unidos pelo conteúdo ou pela função	coleção; documentos unidos pelo conteúdo
Produtor	a máquina administrativa	atividade humana individual ou coletiva	atividade humana, a natureza	atividade humana
Fins de produção	administrativos, jurídicos, funcionais, legais	culturais, científicos, técnicos, artísticos, educativos	culturais, artísticos, funcionais	científicos
Objetivo	provar, testemunhar	instruir, informar	informar, entreter	informar
Entrada dos documentos	passagem natural de fonte geradora única	compra, doação, permuta de fontes múltiplas	compra, doação, permuta de fontes múltiplas	compra, doação, pesquisa
Processamento técnico	registro, arranjo, descrição: guias, inventários, catálogos etc.	tombamento, classificação, catalogação: fichários	tombamento, catalogação: inventários, catálogos	tombamento, classificação, catalogação: fichários ou computador
Público	administrador e pesquisador	grande público e pesquisador	grande público e pesquisador	pesquisador

Capítulo 3

Diplomática e tipologia documental

Ainda como temática introdutória ao universo do trabalho técnico e científico em arquivos permanentes, dada a característica que assume a necessidade de se conhecer intrínseca e extrinsecamente a unidade documental (suporte e informação) dos arquivos, justamente para que ela não seja confundida com outras estruturas e formas documentárias próprias de outras áreas que não os arquivos, convém hoje que os arquivistas se aproximem dos estudos de gênese documental. Os estudos de diplomática e tipologia levam a entender o documento desde o seu nascedouro, a compreender o porquê e o como ele é estruturado no momento de sua produção.

A diplomática ocupa-se da estrutura formal dos atos escritos de origem governamental e/ou notarial. Trata, portanto, dos documentos que, emanados das autoridades supremas, delegadas ou legitimadoras (como é o caso dos notários), são submetidos, para efeito de validade, à sistematização imposta pelo direito. Por isso mesmo, esses documentos tornam-se eivados de *fé pública*, que lhes garante a legitimidade de disposição e a obrigatoriedade da imposição e utilização no meio sociopolítico regido por aquele mesmo direito. Assim sendo, não é possível dissociar a diagramação e a construção material do documento do seu contexto jurídico-administrativo de gênese, produção e aplicação.

Há que se distinguir, nos atos legais, a apresentação formal da material. Segundo Cecília Atienza, a apresentação formal consiste no refinamento da redação, na forma em que os atos são apresentados. Já a apresentação material consiste na coordenação sistemática do assunto. A apresentação formal do ato legal é, em última análise, a redação, sua configuração externa e a apresentação material e a disposição do assunto no texto.[17] Ora, é justamente da apresentação formal que se ocupa a diplomática.

Luiz Nuñez Contreras discute variantes da conceituação de documento diplomático na idade contemporânea, como as dos mais destacados diplomatistas europeus, concentrando-se na do austríaco Theodor von Sickel (1868) e na do italiano Cesare Paoli (1942).[18]

Para Sickel, documento diplomático é o "testemunho escrito e redigido segundo uma forma determinada, variável em relação ao lugar, à época, à pessoa e ao tema, sobre um fato de natureza jurídica". Para Paoli, documento diplomático é o "testemunho escrito de um fato de natureza jurídica, redigido de modo a observar certas formas estabelecidas, as quais se destinam a dar-lhe fé e força probatória".

O "modelo" diplomático funciona para os documentos públicos (relações Estado-cidadão) quase que do mesmo modo que as "formas notariais" funcionam para os documentos privados (relações cidadão-cidadão). Tanto uns quanto outros, se incorretamente veiculados, invalidam a aplicabilidade legal de seu conteúdo. Trata-se, portanto, de documentos escritos, legalmente válidos e revestidos de determinadas formalidades; sendo prova jurídica ou administrativa de um ato, são objeto da diplomática.[19]

Desde que as sociedades ultrapassaram a fase da exclusividade da comunicação oral, a par da escrita, foram surgindo as organizações burocrático-governamentais, nelas passando a figurar instituições de

---

[17] Atienza, 1979b:75.
[18] Nuñez Contreras é catedrático de paleografia e diplomática na Universidade de Sevilha. Seu capítulo "Concepto de documento" na coletânea *Archivística: estudios básicos* (Sevilla, 1981b) é fundamental para a compreensão da diplomática no âmbito da arquivologia.
[19] Ver Real Diaz, 1970:3.

direito público com pessoas adequadamente treinadas, cuja função era redigir as decisões das autoridades, obedecendo a fórmulas determinadas. Com o crescimento e a especialização cada vez maiores dessa função, estabeleceram-se, amparadas pela legislação, as chancelarias, as secretarias, os tabeliães.[20]

A diplomática como ciência documentária nasceu da reação do espírito crítico dos homens do século XVII à fidedignidade de certos "diplomas" medievais. O início da atividade diplomatista liga-se à investigação sobre a falsidade *versus* a veracidade desses papéis.

Foram, portanto, os estudos de ordem filológica, histórica e teológica dos séculos XVI e XVII que levaram o documento (diploma) a ser submetido a determinado tipo de crítica, surgindo daí a diplomática. Sua justificativa, a princípio, era distinguir os documentos falsos dos verdadeiros. Na época, a questão girava em torno da cobiça de privilégios, bens e propriedades eclesiásticas: falsificavam-se comprovantes desses direitos.

A chamada "guerra diplomática" teve início no século XVII, quando o jesuíta Daniel de Papenbroeck pôs em dúvida alguns documentos beneditinos. Estes foram defendidos por Jean Mabillon, que, para tanto, acabou publicando o clássico tratado *De Re Diplomatica*.[21] Assim, de início, a nova técnica documental servia à área do direito eclesiástico mais do que a qualquer outra atividade.

Posteriormente é que historiadores e arquivistas tornaram-se beneficiários dela. Na verdade, as fórmulas diplomáticas já existiam na área jurídica e administrativa desde os primórdios do direito romano. Utilizadas na Idade Média e, mais tarde, em todos os Estados europeus, em sua organização jurídico-burocrática, foram sendo adaptadas e apuradas, sem entretanto fugirem à essência do ato escrito do direito público. Deve-se a essa tradição o fato de os estudos diplomáticos, mesmo na atualidade, guardarem a terminologia latina própria de sua origem.

---

[20] Tessier, 1961:633-78.

[21] Ver Tessier, 1961; e Valente, 1978:177-1998.

O documento público é, invariavelmente, em sua essência, a junção de *actio* (fato, ato documentado) e *conscriptio* (sua transferência para um suporte semântica e juridicamente credível). Aliás, essa imagem não foge às facetas fundamentais da questão documentária: matéria — meio- -conteúdo.

Como "matéria", tanto pode ser visualizado o aspecto do suporte físico propriamente dito (pergaminho, papel, disquete etc.), como a própria *actio* (o fato). Já o meio, como forma de veiculação do conteúdo, pode merecer duas ordens de considerações:

- se "físico", refere-se à distinção entre original e cópias;
- se "funcional", refere-se à tipologia da espécie documentária.

A cada tipologia corresponde uma fórmula diplomática, que dá significado jurídico ao conteúdo. Este, segundo a forma de veiculação, incide, ainda que por ângulos diferentes, sobre as variadas formas que assumem as obrigações, os direitos e os deveres que guardam entre si o Estado e o cidadão.

Pratesi salienta as distinções entre o documento *lato sensu* e o documento diplomático, afirmando:

- o documento diplomático é um documento escrito, excluindo-se qualquer outro tipo de documento;
- a natureza jurídico-administrativa de seu conteúdo exclui outro documento que não tenha sido gerado com a expressa finalidade de consignar um ato que comporte efeitos jurídicos concretos;
- sua forma de redação obedece a normas precisas, variáveis segundo a época em que se produz o documento, o lugar onde é produzido, a pessoa da qual emana seu conteúdo.

A diplomática acata a classificação estabelecida pelo direito administrativo para os atos administrativos, englobando as espécies com que costuma lidar na área governamental, tendo-se aí as chamadas categorias documentais. Elas são estipuladas pelas gradações da representatividade jurídica dos conteúdos dos documentos que nelas se enquadram.

Um quadro bastante esclarecedor das categorias documentais é fornecido pelo manual *Documentação e arquivo*.[22] Segundo seus autores, os atos podem ser:

- *normativos:* são os de cumprimento obrigatório, sendo de manifestação de vontade de autoridades supremas e devendo ser acatados pelos subordinados. Emanam do Poder Legislativo ou de autoridade administrativa. Incluem: leis, decretos-leis, decretos, estatutos, regimentos, regulamentos, resoluções, portarias, instruções normativas, ordens de serviço, decisões, acórdãos, despachos, quando decisórios;
- *enunciativos:* são os opinativos e que esclarecem questões vazadas em outros documentos. Seu conteúdo visa fundamentar uma resolução e podem ser: pareceres, informações, relatórios, votos, despachos, quando interlocutórios;
- *de assentamento:* são os configurados por registro, consubstanciando assentamento sobre fatos ou ocorrências, como atas, termos, apostilas, autos de infração;
- *comprobatórios:* são os que derivam dos de assentamento, comprovando-os, como certidões, traslados, atestados, cópias autenticadas;
- *de ajuste:* são documentos pactuais, representados por acordos de vontade em que, no caso da documentação pública, pelo menos uma das partes é a administração, seja federal, estadual ou municipal. São os tratados, convênios, contratos, ajustes, termos;
- *de correspondência:* são os que, em geral, derivam de atos normativos, determinando-lhes a execução, como alvarás, circulares, avisos, cartas, memorandos, mensagens, editais, imitações e exposições de motivos.

Outra possibilidade de classificação das categorias documentais não foge da mesma concepção e da mesma essência. Os documentos seriam classificados em três grandes categorias: dispositivos, testemunhais e informativos, como propõe Manuel Vázquez:

1. No primeiro caso, o dos documentos dispositivos, enquadram-se os documentos normativos, os de ajuste e os de correspondência:

---

[22] Ver *Documentação e arquivo*, 1980, v. 1, p. 55-56. As definições foram enunciadas com a colaboração do jurista João Luiz Ney e também de Vázquez, 1988b.

- são documentos normativos os que derivam de manifestações de vontade de autoridades supremas e devem obrigatoriamente ser acatados pelos subordinados. Como são dispositivos, são exarados antes que aconteçam os fatos e atos neles implicados. Emanam do Poder Legislativo, do Executivo ou de autoridades administrativas com poder de decisão. Como exemplo, temos leis, decretos, instruções normativas, estatutos, ordens de serviço, regimentos, decisões, regulamentos, acórdãos, resoluções, despachos decisórios;
- os documentos de ajuste são documentos pactuais, representados por acordos de vontade entre duas ou mais partes. No caso dos arquivos públicos, uma dessas partes deve ser a administração pública. Podem ser tratados, ajustes, convênios, termos, contratos, pactos;
- os documentos de correspondência são os que, em geral, derivam de atos normativos, determinando-lhes a execução em âmbito mais restrito de jurisdição. São alvarás, intimações, circulares, exposições de motivos, avisos, editais, portarias, memorandos.

2. O segundo caso é o dos documentos testemunhais, aqueles que acontecem depois do cumprimento de um ato dispositivo ou que derivam de sua não observância ou são relativos a observações sujeitas a relatórios, termos de visita etc. Podem ser:

    - de assentamento, que são os configurados por registros oficialmente escritos sobre fatos ou ocorrências, tais como atas, termos, apostilas, autos de infração etc.;
    - de comprovação, que são documentos comprobatórios que derivam dos de assentamento, comprovando-os, tais como os atestados, certidões, traslados e cópias certificadas.

3. Como terceira e última categoria, temos os documentos informativos, que são opinativos/enunciativos e esclarecem questões contidas em outros documentos. Seu conteúdo fundamenta uma resolução. São pareceres, informações, relatórios, votos, despachos interlocutórios.

   Deduz-se dessa relação de categorias documentais que documentos atinentes à mesma problemática jurídica têm a mesma estrutura. É preciso saber distingui-los uns dos outros, para que não se cometam erros cruciais de identificação. Assim, o primeiro trabalho de análise diplomática é procurar discernir a categoria do documento, encaixando-a em algum desses seis compartimentos.

A partir daí é preciso analisar diplomaticamente a espécie documental, não esquecendo que documentos da mesma espécie comportam-se uniformemente, ainda que os conteúdos variem: os elementos fixos são os mesmos para a mesma espécie documental.

Assim, o objeto dos modernos estudos de diplomática é a unidade arquivística elementar, porém analisando-a enquanto espécie documental. Esses estudos servem-se dos aspectos formais da unidade arquivística para definir a natureza jurídica dos atos nela implicados, no que diz respeito tanto à sua produção, quanto a seus efeitos.[23] Concentram-se na gênese, na constituição interna, na transmissão e na relação dos documentos com seu criador e com seu próprio conteúdo, a fim de identificar, avaliar e demonstrar sua verdadeira natureza.[24]

O documento diplomático também é definido como o registro legitimado do ato administrativo ou jurídico, o qual, por sua vez, é consequência do fato administrativo ou jurídico. Se é "ato jurídico todo aquele que tenha por fim imediato adquirir, resguardar, transferir, modificar ou extinguir direitos", o ato administrativo lhe corresponde, porém eivado pela finalidade da administração pública. Melhor dizendo: "ato administrativo é toda manifestação unilateral de vontade da administração pública que, agindo nesta qualidade, tenha por fim imediato adquirir, resguardar, transferir, modificar, extinguir e declarar direitos ou impor obrigações aos administrados ou a si própria". Fato administrativo é toda realização material da administração resultante do ato que o determina.[25] E a representação documental desse ato é a espécie, em primeiro lugar, e, a seguir, o tipo documental.

Documentos diplomáticos são aqueles de natureza estritamente jurídica que refletem, no ato escrito, as relações políticas, legais, sociais e administrativas entre o Estado e os cidadãos. Abrangem, portanto, quase a totalidade dos chamados documentos de arquivo, já que deles

---

[23] Carucci, 1987.
[24] Duranti, 1997.
[25] Meireles, 1989.

são excluídas as denominadas "fontes narrativas" — inscrições, anais, crônicas, ensaios, comentários, memórias. Trata-se de documentos cujos elementos semânticos são submetidos a formas preestabelecidas. O "discurso diplomático" é aplicado a um quadro redacional no qual se insere o ato escrito. Essa redação não pode ficar submetida à fantasia de seu redator. Existem regras de composição codificada, mesmo havendo pequenas modificações não substantivas, como se verá na exemplificação adiante. O texto terá elementos comentados pela matéria jurídica do ato e pelo objetivo visado.

Enquanto a espécie documental — "configuração que assume um documento de acordo com a disposição e a natureza das informações nele contidas" — é objeto da diplomática, a tipologia documental ocupa-se do tipo documental — "configuração que assume a espécie documental de acordo com a atividade que a gerou".

A tipologia documental é a ampliação da diplomática na direção da gênese documental e de sua contextualização nas atribuições, competências, funções e atividades da entidade geradora/acumuladora.

Em definitivo, o objeto da diplomática é a configuração interna do documento, o estudo jurídico das partes e dos seus caracteres para aquilatar sua autenticidade e fidedignidade, enquanto o objeto da tipologia o estuda como componente de conjuntos orgânicos, isto é, como integrante da mesma série documental, advinda da junção de documentos correspondentes à mesma atividade. Nesse sentido, o conjunto homogêneo de atos está expresso em um conjunto homogêneo de documentos, com uniformidade de vigência.[26]

Assim, a diplomática volta-se para a estrutura formal do documento. O documento deve conter a mesma construção semântica de discurso para a mesma problemática jurídica.

Já a tipologia volta-se para a lógica orgânica dos conjuntos documentais: a mesma construção diplomática em todos os documentos do mesmo tipo, para que se disponha sobre ou cumpra a mesma função.

Por isso, a tipologia documental, ao incorporar todo o corpo teórico e metodológico da antiga diplomática, pode ser chamada de

---

[26] Bellotto, 1982:9-17.

diplomática arquivística ou, melhor ainda (se se atentar para o quanto o objeto e os objetivos de ambas podem ser amalgamados), de diplomática contemporânea, como quer Bruno Delmas. Para ele, a preocupação da diplomática é, agora, menos o estudo da estrutura, da forma, da gênese ou da tradição e mais da tipologia dos documentos.[27]

Antonia Heredia Herrera chega mesmo a aventar uma certa supremacia da tipologia documental sobre a diplomática, quando o enfoque é a doutrina arquivística. Leve-se em conta que a tendência futura da predominância do suporte eletrônico acabará por reduzir a "solenidade" do documento e por fazer prevalecer as fórmulas jurídicas sobre as estritamente diplomáticas. A autora diz ainda que a tipologia, por suas características intrínsecas, atribui maior importância ao procedimento administrativo, privilegiando o conjunto orgânico no qual o documento se situa e não o "discurso" de cada um.[28]

As metodologias de tratamento documental num e noutro campo são distintas, porém, paradoxalmente, são também imbricadas, como é possível constatar no quadro a seguir:

Diplomática	Tipologia/Arquivística
Campo de aplicação: em torno do verídico em estrutura e finalidade do ato jurídico.	*Campo de aplicação*: em torno da relação dos elementos com as atividades institucionais/pessoais.
Objetivos sucessivos: estabelecer/ reconhecer: 1. Autenticidade relativamente à espécie/conteúdo/finalidade. 2. Datação. 3. Origem/proveniência. 4. Transmissão/tradição documental. 5. Fixação do texto.	*Objetivos sucessivos*: estabelecer/ reconhecer: 1. Origem/proveniência. 2. Vinculação à competência, funções, atividades da entidade acumuladora. 3. Associação entre a espécie e o tipo documental. 4. Conteúdo. 5. Datação.

---

[27] Delmas, 1996:49-70.
[28] Herrera, 1985.

A estrutura do documento, quer se trate de documento sobre papel ou em suporte eletrônico, como bem demonstra Bruno Delmas, "é o conjunto dos elementos externos e internos (...) que lhe dão o aspecto que corresponde à sua natureza diplomática e jurídica, isto é, à sua função, segundo as regras e os usos da instituição que o estabelece".[29]

Os elementos externos, extrínsecos, físicos, de estrutura ou formais têm a ver com a estrutura física e com a forma de apresentação do documento. Relacionam-se com o gênero, isto é, com a configuração que assume um documento de acordo com o sistema de signos de que seus executores se serviram para registrar a mensagem.

De outro lado, os elementos internos, intrínsecos, substantivos ou de substância têm a ver com o conteúdo substantivo do documento, seu assunto propriamente dito, assim como com a natureza de sua proveniência e função.

A questão dos elementos constitutivos dos documentos de arquivo, agregando-os em dois polos — estrutura e substância —, foi amplamente estudada por dois eminentes teóricos da arquivística: Vicenta Cortés Alonso, em 1989, e Theodore Roosevelt Schellenberg, em 1963. É perfeitamente possível estabelecer a consolidação e a sistematização de ambas as argumentações, demonstrando sua concordância quanto à importância dos estudos que levam à identificação e à compreensão plena do lado físico, material, formal (estrutura) e do lado informacional, funcional e finalístico (substância).[30] A dualidade inseparável de *conscriptio* e *actio* de que nos fala a diplomática justapõe-se perfeitamente quando se trata de reconhecer a estrutura e a substância em um documento.

Os caracteres ou elementos externos ou físicos são: o espaço ou volume que o documento ocupa, sua quantidade, seu suporte (o material sobre o qual as informações são registradas, como papel, pergaminho, filme, disco ótico, disco magnético, fita magnética etc.), seu formato (a configuração física de um suporte, de acordo com sua natureza e a maneira com que foi confeccionado, pois pode ser um caderno, um códice, uma folha avulsa, um livro, uma tira de microfilme

---

[29] Delmas, 1996.

[30] Bellotto, 1988:65-71. Neste artigo comparam-se as visões de Cortés e Schellenberg.

etc.), sua forma (ou tradição documental, que é o estudo dos estágios de um documento, desde sua preparação até os distintos graus de sua transmissão: minuta, original, cópia), seu gênero (a configuração que assume um documento; dependendo do sistema de signos utilizado na comunicação de seu conteúdo, o documento pode ser textual, iconográfico, sonoro, audiovisual, informático), até aqueles elementos menos corpóreos que alguns autores consideram intermediários, como a língua (também considerada elemento interno), o modo da escrita, a espécie e o tipo.[31]

Há autores que distinguem e detalham, no caso do suporte, seus vários aspectos: a "matéria subjetiva", isto é, o papiro, o pergaminho, o papel etc.; a "matéria aparente", isto é, as tintas utilizadas; e a "matéria instrumental", isto é, a pena de ave, a pena metálica etc.; a "grafia", isto é, o traçado das letras; e a "forma mecânica", a pautação, paragrafação, pontuação, abreviaturas etc.[32]

Os caracteres ou elementos internos ou substantivos são a proveniência, isto é, a instituição ou a pessoa legitimamente responsável pela produção, acumulação ou guarda dos documentos; as funções, as origens funcionais do documento, as razões pelas quais foi produzido, levando-se em consideração — e nessa ordem — a função, a atividade que lhe concerne e os trâmites pelos quais passou; o conteúdo substantivo, que é, afinal, o assunto de que trata o documento; os fins que se quer atingir com sua criação; a data tópica, que é o lugar onde o documento foi datado, que pode ser um palácio, um acidente geográfico, uma cidade, seguindo-se a data cronológica — ano, mês, dia —, ambas as datas situando o documento no tempo e no espaço.[33]

Esses dois conjuntos de elementos podem ser simplificados, falando-se, de um lado, em estrutura e, de outro, em substância, como os dois polos constituintes do documento, indispensáveis para que se concretize sua produção, vigência, uso e guarda. E tanto sua classificação quanto sua descrição só serão eficazmente realizadas se essa realidade for levada em

---

[31] Cruz Mundet, 1994.
[32] Spina, 1977.
[33] Ibid.

conta. Por mais simplificadas que sejam essas operações, nenhum dos dois polos pode deixar de ser considerado.[34]

A estrutura corresponde a todo o substrato necessário à elaboração do documento, seja nos aspectos mais materiais, seja nos menos palpáveis. De qualquer forma, representa o arcabouço a receber ou não o devido conteúdo. A substância é a essência do documento, sua razão de existir, o conteúdo que o tornará único no seu contexto de produção e utilização.

Os elementos intermediários são aqueles que, não sendo externos, isto é, físicos (suporte, escrita, formato etc.), portanto de estrutura, também não são internos (proveniência, função, "assunto" propriamente dito, datas etc.), portanto de substância. A relação matéria-conteúdo ou, em outras palavras, a relação suporte-informação necessita do elemento intermediário: em primeiro lugar, a espécie, que é o seu veículo redacional adequado, redigido e formatado de modo a tornar válido e credível o seu conteúdo; em segundo lugar, o tipo, isto é, a espécie "carregada" da função que lhe cabe; e, em terceiro, a categoria jurídico-administrativa do documento, que reflete o peso e a hierarquia do seu conteúdo. Portanto, sem esses elementos intermediários — espécie, tipo e categoria —, o documento público não chega à consecução de seus fins.

Espécie documental é a configuração que assume um documento de acordo com a disposição e a natureza das informações nele contidas.[35] A espécie documental diplomática, portanto, é a espécie documental que obedece a fórmulas convencionadas, em geral estabelecidas pelo direito administrativo ou notarial.

A cada setor ou vertente das instâncias administrativas corresponde todo um rol de espécies documentais. Exemplifica-se: a área legislativa é o meio genético de espécies como projetos de lei, decretos, requerimentos, moções, entre outros. Na área notarial, temos o livro de assentamento, a procuração, o traslado, a certidão, entre outros.

A espécie documental, enquanto expressão diplomática, caracteriza um documento indivíduo; tem uma denominação imutável, ligada à sua

---

[34] Cruz Mundet, 1994.
[35] Camargo e Bellotto, 1996.

estrutura semântica de redação imutável; vale individualmente, em seu valor primário (que corresponde às razões de sua criação); define-se nas instâncias jurídico-burocráticas. Hoje nos gabinetes, nas secretarias e nos cartórios e, primitivamente, na administração colonial, nas chancelarias e também na área notarial.

O tipo documental é a configuração que assume a espécie documental de acordo com a atividade que ela representa, como vimos no início deste capítulo.[36] Nessa definição, é possível identificar que o tipo documental correspondente a uma atividade administrativa tende a caracterizar coletividades; sua denominação sempre corresponde à espécie anexada à atividade concernente e vale como conjunto documental representativo da atividade que caracteriza. O tipo documental pode ser visto como o "atributo de um documento que, originado na atividade administrativa a que serve, se manifesta em uma diagramação, formato e conteúdo distintivos e serve de elemento para classificá-lo, descrevê-lo e determinar-lhe a categoria diplomática".[37]

A espécie torna-se tipo quando lhe agregamos a sua gênese, a atividade/função/razão funcional que lhe gera a aplicação de uma *actio* em uma *conscriptio* (a espécie).

Desde sua gênese, o documento, considerando-se aqui sobretudo o documento público e, mais, o diplomático, é reconhecível por sua proveniência, categoria, espécie e tipo. A gênese documental está no "algo a determinar, a provar, a cumprir", dentro de determinado setor de determinado órgão público ou organização privada. A elaboração do documento cumpre as etapas que, resumidamente, passamos a enumerar:

1. Identificação jurídico-administrativa do ato.
2. Seleção da espécie documental.
3. Fórmula diplomática, fórmula sistematizada ou fórmula usual, preenchida com um conteúdo tópico e circunstancial, que resulta na redação final.
4. Divulgação junto aos públicos a atingir e/ou tramitação de rotina.
5. Guarda ou destinação fixada por sistemáticas de temporalidade.

---

[36] Camargo e Bellotto, 1996.
[37] Vázquez, 1987.

Vistos os elementos constitutivos do documento de arquivo, torna-se possível abordar a concepção daquilo que a diplomática denomina a *actio* e a *conscriptio* do documento.

O documento público é, invariavelmente, em sua essência, a junção de *actio* (ação, fato, ato) e *conscriptio* (sua transferência para suporte e meio semântico e juridicamente credível). Aliás, essa imagem não foge às facetas fundamentais da questão documentária. Sempre se lida, nesta questão, com a reunião indissolúvel entre matéria, meio e conteúdo. Como matéria, podem ser visualizados os aspectos físicos estruturais (suporte, escrita, sinal de validação etc.); como meio, a espécie documental específica e as fórmulas predeterminadas da redação. A cada espécie corresponde uma fórmula diplomática, uma estrutura e uma disposição semântica das palavras no texto. Uma *conscriptio*, portanto.

Não se deve entender por conteúdo apenas a mensagem implícita no documento. Isto porque o conteúdo do documento arquivístico abarca os demais aspectos substanciais: a proveniência, a função do documento em seu contexto de produção, a ação ou fato implícitos etc. Tudo isso é do domínio da *actio*. Reiterando, portanto: "o documento é a fusão de dois elementos essencialmente necessários: a *actio* jurídica, o fato, a ação documentada, e a sua própria passagem para o escrito, sua *conscriptio*".[38]

Como se evidencia, estamos no campo da gênese do documento. Esse processo foi muito bem analisado pelo professor espanhol de arquivística Alberto Tamayo.[39] Em sua análise, a *actio* pode ser mais profundamente considerada a ação ou a atuação da parte ou das partes interessadas na criação, modificação ou extinção de determinada situação jurídica. A *conscriptio* pode ser vista como a passagem para o escrito, sob condições juridicamente válidas, dessa atuação das partes (a própria etimologia da palavra explica isso: de *conscribo*, consignar por escrito). Essa *conscriptio* pode ser necessária ou voluntária, segundo seja imposta por lei ou dependa unicamente do arbítrio e livre vontade das partes. Uma e outra, *actio* e *conscriptio*, geram-se, tendo total independência

---

[38] Real Diaz, 1970.
[39] Tamayo, 1996:55-270.

entre si. Assim, não é conveniente considerar a *actio* como fase prévia ou inicial do processo da gênese documental e, sim, simplesmente como seu antecedente necessário, sem o qual nenhum documento tem sentido ou razão de ser.

A circunstância do documento implica tanto a presença de um fato e da vontade de manifestá-lo, quanto a vontade de dar origem ao ato.

Em diplomática, o fato não deve ser confundido com o conteúdo. Este vem a ser a manifestação do primeiro, através do documento. O termo "conteúdo" dá a ideia de representação, comunicação. A produção do documento também indica um propósito. De fato, a existência de qualquer registro determina, direta ou potencialmente, consequências, isto é, pode criar, preservar, modificar ou concluir situações. Ademais, o documento por meio do qual um fato e uma vontade determinam consequências é resultado de um procedimento, de um processo de criação, um processo genético que se verá refletido na categoria documental que se converte em um dos elementos constitutivos do documento arquivístico escrito.[40]

"O processo criador da *actio* começa sempre com uma declaração ou manifestação de vontade da pessoa que deseja outorgar um ato jurídico, pelo qual se cria uma determinada situação jurídica, ou se modifica ou extingue uma situação existente. Tal declaração de vontade, quando emana de uma instituição governamental ou administrativa investida de autoridade suficiente, constitui um ato do governo ou da administração que faz parte de todas as atuações e funções administrativas ou governamentais que lhe sejam próprias, mesmo que a iniciativa que inicie ou provoque a manifestação de vontade provenha de outra entidade governamental ou administrativa, porque também esta se moverá, ao fazê-lo, no âmbito das próprias funções. Mas, quando a declaração de vontade emana ou procede de uma pessoa ou instituição privada, tal declaração não é, evidentemente, um ato do governo, nem da administração, encaminhado para a consecução de determinado serviço público e, sim, somente, a manifestação de uma vontade ou da necessidade de se outorgar aquele ato jurídico."[41] A passagem da

---

[40] Tamayo, 1996.
[41] Nuñez Contreras, 1981b.

actio para a *conscriptio* é provocada, como se vê, pela manifestação espontânea de vontade soberana da autoridade no desempenho de sua tríplice atividade judicial, legislativa ou jurídica, muito frequentemente provocada pela *petitio* ou súplica.

Os documentos diplomáticos, objeto da diplomática, se tomados de forma ortodoxa, são aqueles de natureza jurídica que refletem no ato escrito as relações políticas, legais, sociais e administrativas existentes entre o Estado e os cidadãos. Seus elementos semânticos são submetidos a fórmulas preestabelecidas. O discurso diplomático é aplicado a um quadro redacional no qual se insere o ato escrito. Essa redação não pode ficar submetida à fantasia de quem a redige. Há regras de composição codificada, comandadas pelo direito.

Reiterando: o documento diplomático é o testemunho escrito de um ato de natureza jurídica, sendo redigido de modo a observar fórmulas estabelecidas que se destinam a dar-lhe fé e força de prova.[42] O "modelo diplomático" funciona para os documentos governamentais (relações Estado-cidadão) quase que do mesmo modo que as "formas notariais" funcionam para os documentos privados (o registro de "fé" das relações cidadão-cidadão). Tanto uns quanto outros, se incorretamente veiculados, invalidam a aplicabilidade legal de seu conteúdo.

O processo da gênese documental parte da manifestação da vontade, como referido acima, quando tratamos de *actio* e *conscriptio*. Do fato passa-se ao ato jurídico. Este adota a forma documental adequada — a espécie — para se concretizar. O ato pode surgir por petição ou requerimento da parte interessada ou sem mediação, espontaneamente, como um ato da administração, da autoridade no desempenho de sua tríplice atividade judicial, legislativa ou executiva.

A produção de documentos difere de um caso para outro, segundo a área em que ocorra. Os documentos dispositivos têm um caráter decisório que simplifica sensivelmente o processo da redação. Quando se procede à partição diplomática, já na exposição aparece a razão de ser de sua origem, o fato/ato que provocou sua criação. Todo documento tem um autor ou autores, dirige-se a um indivíduo ou a uma coletivi-

---

[42] Tamayo, 1996.

dade, sua gênese tem uma data tópica (está datada de um lugar) e uma data cronológica, e é produzido por alguma razão contida em seu texto. Dele também constam condições de aplicação e de sanção. A tramitação do documento — da origem a sua aplicação — depende da estrutura burocrática de seu tempo e lugar, e principalmente do direito que rege a sociedade que lhe dá a gênese.

A análise ou partição diplomática é realizada para efeitos de compreensão do documento do ponto de vista tanto da autenticidade jurídica, quanto da fidedignidade de conteúdo. A análise tipológica é bastante proveitosa para a efetivação das operações técnicas que devem ser aplicadas aos documentos de arquivo. A metodologia dessas análises será tratada no próximo capítulo.

Para introduzir os estudos tipológicos é preciso relembrar que espécie documental é a configuração que o documento assume de acordo com a disposição e a natureza de sua informação (e é objeto da diplomática) e que tipo documental é a espécie documental não mais como "fórmula" e, sim, já imbuído da atividade que o gerou (e é objeto da tipologia). Assim, pode-se estabelecer dois pontos de partida para a análise tipológica: o da diplomática ou o da arquivística.

Quando se parte da diplomática, o elemento inicial é a decodificação do próprio documento, sendo suas etapas: da anatomia do texto ao discurso, do discurso à espécie, da espécie ao tipo, do tipo à atividade, da atividade ao produtor.

Quando se parte da arquivística, o elemento inicial tem que ser necessariamente a entidade produtora, sendo o percurso: da competência à estrutura, da estrutura ao funcionamento, do funcionamento à atividade refletida no documento, da atividade ao tipo, do tipo à espécie, da espécie ao documento.

O resultado é o mesmo. Chega-se ao encontro desejado entre o documento (suporte, meio, contextualização) e sua função (o que se pretende ao se emitir o documento). É preciso que haja uma interação entre a especificidade de um ato e a tipologia documental adequada à sua concretização, seja a sua finalidade dispositiva, probatória ou informativa.

O emprego da tipologia documental no que-fazer-arquivístico é recente, iniciado que foi pelo grupo de trabalho dos arquivistas municipais de Madri em meados da década de 1980.[43] Se, antes, as pesquisas sobre o tema eram sobretudo teóricas, depois passou-se a compreender sua aplicabilidade.

Os estudos tipológicos vêm-se mostrando vantajosos nos vários segmentos do processamento documental, como: a) na classificação/arranjo, por facilitar o entendimento da composição das séries; b) na descrição, por esclarecer que os conteúdos veiculados em determinado formato jurídico têm certos dados que são fixos e outros variáveis e que este conteúdo liga-se de forma obrigatória à espécie que o veicula; c) no serviço aos usuários, pois a identificação dos tipos documentais traz informações que são antecedentes e exteriores ao próprio conteúdo do documento, sendo fundamentais para a sua compreensão dentro do conteúdo jurídico-administrativo de produção; d) na avaliação, porque as tabelas de temporalidade partem da identificação das funções refletidas nas séries documentais que se quer avaliar para estabelecer a destinação dos documentos. Aliás, a avaliação era o grande objetivo do grupo de trabalho de Madri quando estabeleceu os parâmetros da análise tipológica relacionados adiante. Essa aplicação dos estudos diplomáticos foi bastante inovadora e já tem dado bons frutos.

Comparando-se as duas metodologias — a da análise diplomática e a da análise tipológica —, pode-se estabelecer alguns preceitos.

Na diplomática, a análise tipológica parte da espécie. A identificação diplomática de um documento, portanto, independe das características do conjunto. A análise verifica se:

- a expressão diplomática (espécie) corresponde realmente ao ato jurídico-administrativo para o qual ela está servindo de meio;
- a tramitação (procedimento de gestão) corresponde ou correspondeu à expressão diplomática, já que o ato implícito na espécie tem trâmites obrigatórios;
- o levantamento das relações internas do conjunto documental ao qual a unidade estudada pertence não deve ser feito, uma vez que a verificação diplomática independe das características do conjunto.

---

[43] Grupo de Trabajo de Archiveros Municipales de Madrid, s.d.

Na arquivística, a análise tipológica parte do princípio da proveniência e, portanto, verifica se:

- o conjunto homogêneo de atos está expresso em um conjunto homogêneo de documentos;
- os procedimentos de gestão são sempre os mesmos, quando se dá a tramitação isolada dos documentos isolados;
- os conjuntos (séries) formados pelas mesmas espécies recebem na avaliação uniformidade de vigência e de prazos de guarda ou eliminação;
- na constituição do fundo e de suas subdivisões, os conjuntos não estão sendo dispersos;
- os documentos da série possuem a devida frequência de eliminação.

A discussão dessas análises e os respectivos modelos são o objeto do capítulo 4.

CAPÍTULO 4

Análise diplomática e análise tipológica dos documentos de arquivo

O texto do documento diplomático, na realidade, é a união de três partes distintas: o protocolo inicial, o texto propriamente dito e o protocolo final. Evidentemente, nem todos os documentos diplomáticos contêm todas as partes constituintes do "documento ideal" (diplomaticamente falando). Às vezes, alguns estão ocultos e implícitos no conjunto geral, outras vezes, determinadas partes não cabem em certas espécies documentais. A maioria dos especialistas estabelece as mesmas partes para a partição diplomática.[44]

O protocolo inicial é constituído por: invocação (*invocatio*, em latim) — que ocorre nos atos dispositivos mais antigos, sendo a expressão "Em nome de Deus" um exemplo de invocação —; titulação (*intitulatio*), formada pelo nome e pelos títulos da autoridade soberana ou da autoridade delegada da qual emana o documento; direção (*inscriptio*), a parte que nomeia a quem o ato se dirige, seja um destinatário individual ou coletivo. O protocolo inicial termina com a saudação (*salutatio*), elemento também mais constante nos documentos anteriores à Idade Moderna.

---

[44] Nuñez Contreras, 1981b. Este autor aborda de maneira bastante clara as partes do discurso diplomático.

O texto, que tem "todos os seus elementos comandados pela natureza jurídica do ato e por seu objetivo",[45] pode ser decodificado em: prêambulo (*prologus* ou *exordium*), no qual se justifica a criação do ato, podendo ser essa justificativa de ordem moral, jurídica ou material; notificação (*notificatio* ou *promulgatio*), que pode ser entendida na expressão "Tenho a honra de vos comunicar"; exposição (*narratio*), na qual são explicitadas as causas do ato, o que o originou e quais as necessidades administrativas, políticas, econômicas, sociais ou culturais que o tornaram necessário; dispositivo (*dispositio*), que é a própria substância do ato, sendo a parte na qual se determina o que se quer, é o "assunto" propriamente dito; sanção (*sanctio* ou *minatio*), na qual se explicitam as penalidades que serão aplicadas caso não se cumpra o dispositivo; e corroboração (*valoratio* ou *corroboratio*), onde se dispõem os meios materiais ou não que asseguram a execução do dispositivo.

O protocolo final inicia-se, após a corroboração, com a subscrição (*subscriptio*), isto é, a assinatura do emissor do documento, seguindo-se a data (*datatio*). Nesta é preciso distinguir a data tópica, nome que identifica o lugar onde o documento foi assinado, da data cronológica (dia, mês e ano). O ato dispositivo termina com a precação (*apprecatio*), que é onde, por meio de dois elementos (assinatura de testemunhas e sinais de validação, como carimbos, selos etc.) se reitera a legalidade do documento.

Nesses conjuntos das partes formais do documento há que se distinguir as formas extrínsecas — que envolvem a questão da autenticidade — das formas intrínsecas — ligadas ao conteúdo.

As formas extrínsecas são as propriamente formais, as que não dependem do teor documental,[46] mas figuram para garantir-lhe a autenticidade. São elas: as marcas de validação, como selos ou outros sinais; as subscrições (assinaturas dos responsáveis pelo documento); o suporte; a escrita; a língua e o estilo. Já no teor documental nota-se

---

[45] Tessier, 1952:41.

[46] Já definido como a forma pela qual se articula o discurso, a "fórmula" diplomática.

a existência de formas extrínsecas de confiança (invocação, precação e data) e de cortesia (titulação, direção, saudação).

As formas intrínsecas — as atinentes ao conteúdo — giram em torno do dispositivo. Assim, há as que lhe são preliminares, como a notificação, o preâmbulo e a exposição; e as que lhe são complementares, como a sanção e a corroboração.[47]

Para aclarar a identificação das diversas partes do discurso diplomático, selecionei alguns exemplos de atos dispositivos gerados nos sucessivos séculos de evolução histórica brasileira. Ademais, com eles é possível demonstrar que todo documento público emanado de autoridades — os atos normativos e/ou os atos dispositivos — são passíveis de análise diplomática.

Os documentos que se seguem — um para cada século da história brasileira — foram selecionados entre os mais significativos como conteúdo atinente às respectivas datas e circunstâncias de sua produção. Cada uma das partes da partição diplomática será encimada pela respectiva denominação.

1. Alvará de isenção dos tributos sobre o açúcar (1560)[48]

Protocolo inicial (titulação e direção)

"Eu El Rei,
faço saber a quantos este meu alvará virem"

---

[47] Note-se que Nuñez Contreras, ao classificar essas diferentes partes, preferiu incluir as extrínsecas, definindo-as entre as de confiança (dentro do teor). Entretanto, parece-me mais adequada sua classificação como "complementares ao dispositivo", pois é a corroboração que indica os meios materiais (recursos financeiros, recursos humanos etc.) para a real execução do ato.

[48] Denomina-se alvará "uma lei geral que tem por objeto modificações e declarações sobre coisas já estabelecidas. Difere da lei, que tem por objetivo novas criações e estabelecimentos...". Cf. Ribeiro Junior, 1969:80.

Preâmbulo[49]

"que quando meu senhor e avô, que santa glória haja, deu forais às capitanias das terras do Brasil, entre as liberdades que concedeu aos capitães, moradores e povoadores das ditas terras trazer por si ou por outrem a meus Reinos e senhorios quaisquer sortes de mercadorias que nas ditas terras ou partes houvessem, tirando escravos e outras cousas que nos ditos forais são defesas, o pudessem fazer e fossem recolhidos e agasalhados em quaisquer portos, cidades, vilas ou lugares dos ditos meus Reinos e senhorios em que viessem aportar (e querendo-as vender nos ditos lugares, não pagassem deles direitos alguns, somente a sisa do que vendessem, posto que por forais, regimentos ou costumes dos tais lugares fossem obrigados a pagar outros direitos ou tributos, segundo mais largamente é conteúdo nos ditos forais, dados aos capitães e moradores nas ditas terras)."

Exposição[50]

"E depois houve dúvida se as pessoas que têm engenhos de açúcares nas ditas terras, ou os mandassem ao diante lá fazer, sendo moradores em meus Reinos e senhorios, seriam havidos por moradores para gozarem do privilégio e liberdade de não pagarem nestes Reinos mais direitos dos açúcares que lhes viessem dos ditos engenhos que ora lá têm, ou ao diante tivessem (do que pagam os moradores e povoadores das ditas capitanias) e foi determinado por sentença que não gozavam do dito privilégio e liberdade de que pelos ditos gozam os ditos moradores.

---

[49] No preâmbulo, justifica-se a necessidade do aparecimento do ato normativo presente, a fim de mostrar a situação em que se acha a questão. Neste caso, fica declarado que, pelos forais outorgados aos que se instalavam no Brasil na ocasião, estavam eles autorizados a vender mercadorias daqui extraídas sem se submeterem a pagamento de tributos.

[50] Na exposição, a partir da argumentação do preâmbulo, declara-se a precipitação dos fatos, isto é, o que houve de descompasso em relação ao preâmbulo e que motivou o surgimento do presente alvará. No caso, houve dúvidas quanto à situação jurídica dos produtores de açúcar que não moravam no Brasil, não se esclarecendo se teriam ou não direito à isenção.

E ora havendo eu respeito que se as pessoas que ora têm nas ditas terras engenhos d'açúcar moentes e correntes, ou ao diante os fizerem de novo ou refizerem os que já foram feitos e estão caídos e danificados, gozassem do dito privilégio e liberdade acerca de não pagarem direitos nestes Reinos e senhorios de que gozam os moradores mais asinha e com mais vontade povoariam os que estão feitos e referiam os que estão danificados e ainda fariam outros de novo,"

Dispositivo[51]

"e por lhes fazer mercê hei por bem, ordeno e mando que todas as pessoas que nas ditas terras e capitanias do Brasil ora têm ao diante tiverem engenhos d'açúcar moentes e correntes paguem nas ditas terras, de suas novidades, o dízimo, que é da Ordem de nosso senhor Jesus Cristo, como ora pagam e dos açúcares que por si ou por outrem trouxerem ou mandarem trazer a quaisquer portos ou vilas e lugares de meus Reinos e senhorios, por tempo de dez anos, não paguem direitos alguns de dízima, nem sisa, posto que neles os descarreguem e vendam, e isto mostrando, cada um que o tal açúcar trouxer ou mandar trazer, certidão de meus oficiais do Brasil, de como o tal açúcar é de seu engenho e que lá pagou o dízimo como é e passados os ditos dez anos,

hei por bem e me praz por lhes fazer mais mercê, que do dito tempo em diante não paguem dos ditos açúcares que dos seus engenhos trouxerem, ou mandarem trazer a estes meus Reinos e senhorios, mais de um só direito, que é dez por cento, posto que neles os vendam e isto mostrando certidão dos oficiais do Brasil, pela maneira sobredita, posto que não sejam moradores nas ditas terras do Brasil onde tiverem os ditos engenhos, dos quais lhes vierem os ditos açúcares; porque para melhor se povoarem as ditas terras

o hei assim por bem e quero que se cumpra e guarde pelos ditos tempos assim da maneira que dito é e que sejam escusos e libertados

---

[51] O dispositivo é a parte onde se manifesta a vontade do emissor — neste caso, o rei — e onde fica claro para que o ato foi feito. No caso presente determina que os fabricantes de açúcar paguem o dízimo na colônia e que não o paguem nos portos metropolitanos onde arribarem. Note-se os desdobramentos do dispositivo, para os quais, propositadamente, de maneira artificial, foram abertos parágrafos, a fim de que fossem mais bem compreendidos.

de pagarem direitos alguns dos ditos açúcares que dos seus engenhos trouxerem ou mandarem trazer a estes meus Reinos e senhorios, posto que neles os vendam pelo dito tempo de dez anos e de pagarem somente um direito, depois de passados os ditos dez anos, sem embargo de pela dita sentença ser determinado que não sejam havidos por moradores, e que não gozem da liberdade de que pelos forais das ditas terras gozam os moradores e povoadores das ditas terras e sem embargo de quaisquer forais, regimentos, provisões, minhas e dos Reinos meus antecessores, e costumes que haja, por que se possa dizer que são obrigados a pagar os direitos dos açúcares que se trouxerem a estes meus Reinos e senhorios, que entram pela foz.

E assim hei por bem, que daqui em diante não pague direito algum nas alfândegas de meus Reinos e senhorios, nem em outra casa alguma (nem sisa) de papagaios, bugios, e de quaisquer outras aves e bichos que das ditas terras do Brasil vierem ter aos portos, cidades, vilas e lugares de meus Reinos, posto que os que trouxerem as ditas cousas ou as mandarem trazer não sejam moradores nem povoadores das ditas terras, e por forais e regimentos sejam obrigados a pagar das ditas cousas direitos alguns e sisas porque assim

o hei por bem e mando aos provedores das alfândegas, e quaisquer outros oficiais e pessoas de quaisquer outras casas da arrecadação de meus direitos, a que o conhecimento deste pertencer, que o cumpram e guardem inteiramente, e que quando os ditos açúcares e cousas sobreditas vierem ter às ditas alfândegas e casas, os despachem pela dita maneira, sem lhes a isso porem dúvida nem embargo algum, sem embargo de quaisquer forais e regimentos e outras provisões que haja em contrário"

Corroboração[52]

"porque tudo hei por derrogado, cassado e anulado, e quando for contra o conteúdo neste alvará, pelos tempos nele declarados, assim da

---

[52] A corroboração, isto é, as formas de se assegurar o cumprimento do dispositivo, começa pela própria derrogação do que foi disposto anteriormente, se em contrário. Além disso, há referência aos registros de assentamento a partir dos quais o conteúdo será conhecido, quantas vezes forem necessárias.

maneira que nele se contém e este alvará se registará nos livros das Casas da Índia e Mina, e no das alfândegas desta Cidade de Lisboa e os traslados deste alvará, concertados e assinados pelo feitor e oficiais da dita Casa da Índia se registarão de verbo a verbo em cada uma das capitanias da costa do Brasil, para a todos ser notório, como o hei assim por bem.

E porquanto em vinte e nove de março do ano passado, de cinquenta e nove, foi passado outro alvará, porque houve por bem que por tempo de três anos se não pagassem direitos alguns dos ditos açúcares, e passados os ditos três anos, por tempo de sete anos não pagassem deles mais que o direito, como no dito alvará mais largamente se continha o qual alvará foi roto ao assinar deste por meu mandado, por eu haver por bem que por este alvará somente se faça obra um dos escrivães de minha Fazenda porá disso verba no registro do tal alvará que está nos livros dela e de como fica posta, passará sua certidão nas costas deste e outra tal verba se porá no digo registro que está nos livros da Casa da Índia, a qual verba porá um dos escrivães da dita Casa, e de como fica posta, passará também sua certidão nas costas deste que quero e me praz que valha e tenha força e vigor como se fosse Carta feita em meu nome e passada pela chancelaria, posto que este por ela não passe, sem embargo da Ordenação do 2º livro tit. 20 que diz que as cousas cujo efeito houver de durar mais de um ano passem por Cartas e passado por alvarás não valham."

Protocolo final

"Adrião Lúcio a fez em Lisboa a dezesseis de março de quinhentos e sessenta. André Soares o fez escrever."[53]

---

[53] Não há subscrição do emissor neste segmento do alvará porque sua composição peculiar já o nomeia (o rei) no início. Assim, há subscrição/precação em simbiose, com a data; neste caso, cabe aos escrivães e chanceleres validar o texto real, embora não lhes caiba legitimá-lo.

2. Regimento do pau-brasil (1605)[54]

Protocolo inicial (titulação e direção)

"Eu El Rei,
faço saber aos que este meu regimento virem"

Exposição

"que sendo informado das muitas desordens que há no sertão do pau-brasil em conservação dele de que se tem seguido haver já hoje muita falta de ir-se buscar muitas léguas pelo sertão dentro, cada vez será o dano maior se se não atalhar e der nisso a ordem conveniente, a necessária como em cousa de tanta importância a minha Fazenda, tomando informações de pessoas de experiência das principais do Brasil e comunicando-as com as do meu Conselho;"

Dispositivo[55]

"mandei fazer este Regimento que hei por bem e mando se guarde daqui em diante inviolavelmente.

1 — Primeiramente hei por bem e mando que nenhuma pessoa possa cortar nem mandar cortar o dito pau-brasil por si ou seus escravos ou feitores seus sem especial licença ou escrito do provedor de minha Fazenda de cada uma das capitanias em cujo distrito estiver a mata em que se houver de cortar, e o que o contrário fizer incorrerá em pena de confiscação de toda sua fazenda.

2 — E o dito provedor-mor para dar a tal licença tomará informação da qualidade da pessoa que pede, e se dela há alguma suspeita que o desencaminhará ou fintará ou dará a quem o haja de fazer.

---

[54] Entende-se por regimento o conjunto de normas baixadas em nome do monarca para reger o funcionamento de qualquer matéria. Ver Ribeiro Junior, 1969:81.
[55] Trata-se claramente do dispositivo; entretanto, nele estão embutidos elementos evidentemente correspondentes à sanção, como se pode ver nos itens 3 e 4.

3 — O dito provedor-mor fará fazer um livro por ele assinado e numerado no qual se registarão todas as licenças que assim der, declarando-se os nomes e mais confrontações necessárias das pessoas a que se derem, e se declarará a quantidade do pau, para que se lhe dê a licença, e se obrigará a entregar ao contratador toda a dita quantidade que trata na certidão, para com ela vir confrontar o assento do livro de que se fará declaração e nos ditos assentos assinará a pessoa que levar a certidão e a pessoa que levar a licença com o escrivão.

4 — E toda pessoa que tomar mais quantidade de pau do que lhe for dado licença, além de o perder para minha Fazenda se o mais que cortar passar de dez quintais incorrerá em pena de cem cruzados e se passar de cinquenta quintais, sendo peão, será açoutado e degradado por dez anos para Angola, e passando de cem quintais morrerá por ele e perderá toda sua fazenda.

5 — O provedor fará a repartição das ditas licenças em o modo que cada um dos moradores da capitania que se houver de fazer o corte tenha sua parte, segundo a possibilidade de cada um, e que em todos se não exceda a quantidade que lhe for ordenada.

6 — Para que não se corte mais quantidade de pau da que eu tiver dado por contrato nem se carreguem a cada capitania mais da que boamente se pode tirar dela hei de por bem e mando que em cada um ano se faça repartição da quantidade do pau que se há de cortar em cada uma das capitanias em que há mata dele de modo que em todo se não exceda a quantidade do contrato.

7 — A dita repartição do pau que se há de cortar em cada capitania se fará em presença do meu governador daquele Estado do Brasil, pelo provedor-mor da minha Fazenda e oficiais da Câmara da Bahia, e nela se terá respeito do estado das matas de cada uma das ditas capitanias, para se não carregarem mais, nem menos pau do que convém para benefício das ditas matas, e do que se determinar aos mais votos se fará assento pelo escrivão da Câmara e deles se tirarão provisões e nome do governador e por ele assinadas que se mandarão aos provedores das ditas capitanias para as executarem.

8 — Por ter informação que uma das cousas que maior dano tem causado nas ditas matas em que se perde, e destrói mais paus é por os

contratadores não aceitarem todo o que se corta, sendo bom e de receber e querem que todo o que se lhes dá seja roliço e maciço do que se segue ficar pelos matos muitos dos ramos e ilhargas perdidas, sendo ele todo bom e conveniente para o uso das tintas; mando que daqui em diante se aproveite todo o que for de receber e não se deixe pelos matos nem um pau cortado assim dos ditos ramos como das ilhargas, e que os contratadores o recebam todo e havendo dúvida se é de receber a determinará o provedor de minha Fazenda; e porque outrossim sou informado que a causa de se extinguirem as matas do dito pau, como hoje estão, e não tornarem as árvores a brotar é pelo mau modo com que se fazem os cortes não lhes deixando ramo e varas que vão crescendo e por se lhes pôr fogo nas raízes para fazerem roças; hei por bem e mando que daqui em diante se não façam roças em terras de matas de pau-brasil e serão para isso cortados com todas as penas e defesas que têm estas coutadas reais e que nos ditos cortes se tenham muito tento à conservação das árvores para que tornem a brotar, deixando-lhes varas, e troncos com que o possam fazer, e os que o contrário fizerem serão castigados com as penas que parecer do julgador."

Sanção

9 — "Hei por bem e mando que todos os anos se tire devassa do corte do pau do Brasil na qual se perguntará pelos que quebraram e foram contra este meu Regimento.

10 — "E para que em tudo haja guarda e vigilância que convém hei por bem que em cada capitania das em que houver matas do dito pau haja guardas, duas delas que terão de seu ordenado as vintenas das condenações que por sua denunciação se fizerem, as quais guardas serão nomeadas pelas Câmaras e aprovadas pelos provedores de minha Fazenda e se lhas dará juramento que bem e verdadeiramente façam seus ofícios."

Corroboração

11 — "O qual Regimento mando se cumpra e guarde como nele se contém e ao governador do dito Estado e ao provedor-mor de minha

Fazenda e aos provedores das capitanias e a todas as justiças delas que assim o cumpram e guardem e façam cumprir e guardar sob as penas nele conteúdas, a qual se registará nos livros de minha Fazenda do dito Estado e nas Câmaras das capitanias aonde houver matas do dito pau e valerá, posto que não passe por carta em meu nome e o efeito haja de durar mais de um ano, sem embargo da ordem do 2º livro, título 39 que o contrário dispõe."

3. Alvará de d. Maria I (1785)[56]

Protocolo inicial (titulação e direção)

"Eu, a Rainha,
faço saber aos que este Alvará virem"

Exposição

"Que sendo-me presente o grande número de fábricas, e manufaturas, que de alguns anos a esta parte se tem difundido em diferentes capitanias do Brasil, com grave prejuízo da cultura, e da lavoura, e da exploração das terras minerais daquele vasto continente; porque havendo nele uma grande, e conhecida falta de população, é evidente, que quanto mais se multiplicar o número dos fabricantes, mais diminuirá o dos cultivadores; e menos braços haverá, que se possam empregar no descobrimento, e rompimento de uma grande parte daqueles extensos domínios, que ainda se acha inculta, e desconhecida: Nem as sesmarias, que formam outra considerável parte dos mesmos domínios, poderão prosperar, nem florescer por falta do benefício da cultura, não obstante ser esta a essencialíssima condição, com que foram dadas aos proprietários delas: E até nas mesmas terras minerais ficará cessando de todo, como

---

[56] Nota-se claramente neste alvará que a exposição antecede o preâmbulo, pois só após mostrar qual a situação precedente que suscita o aparecimento do ato normativo é que se explica o porquê desse aparecimento ("...consistindo a verdadeira e sólida riqueza nos frutos e produções da terra...").

já tem consideravelmente diminuído a extração do ouro, e diamantes, tudo procedido da falta de braços, que devendo empregar-se nestes úteis e vantajosos trabalhos, ao contrário os deixam, e abandonam, ocupando-se em outros totalmente diferentes, como são os das referidas fábricas, e manufaturas:"

Preâmbulo

"E consistindo a verdadeira e sólida riqueza nos frutos, e produções da terra, as quais somente se conseguem por meio de colonos, e cultivadores, e não de artistas, e fabricantes: e sendo além disto as produções do Brasil as que fazem todo o fundo, e base, não só das permutações mercantis, mas da navegação, e do comércio entre os meus leais vassalos habitantes destes reinos, e daqueles domínios, que devo animar, e sustentar em comum benefício de uns, e outros, removendo na sua origem os obstáculos, que lhe são prejudiciais, e nocivos:"

Dispositivo

"Em consideração de tudo o referido: Hei por bem ordenar, que todas as fábricas, manufaturas, ou teares de galões, de tecidos, ou de bordados de ouro, e prata: De veludos, brilhantes, cetins, tafetás, ou de outra qualquer qualidade de seda: De belbutes, chitas, bombazinas, fustões, ou de outra qualquer qualidade de fazenda de algodão, ou de linho, branca, ou de cores: E de panos, baetas, droguetes, saetas, ou de outra qualquer qualidade de tecidos de lã, ou os ditos tecidos sejam fabricados de um só dos referidos gêneros, ou misturados, e tecidos uns com os outros; exceptuando tão somente aqueles dos ditos teares, e manufaturas, em que se tecem, ou manufaturam fazendas grossas de algodão, que servem para o uso e vestuário dos negros, para enfardar, e empacotar fazendas, e para outros ministérios semelhantes: todas as mais sejam extintas, e abolidas em qualquer parte onde se acharem nos meus domínios do Brasil,"

Sanção

"debaixo da pena do perdimento, em tresdobro, do valor de cada uma das ditas manufaturas, ou teares, e das fazendas, que nelas, ou neles houver, e que se acharem existentes, dous meses depois da publicação deste repartindo-se a dita condenação metade a favor do denunciante, se o houver, e a outra metade pelos oficiais, que fizerem a diligência; e não havendo denunciante, tudo pertencerá aos mesmos oficiais."

Corroboração

"Pelo que: mando ao Presidente, e Conselheiros do Conselho Ultramarino; Presidente do meu real erário; Vice-Rei do Estado do Brasil; Governantes, e Capitães Generais, e mais Governadores, e Oficiais Militares do mesmo Estado; Ministros das Relações de Rio de Janeiro, e Bahia; Ouvidores, Provedores, e outros Ministros, Oficiais de Justiça, e Fazenda, e mais pessoas do referido Estado, cumpram, e guardem, e façam inteiramente cumprir, e guardar este meu alvará como nele se contém, sem embargo de quaisquer leis, ou disposições em contrário, as quais hei por derrogadas, para este efeito somente ficando aliás sempre em seu vigor."

Protocolo final (subscrição, data e precação)

"Dado no Palácio de Nossa Senhora da Ajuda, em 5 de janeiro de 1785 — Com Assinatura da Rainha, e a do Ministro."

4. Carta de Lei elevando o Brasil a reino (1815)[57]

Protocolo inicial (titulação e direção)

"Dom João por graça de Deus Príncipe Regente de Portugal, e dos Algarves, d'aquém e d'além-mar, em África de Guiné, e da Conquista, Navegação, e Comércio da Etiópia, Arábia, Pérsia, e da Índia &c. Faço saber aos que a presente Carta de Lei virem,"

---

[57] "A lei é a vontade soberana do monarca; é o preceito do soberano que obriga os cidadãos a seguirem as ordens reais. É também chamada carta de lei" (Ribeiro Junior, 1969:79). Para Rodolfo Garcia (1956) a carta de lei é "ato cujo edito tinha, de ordinário, por principal objeto os negócios públicos. Principia pelo nome do monarca e tem assinatura com guarda".

Preâmbulo[58]

"que tendo constantemente em meu real ânimo os mais vivos desejos de fazer prosperar os Estados, que a Providência Divina confiou ao meu soberano regime: E dando ao mesmo tempo a importância devida à vastidão, e localidade dos meus domínios da América, à cópia e variedade dos preciosos elementos de riqueza que eles em si contêm:"

Exposição

"E outrossim reconhecendo quanto seja vantajosa aos meus fiéis vassalos em geral uma perfeita união e identidade entre os meus reinos de Portugal, e dos Algarves, e os meus domínios do Brasil, erigindo estes àquela graduação e categoria política, que pelos sobreditos predicados lhes deve competir, e na qual os ditos meus domínios já foram considerados pelos Plenipotenciários das Potências, que formaram o Congresso de Viena, assim no Tratado de Aliança concluído aos oito de abril do corrente ano, como no Tratado Final do mesmo Congresso:"

Dispositivo

"Sou portanto servido, e me praz ordenar o seguinte:

I. Que desde a publicação desta Carta de Lei o Estado do Brasil seja elevado à dignidade, preeminência, e denominação de = REINO DO BRASIL. =
II. Que os meus Reinos de Portugal, Algarves, e Brasil formem d'ora em diante um só e único Reino, debaixo do título de = REINO-UNIDO DE PORTUGAL, E DO BRASIL, E ALGARVES. =
III. Que aos Títulos inerentes à Coroa de Portugal, e de que até agora hei feito uso, se substitua em todos os diplomas, cartas de leis, alvarás, provisões, e atos públicos o novo título de = PRÍNCIPE REGENTE

---

[58] Optei por definir como preâmbulo essas primeiras considerações, embora não fosse totalmente errado enquadrá-las na exposição. O que ocorre é que há uma sutil diferença entre a argumentação inicial de caráter mais genérico (no caso, caráter geopolítico) e as que se seguem, mais pragmáticas, definidas e objetivas.

DO REINO-UNIDO DE PORTUGAL, E ALGARVES, d'aquém e d'além-mar, em África de Guiné, e da Conquista, Navegação, e Comércio da Etiópia, Arábia, Pérsia, e da Índia &c. = E esta se cumprirá, como nela se contém."

Corroboração

"Pelo que mando a uma e outra Mesa do Desembargo do Paço, e da Consciência e Ordens; Presidente do meu real erário; Regedores das Casas da Suplicação; Conselhos da minha real Fazenda, e mais Tribunais do Reino-Unido; Governadores das Relações do Porto, Bahia, e Maranhão; Governadores e Capitães Generais, e mais Governadores do Brasil, e dos meus domínios ultramarinos; e a todos os Ministros de Justiça, e mais pessoas, a quem pertencer o conhecimento e execução desta Carta de Lei, que a cumpram e guardem, e façam inteiramente cumprir e guardar, como nela se contém, não obstante quaisquer leis, alvarás, regimentos, decretos, ou ordens em contrário; porque todos, e todas hei por derrogadas para este efeito somente, como se delas fizesse expressa e individual, ficando aliás sempre em seu vigor. E ao Doutor Tomás Antonio de Vilanova Portugal, do meu Conselho, Desembargador do Paço, e Chanceler Mor do Brasil, mando que a faça publicar na Chancelaria, e que dela se remetam cópias a todos os Tribunais, Cabeças de Comarca, e Vilas deste Reino do Brasil; publicando-se igualmente na Chancelaria Mor do Reino de Portugal; remetendo-se também as referidas cópias às Estações competentes; registando-se em todos os lugares, onde se costumam registar semelhantes cartas; e guardando-se o original no Real Arquivo, onde se guardam as minhas leis, alvarás, regimentos, cartas, e ordens deste Reino do Brasil."

Protocolo final (data, precação, subscrição)

"Dada no Palácio do Rio de Janeiro aos dezesseis de Dezembro de mil oitocentos e quinze.
PRÍNCIPE Com Guarda."

5. Lei que dispõe sobre restrições a brasileiros naturalizados (1974)[59]

Protocolo inicial

"O Presidente da República.
Faço saber que o Congresso Nacional decreta e eu sanciono a seguinte lei:"

Dispositivo

"Art. 1º — É vedada qualquer distinção entre brasileiros natos e naturalizados.
Art. 2º — A condição de 'brasileiro nato', exigida em leis ou decretos, para qualquer fim, fica modificada para a de 'brasileiro'.
Art. 3º — Não serão admitidos a registro os atos de constituição de sociedade comercial ou civil que contiverem restrição a brasileiro naturalizado.
Art. 4º — Nos documentos públicos, a indicação da nacionalidade brasileira alcançada mediante naturalização far-se-á sem referência a esta circunstância."

Sanção

"Art. 5º — A violação do disposto no art. 1º desta Lei constitui contravenção penal, punida com as penas de prisão simples de quinze dias a três meses e multa igual a três vezes o valor do maior salário mínimo vigente no País."

---

[59] As leis contemporâneas têm sua datação no próprio título. Esta é a Lei nº 6.192, de 19 de dezembro de 1974. Modernamente, pode-se considerar "lei" uma "regra geral justa e permanente que exprime a vontade imperativa do Estado a que todos são submetidos (...) Na sua acepção técnica e restrita é o ato jurídico decretado pelo Poder Legislativo, em forma escrita e articulada, e promulgado depois de submetido à sanção do Poder Executivo. Costumam os autores dar-lhe uma definição simplificada: é o ato jurídico editado pelo Legislativo e publicado após sanção do Executivo" (Atienza, 1979a:29). Note-se que a lei apresentada como exemplo, dadas as suas próprias características, passa do protocolo inicial ao dispositivo.

Corroboração

"Art. 6º — Esta Lei entrará em vigor na data de sua publicação, revogadas as disposições em contrário."

Protocolo final (subscrição e precação)

"ERNESTO GEISEL — Presidente da República
Armando Falcão"[60]

6. Decreto que institui o Sistema de Arquivos do Estado de São Paulo — Saesp (1984)[61]

Protocolo inicial (titulação)

"FRANCO MONTORO, Governador do Estado de São Paulo, no uso de suas atribuições legais, com fundamento no artigo 89, da Lei nº 9.717, de 30 de janeiro de 1967."

Preâmbulo

"Considerando que todos os documentos arquivísticos gerados pela atuação do Governo do Estado de São Paulo constituem parte integrante de seu patrimônio arquivístico.

Considerando que o patrimônio arquivístico é um bem público cuja integridade cabe ao Estado assegurar.

---

[60] É praxe a assinatura do ministro da Justiça no momento da assinatura do ato, funcionando este como precador.

[61] Decreto nº 22.789, de 19 de outubro de 1984. Sem diferenças essenciais em relação aos decretos antigos, pode-se definir modernamente o decreto como "todo ato escrito, emanado do chefe de Estado ou de órgãos do poder público, com força obrigatória, destinado a assegurar ou a promover a boa ordem política, social, jurídica ou administrativa, ou a reconhecer, proclamar e atribuir um direito ou estabelecer uma lei. Exemplo: decreto do presidente da República, decreto do governador de estado, decreto do prefeito municipal, decreto judiciário ou judicial" (Atienza, 1979a:32).

Considerando que a destruição indiscriminada de documentos efetuada sem critérios pode acarretar prejuízos irrecuperáveis à Administração e à História.

Considerando que as atividades de administração dos documentos arquivísticos compõem-se de diversas fases que devem ser desenvolvidas de modo harmônico e integrado, respeitando-se as especificidades de cada órgão gerador de documentação."

Exposição

"Considerando as conclusões apresentadas pela Comissão Especial de Estudos, instituída por Despacho de 10, publicado no Diário Oficial do Estado de 11 de novembro de 1983, com a finalidade de realizar estudos relativos à organização de um Sistema Estadual de Arquivos, e

Considerando, finalmente, a exposição de motivos apresentada pelo Secretário Extraordinário da Cultura.

Decreta:"

Dispositivo

"Artigo 1º — Fica instituído, nos termos deste decreto, o Sistema de Arquivos do Estado de São Paulo — SAESP.

Artigo 2º — O Sistema de Arquivos do Estado de São Paulo — SAESP tem como objetivos principais:

I — assegurar a proteção e preservação dos documentos do Poder Público Estadual, tendo em vista o seu valor administrativo e histórico e os interesses da comunidade;

II — harmonizar as diversas fases da administração dos documentos arquivísticos, atendendo às peculiaridades dos órgãos geradores da documentação;

III — facilitar o acesso ao patrimônio arquivístico público de acordo com as necessidades da comunidade.

Artigo 3º — Para os fins deste decreto consideram-se integrantes do patrimônio arquivístico público todos os documentos de qualquer tipo e natureza, gerados e acumulados no decurso das atividades de cada órgão da Administração do Estado de São Paulo, que se distribuem em:

I — arquivos correntes, constituídos pelos conjuntos de documentos em curso ou que, mesmo sem movimentação, constituem objeto de consultas frequentes;

II — arquivos intermediários, constituídos pelos conjuntos de documentos procedentes de arquivos correntes e que aguardam destinação final em depósitos de armazenagem temporária;

III — arquivos permanentes, constituídos pelos conjuntos de documentos que assumem valor cultural, de testemunho, extrapolando a finalidade específica de sua criação e aos quais devem ser assegurados a preservação e o acesso público.

Artigo 4º — O Sistema de Arquivos do Estado de São Paulo — SAESP conta com:

I — órgão central: Divisão de Arquivo do Estado, do Departamento de Museus e Arquivos, da Secretaria da Cultura;

II — órgãos regionais: Delegacias Regionais da Cultura, do Departamento de Atividades Regionais da Cultura, da Secretaria da Cultura;

III — órgãos setoriais: 1 (um) em cada secretaria de Estado e Autarquia.

Parágrafo único. A definição dos órgãos setoriais previstos no inciso III deste artigo será objeto de decretos específicos e recairá em unidade técnica já existente na estrutura organizacional de cada Secretaria de Estado e Autarquia.

Artigo 5º — Poderão, também, participar do Sistema de Arquivos do Estado de São Paulo — SAESP, mediante celebração de convênios com o Governo do Estado, por sua Secretaria de Cultura, após prévia autorização, e observada a legislação pertinente, órgãos dos Poderes Legislativo e Judiciário Estaduais, das Administrações municipais, as Fundações instituídas pelo Poder Público, as Empresas nas quais o Estado tenha participação majoritária e demais Entidades de Direito Privado.

Artigo 6º — À Divisão de Arquivo do Estado, do Departamento de Museus e Arquivo, como órgão central do Sistema de Arquivos do Estado de São Paulo e além de suas atribuições normais, cabe:

I — estabelecer a articulação com os órgãos integrantes do SAESP e com unidades afins;

II — elaborar princípios, diretrizes, normas e métodos sobre organização e funcionamento das atividades de arquivo;

III — prestar orientação técnica aos órgãos integrantes do Sistema e a unidades responsáveis pela guarda de documentos arquivísticos;

IV — orientar e controlar a elaboração dos planos de destinação de documentos;

V — controlar o encaminhamento obrigatório aos arquivos competentes dos documentos acumulados nas unidades responsáveis pela guarda dos arquivos intermediários e correntes;

VI — providenciar a celebração de convênios entre o Governo do Estado, por sua Secretaria da Cultura, e entidades, públicas e privadas, municipais, estaduais, nacionais e internacionais, visando atingir os objetivos do Sistema;

VII — administrar os convênios de que trata o inciso anterior e fiscalizar as correspondentes prestações de contas;

VIII — manter cadastro geral atualizado nas unidades responsáveis pela guarda de documentos arquivísticos;

IX — produzir textos de interesse para o SAESP;

X — elaborar programas de divulgação do Sistema e dos acervos à disposição do público;

XI — desenvolver estudos visando à instalação de arquivos intermediários ou permanentes;

XII — propor a política de acesso aos documentos públicos;

XIII — promover a organização de eventos culturais relacionados ao Sistema;

XIV — promover a realização de cursos para o desenvolvimento dos recursos humanos do Sistema.

Artigo 7º — As Delegacias Regionais da Cultura, do Departamento de Atividades Regionais da Cultura, além de suas atribuições normais, têm, como órgãos regionais do Sistema de Arquivos do Estado de São Paulo, em suas respectivas áreas de atuação, as seguintes atribuições:

I — manter contactos com autoridades públicas e com responsáveis pela guarda de documentos arquivísticos, com a finalidade de divulgar o Sistema;

II — promover a articulação entre as unidades responsáveis pela guarda de documentos arquivísticos;

III — colaborar com o órgão central do Sistema no desempenho de suas atribuições, especialmente:

a) na orientação e no controle da elaboração dos planos de destinação de documentos;
b) no controle do encaminhamento aos arquivos competentes dos documentos acumulados nas unidades responsáveis pela guarda de arquivos intermediários e correntes;
c) em estudos visando à instalação de arquivos intermediários ou permanentes;
d) na coleta de dados necessários à elaboração de programas e projetos;
e) na promoção de eventos culturais relacionados ao Sistema.

Artigo 8º — Os órgãos setoriais do Sistema de Arquivos do Estado de São Paulo têm as seguintes atribuições:

I — assistir as autoridades das Secretarias de Estado ou das Autarquias a que pertencerem, nos assuntos relacionados com o Sistema;

II — planejar e acompanhar a execução, no âmbito das Secretarias de Estado ou Autarquias a que pertencerem, dos programas, diretrizes e normas emanadas do órgão central do Sistema;

III — elaborar, em conformidade com as diretrizes emanadas do órgão central, o conjunto de normas disciplinadoras da recepção, produção, tramitação, arquivamento, preservação e transferência dos documentos gerados em seus respectivos âmbitos de atuação;

IV — prestar orientação técnica, controlar e, quando for o caso, executar as atividades arquivísticas, em seus respectivos âmbitos de atuação;

V — manter cadastro das unidades pertencentes às suas estruturas organizacionais, responsáveis por atividades de arquivo, bem como das relações de séries documentais que essas unidades mantêm sob custódia e que não fazem parte de seus arquivos correntes;

VI — prestar ao órgão central informações sobre as suas atividades;

VII — apresentar sugestões para o aprimoramento do Sistema.

Artigo 9º — Ao Diretor da Divisão de Arquivo do Estado, enquanto dirigente de unidade de despesa, cabe exercer as competências previstas nos artigos 92 e 105 do Decreto nº 20.955, de 1º de junho de 1983.

Artigo 10 — Fica instituída, junto ao órgão central do Sistema de Arquivos do Estado de São Paulo, a Comissão Estadual de Arquivo.

Artigo 11 — À Comissão Estadual de Arquivo cabe:
I — prestar, ao órgão central do SAESP, assessoramento de ordem técnica e histórico-cultural;
II — manifestar-se sobre instruções normativas emanadas do órgão central ou dos órgãos setoriais do SAESP;
III — propor modificações aprimoradoras do Sistema;
IV — propor medidas para o inter-relacionamento das atividades dos arquivos correntes e dos arquivos intermediários e permanentes;
V — propor a constituição de comissões ou grupos de trabalho para tratar de assuntos específicos;
VI — elaborar seu regimento interno.

Artigo 12 — A Comissão Estadual de Arquivo tem a seguinte composição:
I — 2 (dois) membros escolhidos pelo Secretário da Cultura;
II — Diretor da Divisão de Arquivo do Estado, do Departamento de Museus e Arquivos, da Secretaria da Cultura;
III — 1 (um) representante da Fundação do Desenvolvimento Administrativo — FUNDAP.
IV — 1 (um) representante da Associação dos Arquivistas Brasileiros — Núcleo do Estado de São Paulo.
§1º — Os Membros da Comissão Estadual de Arquivo serão designados pelo Secretário da Cultura para um mandato de 2 (dois) anos, permitida a recondução, sendo, no caso dos representantes previstos nos incisos III a V deste artigo, mediante indicação dos respectivos órgãos de origem.
§2º — No caso de vaga em data anterior à do término do mandato, o Secretário da Cultura designará novo membro para o período restante.
§3º — O Presidente será indicado pelos membros da Comissão, dentre seus pares, em lista tríplice apresentada ao Secretário da Cultura, que o designará.
§4º — O Presidente, além do voto de membro da Comissão, terá o voto de desempate.

Artigo 13 — Fica vedada a eliminação de documentos integrantes do patrimônio arquivístico público, sem prévia consulta ao órgão central do Sistema de Arquivos do Estado de São Paulo."

Corroboração

"Artigo 14 — A implantação do Sistema instituído por este decreto será feita gradativamente, de acordo com as disposições orçamentárias e financeiras.

Artigo 15 — Este decreto entrará em vigor na data de sua publicação."

Protocolo final (data, subscrição, precação)

"Palácio dos Bandeirantes,
19 de outubro de 1984
FRANCO MONTORO
Jorge Cunha Lima, Secretário Extraordinário da Cultura.
Roberto Gusmão, Secretário do Governo.
Publicado na Secretaria de Estado do Governo, aos 19 de outubro de 1984."

Se analisarmos os documentos do ponto de vista dos critérios utilizados hoje pela técnica legislativa para sua redação, veremos que, *mutatis mutandi*, os elementos formais dos atos oficiais são os mesmos. As três grandes divisões usadas para os estudos legislativos — preâmbulo, texto, encerramento e *referenda* — acabam por se justapor às partes consagradas na análise diplomática. Na técnica legislativa, o protocolo inicial da diplomática corresponde ao preâmbulo, que abriga o título, a autoria, a epígrafe e a ementa; a exposição da diplomática é o que a técnica legislativa chama de consideranda ou considerata, e o que corresponde à corroboração e ao protocolo final é a cláusula de vigência, a cláusula revogatória, o fecho e a assinatura.[62]

Quanto à análise tipológica dos documentos de arquivo, não basta conhecer a estrutura da espécie documental, como ocorre com a análise diplomática. Pelos conceitos já expostos no capítulo 3, compreende-se que a análise tipológica é fundamentalmente arquivística e, por isso, não

---

[62] Atienza, 1979b:76-78.

pode prescindir do relembrar dos princípios fundamentais que regem a organização dos arquivos. Aliás, eles estão na base da teoria arquivística e constituem o marco principal da diferença entre a arquivística e as outras "ciências" documentárias. São eles:

1. *Princípio da proveniência:* fixa a identidade do documento relativamente a seu produtor. Por esse princípio, os arquivos devem ser organizados obedecendo à competência e às atividades da instituição ou pessoa legitimamente responsável por sua produção, acumulação ou guarda de documentos. Arquivos originários de uma instituição ou de uma pessoa devem manter a individualidade, dentro de seu contexto orgânico de produção, não devendo ser mesclados, no arquivo, a outros de origem distinta.
2. *Princípio da organicidade:* as relações administrativas orgânicas refletem-se nos conjuntos documentais. Organicidade é a qualidade segundo a qual os arquivos espelham a estrutura, as funções e as atividades da entidade produtora/acumuladora em suas relações internas e externas.
3. *Princípio da unicidade:* não obstante sua forma, gênero, tipo ou suporte, os documentos de arquivo conservam seu caráter único, em função de seu contexto de produção.
4. *Princípio da indivisibilidade ou integridade arquivística:* os fundos de arquivo devem ser preservados sem dispersão, mutilação, alienação, destruição não autorizada ou adição indevida. Esse princípio deriva do princípio da proveniência.
5. *Princípio da cumulatividade:* o arquivo é uma formação progressiva, natural e orgânica.[63] É a sedimentação, de que fala Lodolini.

Além da familiaridade com esses princípios, a efetivação da análise tipológica a partir da arquivística exige conhecimento prévio: a) da estrutura orgânico-funcional da entidade acumuladora; b) das sucessivas reorganizações que tenham causado supressões ou acréscimos de novas atividades e, portanto, de tipologias/séries; c) das funções definidas por leis/regulamentos; d) das funções atípicas circunstanciais; e) das trans-

---

[63] Bellotto, 2002a:20.

formações decorrentes de intervenções; f) da estrutura dos processos, pois eles têm tramitação regulamentada.

A análise diplomática tomava a espécie isoladamente, mas a análise tipológica vai buscá-la em seu conjunto orgânico, atingindo, já então, o tipo.

Enquanto expressão diplomática, a espécie caracteriza o documento indivíduo; tem denominação imutável; vale individualmente pela razão de criação do documento; define-se pela procedência, enquanto criação; é de interesse imediato do produtor e do interessado, e vigora obrigatoriamente para a produção, a tramitação e o uso primário. Enquanto tipo documental, porém, a espécie só é considerada coletivamente, eivada da atividade que representa; define-se pela procedência e pela acumulação; interessa ao produtor e ao pesquisador, e tanto vigora para arquivos correntes, intermediários e permanentes, como interessa ao uso secundário.

Os itens a considerar na análise tipológica, segundo o modelo preconizado pelo Grupo de Trabalho dos Arquivistas de Madri, são:

1. O tipo documental, que resulta da espécie documental aliada à atividade concernente:
   - sua definição (que deve ser procurada na legislação, em tratados de direito administrativo, em manuais de rotinas burocráticas, em glossários, em dicionários terminológicos ou no próprio documento); e
   - caracteres externos (gênero, suporte, formato, forma).

2. O código da série, que, na realidade, corresponde ao tipo no plano de classificação. Posição da série no fundo ou no conjunto maior.
3. Entidade produtora/acumuladora e suas atribuições; com suas subdivisões correspondentes, se for o caso.
4. Atividade que gera o tipo documental em foco.
5. Destinatário, se for o caso.
6. Legislação que cria a entidade e a que cria e regula a função/atividade que originará a série.
7. Tramitação. Sequência das diligências e ações (trâmites) prescritas para o andamento de documentos de natureza administrativa até seu julgamento ou solução. É o procedimento que gera a tipologia e no qual ela atua.

8. Documentos básicos de que se compõe o processo, se for o caso.
9. Ordenação. Posição dos documentos na série.
10. Conteúdo, no sentido dos dados repetitivos na tipologia analisada.
11. Vigência, que corresponde ao tempo de arquivamento no arquivo setorial.
12. Prazos de destinação (eliminação ou preservação em arquivo permanente). A fixação de prazos não cabe quando se analisam documentos já de guarda permanente.

Esse modelo de análise tipológica, quando concebido pelo grupo de trabalho, estava direcionado para os arquivos correntes e partia dos princípios da arquivística. Entretanto, para analisar documentos em arquivos permanentes, sobretudo os fundos, cuja idade remota dificulta o levantamento dos dados estruturais e funcionais, e no caso de situações artificiais de aprendizado em que se utilizem exemplos de documentos de valor permanente, pode-se partir da diplomática, tomando o documento/espécie como ponto de partida.

Como exemplo de análise tipológica, vejamos uma série documental acumulada em um dos arquivos setoriais da Universidade de São Paulo, detectável em seu sistema de arquivos (o Sausp): a dos processos de estrutura curricular.

1. Tipo: processos de estrutura curricular. Definição: unidade documental em que se reúnem oficialmente documentos de natureza diversa no decurso de uma ação administrativa ou judiciária, formando um conjunto materialmente indivisível relativo à estrutura dos currículos dos cursos de graduação da USP. Caracteres externos: gênero: textual; suporte: papel; forma: original.
2. Código: C55000.
3. Entidade produtora/acumuladora: Conselho de Graduação (COG). Atribuição: estabelecimento de diretrizes para orientar a ação da universidade no ensino da graduação. Subdivisões: Câmara de Avaliação e Câmara Curricular e do Vestibular.
4. Atividade: estudar questões de estrutura curricular realizadas pelas comissões de graduação, aprovando as modificações curriculares propostas pelas unidades.

5. Destinatário: unidades de ensino.
6. Legislação: Estatuto da Universidade de São Paulo. Resolução nº 3.461, Resolução CO nº 3.732, Resolução COG nº 4.235, Resolução nº 3.765, Resolução nº 4.141, Resolução COG nº 3.918, Resolução COG nº 3.740.
7. Tramitação: criação ou modificação de currículo elaborada pelos professores dos departamentos; apresentação às comissões de graduação das unidades de ensino, museus ou institutos especializados; aprovação; entrada no Protocolo da Reitoria para o Conselho de Graduação; inclusão em pauta, discussão, anexação de pareceres e aprovação; subida às instâncias superiores: Pró-Reitoria de Graduação, Conselho Universitário e reitor para homologação; comunicação à unidade interessada; arquivamento.
8. Documentos que compõem o processo: proposta dos respectivos departamentos de ensino, pareceres, currículos atuais, ofícios.
9. Ordenação: alfabética de unidade de ensino, departamento e curso, e numérica (cronológica) dos processos.
10. Conteúdo: cursos, disciplinas, políticas de ensino.
11. Vigência: enquanto for adotada a estrutura curricular aprovada.
12. Prazos: cinco anos ou vigência no arquivo setorial e preservação no arquivo permanente.

Pelos exemplos apresentados pode-se ver claramente que a análise tipológica aplica-se às séries documentais (e mais preferivelmente à produção documental de primeira idade, quando se têm presentes todos os elementos necessários) e que a análise diplomática aplica-se ao documento isolado. Por isso mesmo a análise tipológica é mais arquivística. Mas tanto uma quanto outra são úteis ao arquivista: a primeira, no seu labor de apoio ao pesquisador e nos trabalhos de descrição; a segunda, na sua ação de avaliação e também, secundariamente, na de descrição.

Sendo o objetivo deste livro o desenvolvimento das ações do arquivista no âmbito do arquivo permanente, há uma maior concentração de argumentação e de exemplificação na terceira idade documental.

No caso específico dos arquivos permanentes, conhecer a caracterização das mais frequentes espécies documentais que podem ocorrer nos fundos a arranjar e a descrever é obrigatório na tarefa arquivística.

Para saber ordenar as séries (função/tipologia), a identificação diplomática é imprescindível, porque, mesmo que estas já tenham vindo devidamente ordenadas dos estágios anteriores nos arquivos correntes e intermediários, pode-se fazer um bom trabalho de conferência e adaptação. Ou de mudança, se chegarem ordenadas incorretamente.

Para a descrição, o assunto do documento torna-se mais claro, porque, segundo a tipologia do documento, o mesmo assunto pode estar sendo abordado diferentemente. Por outro lado, para melhor atender a seu "cliente" mais habitual — o historiador —, o controle da distinção entre as várias formas de *conscriptio* é indispensável.

Tomemos um tema: a Guerra do Paraguai. Para o historiador, por exemplo, pesa consideravelmente verificar se o assunto foi tratado, como comentário, numa carta particular do imperador d. Pedro II a um familiar; se foi tratado como debate parlamentar, constando de requerimentos ou de moções legislativas; se se trata da Declaração Formal de Guerra da Tríplice Aliança ao Paraguai ou de um aviso entre ministros a propósito de recursos orçamentários para a guerra; ou ainda se se trata de uma ordem do dia, visando um deslocamento de tropas, assinada pelo duque de Caxias. Só a identificação diplomática dos documentos acima mencionados dará ao historiador a real dimensão e o real significado dos subtemas neles tratados.

Lista de caracterização de algumas espécies documentais[64]

As definições em itálico dizem respeito apenas à documentação luso-brasileira, já estando em desuso atualmente, quando empregadas para a mesma espécie documental. Em muitos casos a definição aplica-se tanto ao uso antigo quanto ao atual.

---

[64] Pode-se encontrar definições de espécies documentais nas seguintes obras, entre outras: Castro et al., 1985, v. 1, p. 42-44; Ribeiro Junior, 1969, v. 1, p. 78-130; Beltrão, 1987; Silva, 1956; De Plácido e Silva, 1980; Bellotto, 2000:301-316; Formulário dos diplomas de que usa o soberano no expediente dos negócios relativos ao governo e administração interna do Estado. Lisboa, 1821 (manuscrito), que se encontra no Arquivo do Instituto de Estudos Brasileiros da Universidade de São Paulo, na Coleção Lamego, Códice 13; Kaspary, 1995; Leal e Berwanger, 1996; Luz, 1992; Brasil, 1991; Rio de Janeiro (estado), 1999; Martinheira, 1997; Pinheiro, 1995-1998:123-113; Bellotto, 2002b.

Alvará	❑ *Modificação, declaração sobre ou reiteração de normas já estabelecidas pela autoridade soberana, em geral com validade de um ano.*
	❑ Certificado, licença ou autorização, dado por autoridade competente, de direitos ou de realização de atos ou eventos, com validade de um ano, ou provisão especial pela qual o juiz autoriza, aprova ou confirma certo ato, estado ou direito.
Ata	❑ Exposição do que ocorreu durante uma reunião, assembleia ou sessão.
Atestado	❑ Documento em que uma autoridade declara algo partindo diretamente do fato. Difere da certidão, que é uma transcrição.
Ato	❑ Documento governamental que trata de formas de provimento e de vacâncias de cargos e funções gratificadas ou de direitos conferidos a alguém.
Auto	❑ Narração escrita, pormenorizada e autenticada, de um fato com a finalidade, em geral, de conduzir um processo a uma decisão (*auto de abertura de testamento, auto de partilha*) ou um infrator a uma sanção.
Aviso	❑ Ordem *régia expedida em nome do soberano por secretaria ou órgão competente.* Correspondência entre ministros de Estado ou governadores de estados.
Bando	❑ *Ordem, correspondendo a um decreto dos governadores e capitães generais, proclamada em pregão público ou afixada em lugar público.*
Boletim	❑ Resenha noticiosa de atos normativos, em geral para ser afixada.
Carta	❑ Forma de correspondência do alto escalão da administração pública em comunicações sociais decorrentes de cargo e função públicos. Nas entidades privadas da área comercial, industrial,

bancária, social etc., a carta é forma de correspondência largamente utilizada para transmitir informações, solicitar favores, fazer convites etc.

Carta de lei
- *Exprime a vontade soberana do monarca. É o preceito do rei que obriga os súditos a seguir as ordens reais. Como a lei, vigora perpetuamente ou até a sua revogação e traduz a soberania do monarca nas questões mais abrangentes do interesse da nação.*

Carta régia
- *Ordem real dirigida a determinada autoridade ou pessoa e iniciada pelo nome dela.*

Certidão
- Documento emanado de funcionário de fé pública, mediante o qual se transcreve algo já registrado em documento de assentamento, elaborado este segundo normas notariais ou jurídico-administrativas. A certidão pode ainda ser retirada de um processo, livro ou documento existente em repartição pública e passada, se não por notário, por funcionário autorizado.

Certificado
- Declaração que garante a veracidade de um fato, de um estado de coisas, ou o bom estado ou o funcionamento de um objeto/equipamento. Assemelha-se ao *atestado*, que, entretanto, é mais elaborado em relação a pessoas.

Circular
- Ofício, carta ou telegrama enviado simultaneamente a vários destinatários.

Constituição
- Lei fundamental e suprema de um Estado que contém normas respeitantes à formação dos poderes públicos, à forma de governo, à distribuição de competências, direitos e deveres dos cidadãos etc. Também denomina o conjunto de normas reguladoras de uma instituição, corporação, órgão, embora o mais usado, neste caso, seja o *estatuto*.

Consulta
- *Ato pelo qual uma instituição, em geral conselho, junta ou tribunal, assessora o rei em assunto*

	determinado, passando-lhe o seu parecer ou conselho. Por extensão, o documento resultante do ato recebe o nome de consulta.
CONTRATO	❑ Documento que estabelece a convenção pela qual, duas ou mais partes se obrigam a dar, fazer ou deixar de dar ou fazer alguma coisa.
CONVÊNIO	❑ Acordo que as entidades públicas firmam entre si ou com entidades privadas, ou que estas últimas firmam entre si para a realização de algum objetivo de interesse comum. Diferencia-se do *contrato* por estarem, no convênio, todos os partícipes em igualdade de posição jurídica.
CONVOCAÇÃO	❑ Comunicação escrita na qual se solicita o comparecimento de pessoa ou pessoas, coletividade ou coletividades a uma reunião.
DECISÃO	❑ Registro numerado de resolução aprovada por órgão colegiado.
DECLARAÇÃO	❑ Manifestação de opinião, conceito, resolução ou observação passada por pessoa física ou por um colegiado.
DECRETO	❑ *Ordem emanada do soberano ou em seu nome. É resolução do rei, só por ele assinada com sua rubrica. Pode acrescentar, modificar ou revogar alguma lei.*
	❑ Ato de natureza legislativa que pode ser expedido pelo Judiciário, pelo Executivo ou pelo Legislativo. Pelo Executivo, é assinado pelo presidente da República, pelos governadores ou prefeitos; tem por objetivo regulamentar uma lei; fixar normas administrativas; nomear, promover ou demitir funcionários. Pelo Legislativo, é uma resolução sujeita à promulgação do presidente do Senado Federal. Pelo Judiciário, são as sentenças judiciais.
DECRETO-LEI	❑ Decreto em forma de lei que, num período ditatorial ou anormal de governo, é expedido

	pelo chefe de fato do Estado, que concentra em suas mãos o poder legislativo então suspenso.
DESPACHO	❑ Manifestação escrita de autoridades sobre assuntos de sua competência, submetidos a sua apreciação em autos ou papéis administrativos.
EDITAL	❑ *Ordem oficial ou traslado de postura afixado em lugares públicos.*
	❑ Ato governamental que contém determinação, aviso, postura que se publica em diário oficial e/ou se afixa em lugares públicos, para conhecimento de todos ou de determinada pessoa, cujo destino se ignora.
ESTATUTO	❑ Conjunto de normas jurídicas que regem determinada matéria ou uma corporação. Conjunto de normas reguladoras de todos os atos e atividades de um órgão, organização ou sociedade.
EXPOSIÇÃO DE MOTIVOS	❑ Documento em que ministros de Estado e dirigentes de órgãos diretamente subordinados ao presidente da República a ele se dirigem, apresentando motivos que justifiquem a necessidade de medidas ou providências.
GUIA	❑ Fórmula para pagamento, recolhimento, transferência, remoção.
INDICAÇÃO	❑ Documento legislativo que é a proposição depois que foi aceita por uma das comissões e passa ao plenário.
INFORMAÇÃO	❑ Instrumento pelo qual se fornecem, por solicitação ou ordem, elementos necessários ao preparo de parecer.
INSTRUÇÃO NORMATIVA	❑ Orientação para a execução de atos normativos, fazendo menção aos artigos cujos conteúdos se está detalhando e regulamentando, feita por diretor de órgão público.
LAUDO	❑ Parecer de especialista no qual se expõem observações e estudos a respeito de objeto sobre o qual se solicitou uma perícia.

Lei	❏ *Preceito real que obriga os súditos a obedecerem ordens; é a vontade soberana do monarca. Vigora até sua revogação. Confunde-se com a carta de lei, seguindo sua mesma formalidade e tendo quase o mesmo objeto. Difere na assinatura, trazendo "rei" e não "el-rei".*
	❏ Norma jurídica emanada do Poder Legislativo que, com caráter de obrigatoriedade, cria, extingue ou modifica direito. Embora editada pelo Legislativo, deve ser promulgada pelo Poder Executivo. Segundo o Poder Legislativo que a formula, a lei, no Brasil, pode ser municipal, estadual ou federal.
Manifesto	❏ Declaração pública das razões que justificam um ato, utilizada por autoridades para dar explicações à sociedade. É também exposição de motivos levada a público, dele se valendo os idealizadores de algum projeto, sociedade ou atividade para atrair adeptos. (Para *manifesto de carga* ver Mapa de carga). O termo ainda é usado na área comercial como declaração escrita levada a público para lançamento de empréstimos, debêntures ou subscrição pública de capital das sociedades anônimas.
Mapa	❏ Documento cartográfico que, num suporte plano, em projeção horizontal e numa escala de redução inferior a 1:10.000, representa de forma gráfica características físicas de parte ou da totalidade da superfície terrestre ou, no caso do *mapa astronômico*, do corpo celeste. Quadro demonstrativo de população, de efetivos militares, de pessoal de serviço, de eleitores etc.
Mapa/Manifesto de carga	❏ *Usava-se mais a denominação mapa para quadro que relaciona as espécies, e as quantidades de cada uma delas, constantes do carregamento de uma*

	embarcação, designando os portos de embarque e desembarque.
	❏ A denominação predominante é *manifesto* para o mesmo documento e estendendo-se também a outros veículos de transporte, como aviões, caminhões etc.
MEDIDA PROVISÓRIA	❏ Ato normativo de iniciativa do Poder Executivo que prescinde de tramitação no Poder Legislativo.
MEMORANDO	❏ Forma de correspondência interna, objetiva e simples, para assuntos rotineiros entre chefias de unidades de um mesmo órgão. O memorando não trata de assuntos de ordem pessoal nem cria, altera ou suprime direitos e obrigações. A denominação *memorando*, em alguns meios administrativos, está sendo substituída pela denominação *correspondência interna*.
MEMORIAL	❏ Exposição escrita, apresentada a uma autoridade, pleiteando algo, registrando-se a descrição de fatos e juntando-se documentos comprobatórios. Pode ser de autoria coletiva, como o *abaixo--assinado*. Na área comercial, pode significar o livro onde se fazem lançamentos rápidos de operações comerciais, para mais tarde serem definitivamente anotados nos livros próprios.
MEMORIAL DESCRITIVO	❏ Texto padronizado usado em engenharia, arquitetura e urbanismo que acompanha os desenhos de um projeto no qual são explicitados e justificados os critérios e as soluções adotados e outros pormenores. Em direito, também se usa a expressão para a reunião de relatórios de perícias ou diligências esclarecedoras de alguma investigação.
MENSAGEM	❏ Instrumento pelo qual o presidente da República ou os governadores dirigem-se ao povo ou, especificamente ao Poder Legislativo ou

ao Poder Judiciário como um todo. No caso do Poder Legislativo, em geral é apresentada no início dos trabalhos legislativos do ano. Por meio da *mensagem* o Poder Executivo propõe medidas e presta contas relativas ao exercício anterior. Na área jurídica, é toda comunicação oficial entre os poderes, sobretudo para a proposição de medidas que poderão se transformar em leis.

Moção
- Meio pelo qual se propõe algo a uma assembleia para ser votado por todos. Pode ser de desagrado, de apelo, de aplauso, de repúdio etc. Em geral, origina-se de questões e propostas feitas durante uma reunião.

Nota
- Correspondência oficial padronizada de ministro de um país a outro (*nota diplomática*) ou comunicação de caráter oficial emanada de altas autoridades (*nota oficial*).

Notificação
- Ciência dada a pessoa física ou jurídica sobre um processo ou um ato no qual ela é interessada.

Ofício
- *Correspondência entre autoridades subalternas/ delegadas entre si ou com autoridades do reino, tais como secretários de Estado, desembargadores etc., com exceção do rei, a quem sempre é dirigida carta, e não ofício.*
- Meio de comunicação do serviço público. Forma padronizada de comunicação escrita entre subalternos e autoridades e entre os órgãos públicos entre si e os particulares, em caráter oficial. Entidades privadas não expedem *ofícios* e sim *cartas*. É pelo *ofício* que se mantém o intercâmbio de informações a respeito de assunto técnico ou administrativo cujo teor tenha caráter exclusivamente institucional. Embora não seja um documento diplomático, o *ofício* tem sua redação mais ou menos padronizada.

Ordem de serviço
: Determinação técnica ou administrativa expedida por escrito por autoridade e dirigida a responsáveis por serviços, tarefas ou obras, autorizando-as. Em alguns órgãos é confundida com *papeleta*, ou recebe, com alguma diferenciação de características, a denominação *orientação de serviço* ou *determinação de serviço*, sendo esta última reservada para as chefias subordinadas àquelas que emitem a *ordem de serviço*.

Parecer
: Opinião técnica ou científica sobre um ato que serve de base à tomada de decisão. O mesmo que *consulta*.

Passaporte
: *Documento passado por órgão competente que autoriza pessoas, viatura ou embarcação a se deslocarem de um país a outro, em situações normais, ou de uma região a outra, em situação de beligerância.*
: Documento pessoal emitido por órgão competente que autoriza alguém a sair do país e que serve de identificação e garantia aos cidadãos de um país quando estão em outro.

Petição
: Instrumento pelo qual se solicita à autoridade pública, sem certeza legal ou sem segurança, quanto ao amparo legal do pedido. Difere do *requerimento*, no qual a reivindicação está baseada em ato legal.

Portaria
: *Ordem régia expedida em nome do soberano e que contém instruções sobre a aplicação de leis, normas de serviço, nomeações, demissões ou punições.*
: Ato pelo qual autoridades competentes determinam providências de caráter administrativo, impõem normas, definem situações funcionais e aplicam penalidades disciplinares.

Postura
: Deliberação municipal escrita que obriga a população ao cumprimento de certos deveres de ordem pública.

Precatório	❑ Documento pelo qual a autoridade governamental do Judiciário ou fazendária emite uma ordem relativa à apreensão de bens.
Processo	❑ Desenvolvimento de um expediente, incluindo tipos diversos de documentos e que, recebendo informações, pareceres e despachos, tramita até que se cumpra o ato administrativo que gerou a sua criação. Unidade documental em que se reúne, oficialmente, documentos de natureza diversa no decurso de uma ação administrativa ou judiciária, formando um conjunto materialmente indivisível.
Procuração	❑ Instrumento pelo qual uma pessoa recebe de outras poderes para em seu nome praticar atos ou administrar bens.
Prontuário	❑ Reunião cumulativa de documentos que acompanham o desempenho dos interessados em sua atuação profissional em cursos, estágios, tratamentos médicos e psicológicos, assim como em programas educativos e de lazer.
Pronunciamento	❑ Registro de manifestação de opinião, em geral coletiva, em situação de sublevação contra autoridades governamentais.
Proposição	❑ Pedido padronizado ou sugestão que o participante de assembleia, congresso ou reunião encaminha à mesa ou ao plenário.
Proposta	❑ Sugestão encaminhada à autoridade para que seu conteúdo venha a fazer parte, se aceita, de um outro ato de valor jurídico e/ou administrativo concreto.
Provisão	❑ *Ato pelo qual o rei concede algum benefício ou algum cargo a alguém. Sendo documento de correspondência, está sempre ligado a algum ato dispositivo anterior. Também pode ser definida como carta de ordem, da qual se servem os tribunais para o despacho de seu expediente.*

Regimento	❏ *Manifestação de vontade do rei, representa conjunto de normas disciplinadoras de uma entidade, estabelecendo direitos e obrigações e regendo as finalidades dos tribunais e outros órgãos. Quando passado, por ocasião da nomeação, a uma autoridade, governador, comandante, superintendente ou outro, é a relação de suas obrigações a cumprir à frente do governo, comando, órgão ou área pela qual vai ser responsável.*
	❏ Conjunto de princípios e de normas que estabelece o modo de funcionamento interno de um órgão ou o desempenho de cargos ou funções.
Regulamento	❏ Conjunto das condições em que uma lei deve ser executada. Também significa o conjunto de normas que regem o funcionamento de uma subdivisão hierárquica e administrativa de uma instituição.
Relatório	❏ Exposição de ocorrências, fatos, despesas, transações ou de atividades realizadas por autoridade com finalidade de prestar conta de seus atos a autoridade superior.
Representação	❏ Ofício ou manifesto assinado coletivamente por órgão colegiado, expondo ou solicitando algo a uma autoridade. Em geral não é assinado por todos e, sim, pelo diretor ou presidente do colegiado. Confunde-se com *abaixo-assinado*, mas este, em geral, é apresentado por grupo circunstancial de pessoas. Protocolo inicial: nomes, titulação e cargos dos signatários. Designação do nome e título da autoridade à qual é dirigida a representação. Texto: desenvolvimento do objeto da representação. O enunciado da solicitação, se for o caso. Protocolo final: datas tópica e cronológica.
Requerimento	❏ Instrumento que serve para solicitar algo a uma autoridade pública e que, ao contrário da *petição*,

está baseado em atos legais ou em jurisprudência. Embora a definição possa ser a mesma para os requerimentos antigos e os atuais, o discurso é um pouco diferente num e noutro caso.

Residência
- *Inquérito ou sindicância mandada tirar por autoridade da Justiça para averiguar o procedimento de autoridade durante sua gestão. A residência era ordenada por uma provisão real. No caso dos governadores coloniais, embora não fosse obrigatória, a residência era frequentemente levada a efeito.*

Resolução
- Ato emanado de órgão colegiado que registra uma decisão ou uma ordem no âmbito de sua área de atuação.

Solicitação
- Pedido justificado para que sejam concedidos benefícios rotineiros ou sejam providenciadas ações de praxe.

Termo
- Declaração escrita em processo ou em livro próprio, registrando um ato administrativo, um ato contratual, de ajuste ou uma vontade. Suas variações mais frequentes são: termo de abertura, de acordo, encerramento, de juntada, de visita etc.

Testamento
- Disposição ou declaração solene da vontade do testador sobre aquilo que deseja que se faça depois da sua morte com seus bens e fortuna.

CAPÍTULO 5

Tradição documental

Tradição documental[65] é a parte da diplomática que se ocupa dos vários modos de transmissão do documento no decorrer do tempo. Ela estabelece a chamada "ingenuidade documental", isto é, o grau de relação do documento com seu original ou, até mesmo, com sua origem, isto é, com a *actio* documentada.

Todas as formas de tradição documental se reduzem e se agrupam em torno de dois polos quando, no âmbito dos arquivos permanentes, se tem o documento em mãos:

- ou bem ele chegou à terceira idade na forma original;
- ou chegou em forma de cópia.

Entre esses dois polos há graduações, inclusive de formas anteriores ao original, entendidas como minutas.

Minuta não é o rascunho e, sim, o pré-original. Por rascunho entende-se o texto sujeito a correções e rasuras e que contém supressões, acréscimos e substituições. Na realidade, pela própria definição da palavra (do latim *minuta*, "diminuída") a minuta é, antes, uma forma mais abreviada, menos completa do original. Entretanto, também pode ser

---

[65] Ver Tallafigo, 1981:63-80; e Vázquez, 1988a.

considerada o texto completo, mas que ainda não foi "passado a limpo", não contendo, portanto, as formas de validação.

Há, pois, três momentos na tradição documental: o anterior ao original, o original e o posterior ao original. Mas ainda é possível discernir categorias intermediárias, como veremos mais adiante, que, apesar de não serem originais, não chegam a ser cópias na real acepção da palavra.

A *minuta* é um escrito preparatório e reduzido para que, a partir dele, se possa confeccionar o documento original. Trata-se de um pré--original, no qual se reúnem as notas que contêm os dados essenciais para a redação definitiva do documento.

As chancelarias no Império romano já distinguiam o *scheda*, apontamento, esquema, do *instrumentum in mundum redactum*, ou simplesmente *mundum*, que era o documento "passado a limpo".[66]

A legitimidade da minuta é questão mais jurídica do que diplomática. Na verdade, do ponto de vista jurídico, sem validação, as minutas não são consideradas documentos. Do lado arquivístico, as minutas muitas vezes são guardadas no órgão de origem, enquanto tramita o documento que partiu dela.

"*Documento original* é o feito por direta vontade dos autores e conservado na matéria e na forma genuínas nas quais foi originariamente emitido."[67] É um escrito que é um ato jurídico revestido de uma ou mais assinaturas.

Diplomaticamente, há dois elementos a considerar quanto ao original:

- seu caráter de primeiro, de matriz;
- seu caráter de acabado, limpo, perfeito.

Em certos caracteres internos e externos, os originais não diferem das minutas, nem das cópias, mas outros caracteres os tornam totalmente diferenciados. Trata-se das assinaturas, carimbos, selos, tinta etc. — um conjunto de elementos que não existem nas minutas ou nas cópias.

---

[66] No pergaminho e, posteriormente, também no papel, distinguia-se a parte pior (*pars pili*) da parte melhor, a parte livre de enrugamentos e nódoas, a parte limpa (*pars munda*); esta era então aproveitada para receber os textos definitivos.

[67] Ver "Diplomática", de Paoli, apud Real Diaz, 1970.

Desses elementos, o que mais genericamente caracteriza o original é a subscrição. É ela que transforma um documento "passado a limpo" num verdadeiro original.

O caráter de "acabado, limpo, perfeito" e a falta dos elementos de validação fazem com que, diplomaticamente, o rascunho não possa ser um original, pois não está juridicamente apto. Mas pode ser arquivisticamente considerado, sobretudo no caso dos arquivos pessoais.

Um original é autógrafo quando contém a subscrição do próprio emitente ou emitentes, quando procede materialmente dele ou deles. Um original é heterógrafo quando procede do autor espiritualmente, mas não materialmente; em outras palavras, quando não contém sua assinatura.

No que diz respeito ao original, o arquivista deve atinar para a distinção entre falsidade diplomática e falsidade histórica. No primeiro caso, a *actio*, isto é, o ato, o fato documentado é verídico, mas a *conscriptio* não o é. Pode haver vertentes dessa "falsidade": a) o veículo diplomático não foi tecnicamente/juridicamente bem escolhido, impedindo ou dificultando os objetivos impostos pelo dispositivo; b) o veículo foi propositalmente trocado devido a algum objetivo juridicamente obscuro; a escolha tipológica foi correta, mas o teor (forma redacional) não.

Quanto à falsidade histórica, ela traz a inverdade na própria *actio*: o fato documentado não existe ou existe de modo diferente do exposto; já a *conscriptio* pode estar toda correta, tanto na espécie quanto no teor. Os propósitos escusos configuram-se muito mais neste caso do que no primeiro. A própria origem da diplomática como técnica sistemática prende-se a esses tipos de falsificação que ocorreram na Idade Média.

O fato de um documento ser original não quer dizer obrigatoriamente que ele seja único. Dá-se o caso de originais múltiplos quando o conteúdo implica obrigações recíprocas (tratados e ajustes internacionais) ou ordens com igual peso jurídico e administrativo, dirigidas a várias repartições dependentes do mesmo comando. Também se utilizam originais múltiplos por questão de cautela. Para se ter certeza de que houve recepção, manda-se o mesmo conteúdo por diferentes meios e em diferentes tempos.

Também por motivo de preservação é possível fazer tramitar um original e guardar em segurança outro ou outros. Todos são originais, já que contêm todos os elementos essenciais, mesmo havendo diferenças acessórias, como no caso de diferentes destinatários.

Assim, é possível distinguir dois tipos de original múltiplo:

1. Os circulares, cujo texto/conteúdo e teor (forma de articular o discurso) são os mesmos. Podem ter um endereçamento geral único ou endereçamentos fragmentados e diferenciados para cada segmento.
2. Os multiplicados, que visam a garantir a chegada de pelo menos um exemplar do documento completo a seu destino. "Numerosos atos que emanam de uma autoridade soberana foram expedidos em vários exemplares sem que a esta pluralidade se possa dar outro motivo senão a comodidade e a segurança daqueles que os geraram e que os conservam em seus arquivos."[68]

Categorias intermediárias entre o original e a cópia são as que apresentam diferenças mais do que acessórias no sentido da tradição documental, mas que, no entanto, não chegam a ser enquadradas como cópias. Na verdade, trata-se de ampliações, renovações ou inserções praticadas nos originais.

1. *Ampliação:* é uma reprodução do original revestida de autenticidade, mas com alguma diferenciação. O exemplo clássico é o original em segunda expedição, mas com formas intrínsecas e extrínsecas mais solenes. Ocorre, por exemplo, no caso dos diplomas universitários.
2. *Renovação ou neo-original:* é a substituição do documento original, em data posterior e de forma geral, para suprir sua ausência em função de perda, furto ou destruição. Para garantir sua autenticidade e sua unicidade, até hoje persiste a mesma prática já usada desde os romanos, isto é, o aviso público de desaparecimento. É a existência de minutas, cópias de originais ou livros de assentamento o que assegura às repartições públicas o poder de emitir novo original. O exemplo clássico desse tipo de documento é o que chamamos hoje de "segunda via".

---

[68] Tessier, 1952:19.

3. *Inserção:* é a ocorrência de um documento dentro de outro, não como simples citação, mas *in extenso, verbum ad verbum*. É a inclusão do texto completo de um ato em outro já possuidor de individualidade e essência próprias. Em geral, tal prática é usada para comparar um direito que se dispõe no novo documento. Tanto para o arquivista quanto para o historiador, esse tipo de original que revela outro, com frequência bem mais antigo, tem a vantagem de perpetuar um texto que muitas vezes está totalmente perdido.
4. *Confirmação:* é um ato jurídico novo, mas que faz menção mais ou menos detalhada a documentos anteriores que justificam o presente e o confirmam. Muitas vezes esses documentos, como originais, já se acham desaparecidos.

A *cópia* (em latim *exemplum, sumptum, translatum*) representa um documento formalmente idêntico a um original. Suas finalidades podem ser:

- reproduzir originais existentes;
- substituir originais desaparecidos.

As chamadas cópias autógrafas são feitas pelo mesmo autor do original ou pelo mesmo funcionário que redigiu o original dito heterógrafo. São muito próximas do original, o que as valoriza. Não devem ser confundidas com os originais múltiplos. Estes se destinam a ações jurídicas ou administrativas simultâneas.

As cópias apresentam-se em quatro modalidades: as simples ou livres, as autorizadas, as imitativas e as cópias em códices diplomáticos:

1. As cópias simples ou livres independem de qualquer controle, não têm valor jurídico. A única preocupação é com os caracteres internos, o texto. Sua credibilidade está na ordem direta da própria instituição onde se abriga o original e do renome científico do copista (paleógrafo, arquivista, historiador, bibliotecário).
2. As cópias autorizadas apresentam-se em duas modalidades:
    - traslados, que são cópias validadas com a fé notarial, assim se suprindo da força jurídica do original; e
    - cópias certificadas, cuja autenticidade não é garantida por um notário e, sim, por uma autoridade civil ou eclesiástica. Legalmente surtem o mesmo efeito que o original.

3. As cópias imitativas ou figuradas são as que reproduzem exatamente os caracteres do original (formato das letras, desenhos, assinaturas etc.). Ocorriam frequentemente na Idade Média, quando se acreditava que quanto mais fielmente copiado, maior a credibilidade do documento. Não têm valor legal, mas são historicamente importantes, pois muitas passaram à posteridade nos conventos, substituindo originais desaparecidos.

Hoje, as cópias reprográficas ou as livremente tiradas de microfilme (que, por sua vez, já é uma reprodução) podem ser classificadas numa categoria entre a cópia livre (no sentido de não autenticação) e a cópia figurada (já que reproduzem tudo o que figura no documento e não apenas o texto/assunto).

Como última categoria das cópias temos as que compõem os livros de assentamentos de cópias de documentos e que, na tradição documental, chamam-se códices diplomáticos.

Estes podem se apresentar como dois tipos opostos: os registros (cópias feitas pelo expedidor) e os cartulários (cópias feitas pelo receptor).[69]

1. *Registros:*[70] são livros-copiadores de todos os documentos expedidos por uma autoridade ou entidade. Os documentos apresentam-se de forma abreviada ou por extenso. Nos mais antigos, nota-se o uso de abreviações e de "etc.". Sua finalidade é assegurar a informação completa para o caso de se querer recopiar ou confirmar a existência do documento. Permitem um quadro geral da produção documental como forma e como conteúdo. Estão organizados em ordem cronológica.

---

[69] Optei por esta classificação adotada pelos autores espanhóis por coincidir com a terminologia das chancelarias portuguesa e luso-brasileira. Entretanto, note-se que, para a diplomática francesa, o registro é a garantia do recebido e do expedido feito nas chancelarias (secretarias) por funcionários comuns, ao passo que o cartulário é o registro autêntico, uma vez que conta a fé dos notários, a partir do século XVIII.

[70] Os registros paroquiais e notariais não são aqui mencionados porque não se trata de cópias e, sim, de documentos de assentamento, a partir não de outros documentos, mas de realidades, de atos ali realizados (casamentos, contratos, procurações) ou ali registrados (nascimentos, óbitos).

2. *Cartulários:* são livros-copiadores de correspondência recebida. Permitem uma visão geral e preservam os originais, já que os substituem. Seu valor, no sentido da documentação histórica, é que, muitas vezes, com o desaparecimento dos originais, os cartulários são da maior utilidade para arquivistas e historiadores. Em geral estão organizados segundo a espécie documental ou segundo os assuntos/funções contidos nos documentos. Sua organização pode ser alfabética, topográfica etc.

Note-se que, no âmbito dos arquivos permanentes, não cabe aos arquivistas a montagem dos registros e cartulários. Sua elaboração corresponde às secretarias, chancelarias, serviços de expediente e protocolo, no nível da produção e da tramitação documental.

CAPÍTULO 6

Valores dos documentos de terceira idade

O desafio essencial que se apresenta aos arquivos públicos brasileiros na atualidade é o da transferência, no seu devido tempo, das grandes massas documentais produzidas pela máquina administrativa, as quais, passada a sua primeira idade (tramitação, utilização imediata e guarda nos arquivos correntes), vão para os arquivos intermediários e, posteriormente, para os permanentes. Essa transferência implica a passagem por um filtro de qualidade racionalizador e densamente redutor. É, pois, oportuno analisar os valores nos quais se devem fundamentar os critérios orientadores que vão dar forma a essa operação.

Não se pretende aqui enumerar princípios para a elaboração de tabelas de temporalidade, instrumentos reguladores dos prazos de vida dos papéis que autorizam, nos arquivos intermediários, a eliminação de suportes documentais contendo informações duplicadas, dispersas, rotineiras e factuais, de vigência terminada e não utilizáveis pela pesquisa histórica. Mesmo porque as tabelas devem ser elaboradas antes mesmo da produção do documento, ou em data muito anterior à passagem dos documentos para o arquivo histórico, cujo tratamento documental é o objeto deste livro.

O que se visa neste capítulo é nortear os arquivistas para o caso de uma possível triagem em uma acumulação nos arquivos inativos, quando para tal acumulação não se obedeceu a qualquer critério de prazo de guarda ou destruição, pela simples inexistência daquelas tabelas.

Trata-se de expor um leque de valores aplicáveis aos documentos de terceira idade para uso em situações *ad hoc*, das quais os arquivistas vão se valer, juntamente com a legislação e outros elementos que lhes esclareçam os contextos de produção daqueles documentos.

Ao ser chamado a um arquivo central de um órgão público, o arquivista tem que explicar, com a segurança que lhe garante sua formação profissional, que não vai "selecionar", a seu bel-prazer e gosto, apenas os documentos que contenham temas "palpitantes" ou assinaturas de "figurões".

Os arquivos públicos, seja o nacional, sejam os estaduais ou os municipais, recolhem obrigatoriamente documentos inativos gerados ou recebidos pelos respectivos órgãos constituintes, no nível de ministérios, secretarias e autarquias, respectivamente do Poder Executivo federal, estadual ou municipal. Quando esses documentos chegam sem que tenham sido submetidos a qualquer critério de avaliação, muito menos a tabelas de temporalidade, e, em acordo com a entidade de origem, se vai proceder a uma certa triagem, é aí que o estudo dos valores dos documentos de terceira idade pode ajudar.

Ao se evitar a qualificação "histórica", embora, evidentemente, estejam sendo enfocados elementos componentes de acervos de arquivos permanentes ou históricos, está-se querendo alienar a documentação administrativa inativa da conotação positivista, ufanista e grandiloquente que tem sido dada, ao longo da vida brasileira, à denominação "documento histórico".

A história não se faz com documentos que nasceram para ser "históricos", nem com autógrafos de grandes figuras, nem com documentos isolados que signifiquem o ponto final de algum ato administrativo e sim, ademais de outras fontes, com a "papelada" gerada pelo cotidiano da vida administrativa. Redunda daí a mais absoluta necessidade de preservar a documentação, passada a sua fase ativa, isto é, a da validade administrativa ou jurídica. Dessa preservação beneficiam-se a pesquisa histórica e a própria administração, pois o processo decisório só pode ser satisfatoriamente informado e adequadamente instrumentado se puder recorrer à legislação, às resoluções já tomadas, aos casos registrados em processos e em dossiês ou aos dados constantes em atos administrativos semelhantes àqueles de que se está tratando.

Um arquivo permanente não tem seu acervo constituído de "preciosidades" colecionadas aqui e ali, recolhidas para que, com elas, o historiador estabeleça seu referencial de fontes. Um arquivo permanente constitui-se de documentos produzidos em geral há mais de 25 anos pelos vários órgãos da administração pública — cada órgão vindo a constituir um fundo de arquivo — remanescentes de eliminação criteriosa. Um documento é histórico quando, passada a fase ligada à razão pela qual foi criado (informação), atinge a da sua utilização pela pesquisa histórica (testemunho). É útil para a administração e a historiografia, no sentido mais crítico e científico, e não no de "deleite cultural".

A avaliação dos documentos de terceira idade abarca dois aspectos fundamentais: a) o valor dos documentos (sendo a problemática de sua definição saber até onde vai o administrativo e começa o histórico na questão da seleção); b) a idade do documento (fixada em 25 ou 30 anos após a data de criação, por julgar-se, em diferentes países, serem estes prazos suficientes para o término dos valores primários).

Esses aspectos estão intrinsecamente ligados, já que valor é fazer com que o documento "mereça" adentrar a terceira idade e aí obter seu direito à perenidade de conservação. "A terceira idade dos documentos, só a alcançarão aqueles que a merecem; isto quer dizer que os expurgos se farão de forma correta e as transferências se realizarão de acordo com prazos e entendimentos que não signifiquem nem perdas nem entraves no trabalho."[71]

Entretanto, é preciso não esquecer que, mais do que do fluxo ordenado, esse "merecimento" decorre, fundamentalmente, da proveniência, da função e da natureza do conteúdo das séries documentais. Essa avaliação *ad hoc* será bem concretizada se houver critérios e procedimentos bem-definidos e fixados no que concerne à avaliação.

"A avaliação de documentos prescreve que o supérfluo seja eliminado dentro de determinados prazos e que se reduza a massa documental sem prejuízo da informação. Para tanto, é necessária a análise

---

[71] Cortés Alonso, 1980:9.

da produção documental, com vistas a identificar os documentos que espelhem a atuação, o comportamento, as realizações e conquistas das unidades governamentais e privadas e os respectivos controles das fontes de informações."[72] Essa argumentação está mais bem dirigida para o caso mais correto das tabelas a serem elaboradas *a priori* da própria produção. Entretanto, deve ser considerada, naturalmente, também nos casos das avaliações circunstanciais.

A documentação administrativa — instrumento do Estado e da administração — "de simples registro de atos e fatos administrativos — arquivo inexpressivo de papéis e documentos pertencentes ao passado —, tornou-se, nos dias atuais, instrumento de real utilidade para os administradores no delineamento dos novos rumos da política administrativa. Os documentos deixaram de constituir os resíduos das operações passadas para se tornar as ferramentas de trabalho da administração".[73] Se a documentação representa uma atividade-meio, servindo à administração, "para que esta possa manter a continuidade e a coerência em seus atos, ela também não deixa de ser fim, quando atende às necessidades coletivas que vivem dentro da órbita do Estado e que incumbe atender".[74]

Sendo o arquivo o elemento vital de uma administração, é natural que seja visto como o "arsenal da administração" e, ao mesmo tempo, como "o celeiro da história".

É nessa dualidade administração/história — ou melhor, valor administrativo/valor histórico — que se deve considerar a documentação estática ou inativa. "Não há arquivos que sejam, em essência, históricos, e todo papel administrativo, desde sua criação, tem, em potencial, um valor histórico."[75]

---

[72] Ver "Avaliação de documentos de arquivo" em Soares, 1984:44.
[73] Cf. Moreira, 1964:76, texto no qual cita a ideia de Latham sobre documentos administrativos emitida em discurso pronunciado no Congresso de Documentação Universal, em Paris, em 1937.
[74] Moreira, 1964:77.
[75] Como afirmou o conceituado arquivista italiano contemporâneo A. Lombardo na Conferência de Zagreb em 1957. Ver Lombardo, 1958:96.

Documento de arquivo: produzido por e para a administração e guardado para a história. Até que ponto essa passagem é obrigatória? Tudo o que é gerado pela máquina administrativa pode fundamentar a pesquisa histórica? A resposta é, definitivamente, não. O descarte é inevitável. "A única diferença é que ele pode ser improvisado e desordenado ou bem estudado e sistemático."[76] Caso se opte pela primeira alternativa, estar-se-á privando a história de seu elemento vital, e a administração das informações que ela mesma produziu. Nesse caso, estar-se-á determinando, pela falta de informação, a repetição de erros e a multiplicação de esforços e gastos.

A avaliação é feita levando-se em conta o valor dos documentos, que apresenta duas facetas bem distintas: a) valor primário/administrativo; b) valor secundário/histórico. A tarefa mais árdua, a responsabilidade maior do arquivista é justamente esta, a avaliação, quando ela tem que ser feita *a posteriori* e não como deveria ser, desde a produção. Para isso o arquivista deve contar com a assessoria de historiadores, administradores e juristas. Cabe reiterar que não se trata aqui da elaboração de tabelas de temporalidade — também função dessas mesmas forças conjugadas. A tabela preside mesmo a passagem da primeira idade (arquivos correntes) para a segunda (arquivos intermediários), tanto quanto presidirá a passagem seguinte, para a terceira idade.

O funcionamento correto desse fluxo permite ao profissional do arquivo histórico receber tranquilamente a documentação de guarda permanente que lhe é passada para arranjo e descrição, pois sabe que ela já passou por crivos criteriosos e conscientes. Não me refiro a esse caso e, sim, ao da documentação estática simplesmente guardada sob a denominação sinistra de "arquivo morto" e sobre a qual é preciso, e urgente, que se profira a sentença de vida ou morte.[77]

---

[76] Rieger, 1979:209-19.

[77] Diga-se ainda, de passagem, que as resoluções do arquivista nesse tocante são sempre tomadas com angústia e sob pressão (chantagem?). "Ou o arquivo público manda buscar este 'lixo' ou queimamos tudo!" — é a indefectível ameaça corrente em todos os estados brasileiros. Entretanto, quantas vezes o irritado administrador já não agradeceu ao arquivista o apressado resgate por este, tempos depois, acabar encontrando na papelada que julgara inservível uma informação perdida e redentora de sua própria gestão!

"Todo mecanismo moderno dos arquivos está condicionado pela solução de um problema-chave: o da eliminação dos documentos inúteis. Por formação ou por vocação, o arquivista é necessariamente um historiador (quando no âmbito dos arquivos históricos) e porque sabe, por experiência pessoal, como escrever a história e com que material, ele não pode se resignar a ser somente um conservador de arquivos; ele se tornou, de certa forma, um especialista da eliminação, ele é uma [pessoa] que sabe destruir. Com efeito, é-lhe impossível contentar-se em receber sempre só os fundos que as repartições queiram remeter-lhe, depois de uma triagem feita por elas mesmas. Os serviços públicos raramente estão qualificados para apreciar o valor histórico dos documentos que eles manipulam. Em nome da história, o arquivista reivindicou o direito de vida e morte sobre os papéis. Pode-se dizer que hoje, em todos os países, a legislação e a prática acabaram por admitir que, a princípio, nenhuma destruição poderá ser feita sem autorização de um arquivista responsável, o que supõe relações estreitas e constantes entre os arquivos (históricos) e as administrações."[78]

Ao estabelecer e discernir o que diferencia o valor administrativo do valor histórico ou o que os superpõe, o arquivista já estará estabelecendo os critérios de valor dos documentos de terceira idade. Segundo Morris Rieger, arquivista norte-americano credenciado junto ao Conselho Internacional de Arquivos e especialista em avaliação, o valor primário é a própria razão do documento; já o valor secundário é um valor residual que os papéis ainda podem conservar. Ele assim define, como documentos de valor secundário, sendo, portanto, conserváveis:

1. Os que continuam a apresentar valor administrativo, jurídico, financeiro para a administração de origem ou para outras administrações, depois de ter perdido seu valor primário para as operações correntes.
2. Os que podem ter valor para a proteção dos direitos cívicos, jurídicos e de propriedade de certos cidadãos ou de toda a população; trata-se de um valor ligado aos direitos individuais.
3. Os que possuem valor de testemunho ou de "documentação funcional", isto é, refletem a evolução histórica da administração de origem,

---

[78] Bautier, 1967:1138.

dos poderes e funções que lhes são atribuídos por lei e pelos regulamentos, de sua estrutura, de seus programas, de sua política, de seus métodos, de suas decisões e de suas operações mais importantes.
4. Os que tenham valor de informação, isto é, que aportem uma contribuição importante para a pesquisa e para os estudos no domínio do conhecimento, qualquer que seja. Nesse caso, o processo de avaliação deve acusar o valor potencial que os papéis apresentam para o trabalho de historiadores, especialistas em ciências políticas, economistas, sociólogos, geógrafos, estatísticos e mesmo, eventualmente, especialistas de outras disciplinas.

No caso das três primeiras categorias, é fácil tomar decisões, em vista do sentido concreto e específico. Entretanto, no caso da quarta, os avaliadores devem possuir conhecimentos sobre as matérias de que tratam os diferentes conjuntos de documentos submetidos a seu exame, mas não se lhes pode exigir uma "competência universal". O ideal seria que cada avaliador se especializasse numa área mais ampla. Exemplo: relações exteriores, problemas militares, indústrias etc., e ter nesses domínios alguns conhecimentos básicos sobre seus métodos de pesquisa, suas necessidades e tendências, tudo para poder fazer com que reste um conjunto útil para a pesquisa sobre temas daquelas áreas.[79]

A avaliação não é fácil. Na verdade, é a mais penosa das responsabilidades do arquivista. Assim sendo, um dos primeiros deveres profissionais do arquivista "é ficar em contato, através das sociedades científicas, dos colóquios universitários e dos congressos, com os praticantes da pesquisa científica: historiadores, juristas, economistas, geógrafos, acompanhar tendências, novas modas da pesquisa".[80]

Schellenberg classifica as possibilidades profissionais do arquivista e dos funcionários administrativos, ditando que: a) os funcionários da repartição devem ser principalmente responsáveis pelo julgamento dos valores primários, isto é, dos valores que os documentos possuem para os usos da repartição, mesmo na sua própria atividade, tais como os usos

---

[79] Rieger, 1979.
[80] Collin, 1979.

administrativos, legais e fiscais; b) os arquivistas devem ser principalmente responsáveis pelo julgamento dos seus valores secundários, isto é, dos que apresentem interesse para usos outros que não a atividade oficial da repartição, tais como a pesquisa.[81]

Portanto, no caso dos valores secundários, pode-se contar com auxiliares para a identificação de documentos específicos requeridos como prova da atividade da repartição e para a indicação da importância e da exclusividade da informação sobre pessoas, lugares e coisas contidas nos seus documentos. Mas cabe aos arquivistas a responsabilidade final pela determinação de tais valores, pois a função de sua instituição é preservar os documentos que possuem esses valores. É o próprio Schellenberg quem reitera: "valores primários correspondem aos interesses da própria repartição de origem; valores secundários são os de interesse de outras repartições e de historiadores, por razões muito mais amplas do que as ligadas aos valores primários".[82]

Quanto aos valores secundários (que, no caso, são os que mais nos interessam), o arquivista norte-americano estabelece duas espécies de elementos: a) valores de prova (ligados à política administrativa, à história do órgão, aos processos por ele gerados etc.); e b) valores de informação (ligados aos direitos pessoais, a atos administrativos etc.).

Sem fugir ao embasamento proporcionado por Schellenberg, as autoras do manual da Seplan sobre avaliação de documentos para efeito de uso de arquivos correntes daquele ministério definiram minuciosamente toda a questão dos valores dos documentos administrativos, destacando a dupla função dos arquivos.[83] Eles servem de instrumento para a eficácia da administração e servem de fundamentação para a pesquisa. Assim, tomam o valor primário como "o estabelecido em função do interesse que o documento possa ter para a entidade que o produziu e/ou acumulou", e o valor secundário como o "estabelecido em função do grau de interesse que venha a ter para a pesquisa histórica".

Para averiguar o valor primário é preciso verificar se o documento é necessário para o cumprimento das atribuições e para o desempenho

---

[81] Schellenberg, 1959a:24.
[82] Ibid., 1959b:62.
[83] Castro e Machado, 1983.

das funções da entidade produtora/acumuladora. Essa necessidade pode manifestar-se pelos valores administrativo, jurídico e fiscal.

O valor administrativo é definido no mesmo manual como inerente aos documentos "necessários à consecução das atividades correntes do órgão, tais como planos, programas, relatórios". Para se saber se o valor administrativo acabou e já se pode considerar o valor de terceira idade do documento, podendo este passar à sua destinação (de expurgo ou de guarda permanente), basta averiguar se os documentos deixaram de estar ligados ao desempenho da atividade a que se referem; se o objetivo principal dos documentos já foi atingido; se a conservação dos documentos se dá por conveniência, por mero hábito; se as operações a que os documentos se ligam já foram concluídas; se a guarda dos documentos serve apenas como garantia contra reclamações de ordem administrativa; se é possível obter os mesmos documentos em outro lugar.

Como de valor jurídico são apontados os documentos "que envolvem direitos e deveres do cidadão para com o Estado e vice-versa, sendo os que produzem efeito perante os tribunais, regulamentam as relações externas e internas do órgão". Para saber se o valor jurídico já não acompanha o documento, é preciso verificar se o ato jurídico específico a que se referem os documentos já se concretizou; se a prova legal já atingiu seu objetivo principal; se os direitos dos órgãos foram devidamente resguardados; se os direitos de qualquer cidadão foram devidamente protegidos e se o documento existe em algum outro lugar, isto é, se se trata de duplicata ou não.

O valor fiscal é explicado como o que figura nos documentos ligados a operações financeiras e à comprovação de receita e despesa, geradas para atender a exigências governamentais. Trata-se de notas fiscais, faturas, recibos etc. Esses documentos perdem seu valor primário quando se averigua que o objetivo pelo qual foram criados já foi atingido. Aliás, esta é uma das regras gerais de fácil aplicação na identificação dessa perda do valor administrativo. No caso dessa área administrativa, verifica-se se a transação financeira específica já foi concluída; se os direitos do órgão envolvido com a transação financeira estão assegurados; se os direitos de qualquer cidadão envolvido com a operação financeira foram protegidos e se é possível encontrar esses mesmos documentos em outro lugar, na forma de duplicata.

Quanto ao valor secundário — o que implica a passagem para a terceira idade —, o referido instrumento de trabalho da Seplan considera que esse valor corresponde ao grau de importância que o documento possui para a pesquisa, dentro de sua utilização para além do interesse da entidade que o criou, sendo importantes dados sobre a origem, a organização, a função, os métodos e as operações do órgão. Porém, além desse que seria o "valor primário" dentro do secundário, o conteúdo, a forma, o suporte do documento podem fornecer um leque mais amplo de informações históricas que se relacionam com a vida política, institucional, social e até cotidiana da sociedade em cujo contexto o documento foi gerado.

Para esse valor de guarda permanente é preciso estar atento a três princípios fundamentais que têm sido expostos exaustivamente por Schellenberg em toda a sua vasta obra e dos quais, para aquele arquivista, não se pode fugir quando num procedimento de avaliação. São eles os princípios de unicidade, de forma e de importância. Verifica-se a unicidade no suporte quando não há cópias do documento, e no conteúdo quando não há documentos recapitulativos nem sínteses. Quanto ao que denomina forma, trata-se de verificar o grau da informação: se extensiva, intensiva ou diversificada. O princípio da importância é o mais subjetivo e difícil, apesar de ser o essencial. Nele pode-se incluir os dois tipos de valor histórico: o probatório e o informativo. O primeiro refere-se à história e à ação do órgão. O segundo, aos seus documentos que elucidam aspectos econômicos, políticos, de pesquisa, sociais e estatísticos. Com isso, há possibilidades concretas de levantar a história de um órgão e, paralelamente, extrair de sua documentação informes históricos de toda espécie.

Para o Arquivo Nacional brasileiro são considerados documentos de guarda permanente "os de valor probatório com relação a direitos, tanto de pessoas físicas ou jurídicas, quanto de coletividades, e os de valor informativo sobre pessoas, fatos ou fenômenos cuja memória, em termos históricos, seja considerada relevante (em entidades públicas ou privadas)". Assim, serão "históricos" os documentos referentes à origem, aos direitos e aos objetivos da instituição. Exemplifica-se com os atos de criação (leis, decretos, resoluções), os atos constitutivos (estatutos, contratos sociais) e os documentos relativos a direitos patrimoniais (escrituras). Ademais, também o são os documentos que reflitam a organização e o desenvolvimento da instituição, como regulamentos, regimentos, planos, projetos e programas que tratem das atividades-fim da instituição; atos e relatórios da direção, correspondência em geral que trate não só de atividades-fim como de delegação de poderes etc. Também aponta o Arquivo Nacional os registros visuais ou sonoros que reflitam a vida da instituição, documentos que firmem jurisprudência, documentos concernentes à administração de pessoal, documentos que respondam a questões técnico-científicas relativas às atividades específicas da instituição, documentos de divulgação produzidos para promoção da instituição e documentos de valor artístico e cultural.[84]

O desenho crescente e abrangente dessas características mostra que vão desde as mais intrinsecamente chegadas às atividades principais do órgão que produziu os documentos até as que fixam as relações do mesmo órgão com a própria sociedade. Assim preservados, por essas mesmas razões, os documentos servirão aos mais variados temas, aspectos e abordagens da pesquisa histórica.

Se ficar atento a essas qualificações, por mais cambiantes que sejam os interesses e as tendências da pesquisa, o arquivista estará correta e eficazmente cumprindo a vertente da função arquivística concernente à triagem e ao resgate da informação administrativa/histórica.

É preciso enfatizar que o processo avaliador nunca é feito "documento por documento". As séries documentais que refletem operações, atividades, funções e competências definem-se por sua tipologia, e esta denota a identidade de cada um de seus documentos componentes. Assim, é à série e não ao documento que se dá a sentença definitória de vida ou morte. É a ela que se referem os prazos fixados pelas tabelas de temporalidade.

---

[84] *Normas gerais...*, 1983. Este manual, assim como o mencionado na nota anterior, inspira--se nas normas de avaliação dos arquivos públicos do Canadá. Ver também Vázquez, 1983.

A responsabilidade de uma operação de descarte deve ser sempre coletiva e todo o procedimento muito bem, metodológica e teoricamente, embasado. Nunca é demais destacar que fontes de importância para a história jamais serão reencontradas se forem destruídas. Algumas lacunas historiográficas estão condenadas a nunca ser preenchidas por falta de fontes comprobatórias.

Assim, o arranjo, a descrição e a divulgação das fontes históricas componentes de um acervo arquivístico só são possíveis se um adequado fluxo documental e uma consciente e cuidadosa avaliação/eliminação puderem transformar uma massa documental inconsistente, demasiado diluída e abrangente como informação num organizado conjunto de fundos, devidamente arranjados e devidamente descritos por meio de instrumentos de pesquisa que não permitam perdas de dados. Toda e qualquer informação pode daí ser transferida, para efeitos de análise, síntese e explicação pelos historiadores, à sociedade em que vivem, em cumprimento do papel que nela lhes compete.

Temas centrais

CAPÍTULO 7

Identificação de fundos

É indispensável que a ordenação de arquivos permanentes se faça por fundos. Hoje em dia já é inadmissível, mesmo nos países cujo emprego de tratamento arquivístico adequado a seus acervos documentais administrativos seja recente, que os documentos estejam arranjados por assunto, por ordem cronológica única, por formatos ou suportes materiais da documentação que lhe compete recolher, tratar, custodiar, preservar e divulgar. De há muito está estabelecido que a questão do levantamento dos assuntos e de outras informações contidas nos documentos resolve--se pelos índices dos instrumentos de pesquisa, cuja elaboração é tarefa da descrição e não do arranjo dos arquivos.

Quer se trate de arquivo final de administração pública, ou mesmo de instituições culturais que abrigam acervos particulares, seus arquivos não podem dispensar a fixação dos fundos. Esta nem sempre pode ser feita *a priori*, porém sempre deve ser feita antes de qualquer outro processamento técnico. Com essa ressalva deseja-se significar que, se, por um lado, já existe um vasto material a ser arranjado, é a partir do seu estudo como conjunto administrativo funcional que se vai impor um quadro de arranjo, dentro dos preceitos descritos mais adiante; por outro lado, quando se pode dispor de organogramas e conhecimento seguro sobre as várias entidades e funções a que se ligam os documentos, é possível estabelecer antes um quadro de fundos, em cada um dos quais a documentação recolhida será integrada. Aliás, a agregação em fundos é perfeitamente compreensível em arquivos permanentes, onde o documento sozinho não tem sentido, valendo, isto sim, o conjunto.

Admite-se como fundo o conjunto de documentos produzidos e/ou acumulados por determinada entidade pública ou privada, pessoa ou família, no exercício de suas funções e atividades, guardando entre si relações orgânicas, e que são preservados como prova ou testemunho legal e/ou cultural, não devendo ser mesclados a documentos de outro conjunto, gerado por outra instituição, mesmo que este, por quaisquer razões, lhe seja afim.

As definições clássicas de fundo correm por conta de:

1. Manual francês de arquivística:[85]
"Fundo de arquivo é o conjunto de documentos de toda natureza que qualquer corpo administrativo, qualquer pessoa física ou jurídica tenha reunido, automática e organicamente, em razão de suas funções ou de sua atividade. Isto é, dele fazem parte os rascunhos e/ou as duplicatas dos documentos expedidos e os originais e/ou cópias de peças recebidas, assim como os documentos elaborados em consequência das atividades internas dos organismos considerados e os documentos reunidos por sua própria documentação, bem como os conjuntos eventualmente herdados de outros organismos aos quais sucede totalmente ou em parte."
2. Léxico de terminologia arquivística:[86]
"Fundo de arquivo é um conjunto de documentos cujo crescimento se efetua no exercício das atividades de uma pessoa física ou jurídica."
3. Manual holandês da Associação dos Arquivistas:[87]
"Arquivo (fundo) é o conjunto de documentos escritos, desenhos e material impresso, recebidos ou produzidos oficialmente por determinado órgão administrativo ou por um de seus funcionários, na medida

---

[85] Direction des Archives de France, 1970:23.
[86] *Elsevier's lexicon...*, 1964:33.
[87] Associação dos Arquivistas Holandeses, 1960:9. A palavra holandesa *archief* é traduzida para o francês por *fonds d'archives* e para o inglês por *archives group*, significando, portanto, fundo.

em que tais documentos se destinem a permanecer na custódia desse órgão ou funcionário."

4. Manual espanhol de Vicenta Cortés:[88]
"Os primeiros agrupamentos, reunidos em razão de sua origem, são as seções (fundos), integradas por papéis procedentes de uma instituição ou divisão administrativa importante, que tenha organização, funções e fins conhecidos."

5. Manual inglês de Hilary Jenkinson:[89]
"Grupo de arquivo (fundo) são todos os documentos resultantes do trabalho de determinada administração, que constituiu um todo orgânico, completo em si mesmo, capaz de tratar, independentemente, e sem autoridade alguma interna ou externa, de todos os aspectos de qualquer negócio que lhe pudesse ser apresentado de modo normal."

6. Adendo de Schellenberg à definição de Jenkinson:[90]
"O órgão, em suma, deve propiciar um caráter tal que os papéis por ele produzidos se destaquem claramente dos demais. O grupo de arquivo (fundo) vem a ser, destarte, uma unidade distinta, suscetível de ser tratada separadamente."

Confrontando essas conceituações básicas, internacionalmente aceitas e que de nenhuma forma se contradizem, pelo contrário, harmonizam-se e reforçam-se umas às outras, é possível depreender alguns pontos fundamentais:

❑ que o fundo abarca documentos gerados/recebidos por entidades físicas ou jurídicas necessários à sua criação, ao seu funcionamento

---

[88] Cortés Alonso, 1979:51. A denominação *sección* como a primeira divisão do arquivo corresponde à nossa noção de fundo. Embora exista a palavra *fondo* em espanhol, usam-na num sentido mais amplo, quase que como um coletivo para *secciones*.

[89] Jenkinson, 1922:11, apud Schellenberg, 1980a:126. A tradução de *archive group*, constante nesta obra como grupo de arquivo, deve ser preferivelmente traduzida para o português por fundo; quanto ao termo *records group*, a subdivisão do fundo, a sua tradução na terminologia brasileira é *grupo*.

[90] Schellenberg, 1980a:126. Isto, embora este autor em outra obra (*Manual de arquivos*, 1959:87) tente mostrar que o *archive group* apresenta algumas diferenças de constituição e de tratamento nos arquivos, em relação aos modelos franceses e ingleses.

e ao exercício das atividades que justifiquem a sua existência mesma, descartando-se, assim, a caracterização de coleção (documentos reunidos por razões científicas, artísticas, de entretenimento ou quaisquer outras que não as administrativas);
- que os documentos pertencentes a um mesmo fundo guardam relação orgânica entre si, constituindo uma unidade distinta, como frisa Schellenberg, não podendo seus componentes ser separados, vindo a constituir outros agrupamentos aleatoriamente;
- que a noção de fundo está estritamente ligada ao próprio órgão gerador dos documentos; essa noção preside a fixação dos fundos, muito embora a produção dos documentos represente a sua primeira idade e o estabelecimento de fundos seja uma operação típica do arquivo permanente, portanto aplicada a documentos de terceira idade;
- que para os documentos possibilitarem a constituição de um fundo é preciso que a entidade produtora seja administrativa e juridicamente consolidada, como aponta Vicenta Cortés em sua definição;
- que o fator norteador da constituição do fundo é o órgão produtor, a origem do documento, o que ele representa no momento de sua criação. A entidade que o gerou, a razão pela qual foi criado e sua função são fatores que o marcarão definitivamente, mesmo que a sua utilização pelos historiadores seja muito mais ampla, e até mesmo muito mais diversificada do que se poderia supor quando da produção da informação.

Examinando-se essas assertivas, pode-se compreender melhor o princípio fundamental da arquivística no âmbito dos arquivos permanentes: o *respect des fonds* (ou princípio da proveniência), que consiste em deixar agrupados, sem misturar a outros, os arquivos (documentos de qualquer natureza) provenientes de uma administração, de um estabelecimento ou de uma pessoa física ou jurídica determinada: o que se chama de fundo de arquivo dessa administração, desse estabelecimento ou dessa pessoa.[91] Significa, por conseguinte, não mesclar documentos de fundos diferentes.

---

[91] Duchein, 1976:7-31.

Mas esse princípio, na verdade, desdobra-se em dois. Segundo alguns teóricos, eles chegam a se confundir; segundo outros, porém, o *Provenienzprinzip* e o *Registraturprinzip* dos alemães diferem concretamente. Um autor canadense[92] argumenta que, para Schellenberg, o primeiro é o princípio do *respect des fonds*, significando que o arranjo dos documentos não pode se desvincular do lugar de onde vieram, devendo estes ser agrupados de acordo com sua origem nos corpos administrativos de onde provieram. O segundo princípio é o relativo à ordem que tinham os documentos quando na primeira e na segunda idades. Tanto o canadense Carroll quanto o alemão Ernest Posner, o *Registraturprinzip* seria o princípio também chamado de "santidade" da ordem original. Assim, ademais de não mesclar papéis de uma repartição com os de outra, o arquivista teria ainda que respeitar o arranjo interno com que esses papéis vieram do órgão de origem.

Apresentam-se, então, dois aspectos a serem levados em consideração:

- respeitar o órgão de origem, não deixando que seus documentos se misturem com os de outro órgão;
- respeitar a ordem estrita em que os documentos vieram da repartição de origem, na sequência original de séries, mesmo que deturpada pelas baixas decorrentes da execução de tabelas de temporalidade.

Esta última questão — o princípio da "santidade" ou princípio do *quietat non movere*, como o chamam outros autores — é polêmica no campo da arquivologia, talvez por ter sido entendida de forma demasiadamente estrita e, por isso, de certo modo, parecer absurda. Hoje, à luz dos estudos da diplomática, sobretudo os de Luciana Duranti, é possível começar a entendê-lo de maneira mais clara. Essa "santidade" não seria propriamente a ordem física que os documentos tinham no arquivo corrente e, sim, o respeito à organicidade, isto é, a observância do fluxo natural e orgânico com que foram produzidos e não propriamente dos detalhes ordenatórios de seu primeiro arquivamento.

Ao se abordar a identificação dos fundos de arquivo, a primeira questão diz respeito aos requisitos necessários para que se caracterize um núcleo documental como fundo.

---

[92] Carroll, 1975.

Michel Duchein chama a atenção para as dificuldades que precedem a identificação de fundos. Em um artigo antológico ele enuncia algumas normas para facilitar esse trabalho.[93] Mostra que um dos grandes obstáculos é a questão da hierarquia dos órgãos. Que nível administrativo constituirá fundos? A complexidade da organização funcional e dos vínculos de subordinação faz com que seja necessário estabelecer critérios. Um deles é, a meu ver, identificar a função primordial de um órgão maior, capaz de globalizar as atividades de suas várias repartições.

Aliás, a função é mais importante do que o próprio nome do órgão. Este pode mudar, conservando-se, entretanto, a mesma competência maior. O fundo mudará se esta mudar, como veremos adiante.

Para identificar esse órgão maior cujos documentos constituem um fundo, basta verificar se ele apresenta as seguintes características:

❏ possuir nome, ter sua existência jurídica resultante de lei, decreto, resolução etc.;
❏ ter atribuições precisas, também estabelecidas por lei;
❏ ter subordinação conhecida firmada por lei;
❏ ter um chefe com poder de decisão, dentro de sua área legal de ação;
❏ ter uma organização interna fixa.

Mas, mesmo assim, ainda persistem dúvidas, uma vez que órgãos subordinados também têm suas funções e sua criação estabelecidas por lei. Por exemplo, todos os ministérios ou todos os grandes corpos administrativos ou judiciários estão divididos em grandes setores de atividade, também subdivididos em setores secundários que têm, cada um, competências próprias às quais correspondem conjuntos de documentos mais ou menos bem individualizados. Um ministério, por exemplo, está dividido em departamentos, e os departamentos em divisões. Nesse caso, pode-se falar do fundo de arquivos do ministério, ou dos fundos dos departamentos ou dos fundos da divisão? As administrações centrais e federais, na maior parte dos países, possuem órgãos locais situados fora da capital do país. Deve-se considerar que cada um desses órgãos locais cria um fundo de arquivo próprio, ou que o fundo é único para o con-

---

[93] Duchein, 1976:13.

junto de documentos criados por todos os órgãos locais de uma mesma administração?

Este é um dos problemas enfrentados pelo arquivista, que, se optar pela solução mais simplista, do órgão maior (cada ministério como fundo de arquivo nacional ou cada secretaria como fundo dos arquivos estaduais e/ou municipais), pode passar por dificuldades em seu trabalho, pois terá que lidar com massas muito grandes de documentação para cada fundo, podendo suas séries ficar demasiadamente extensas para um bom serviço posterior de descrição e de transferência da informação. Se o arquivista optar por uma certa pulverização de fundos, por outro lado, pode incorrer em outro tipo de risco; e, além disso, teria que agregá-los em seções do arquivo, que também não seriam poucas. Justifica-se a primeira opção porque é pelo órgão maior que se podem identificar todas as funções dos órgãos subordinados numa competência mais abrangente. Por exemplo, numa Secretaria de Fazenda cabem repartições várias, destinadas a receber e a cobrar tributos, a distribuir e conceder verbas, a aplicá-las, a geri-las. Os órgãos são múltiplos, com serviços e atividades múltiplas, mas não deixam de ser uniformizados por uma competência maior, que é a de gerir o dinheiro do Estado.

Estabelecidos quais os fundos de uma administração, é preciso discernir-lhes as variações. Como agir quando há supressão ou transferência de competências? Se uma atribuição de um organismo vivo é transferida para outro organismo vivo, os papéis que essa atribuição produz devem passar ao fundo correspondente em seu novo órgão. Exemplo: a fiscalização de feiras livres deixa de ser atribuição de uma secretaria de abastecimento e passa, vamos supor, para uma secretaria da administração. Os dois fundos já existiam e continuam a existir, sendo o segundo acrescentado com os papéis correspondentes àquela fiscalização. Se, entretanto, a secretaria de abastecimento for suprimida, seus papéis, *in totum*, não passam para as várias secretarias onde suas antigas atribuições foram encaixadas. Até a data da supressão, sua documentação constitui um fundo, que será considerado um fundo fechado, com data inicial e final.

Pode se dar o caso de um órgão apenas mudar de nome — de secretaria de desenvolvimento para secretaria de planejamento; mas, se todas as suas atribuições forem as mesmas, o fundo continuará o mesmo, assinalando-se a troca de nome, nada mais.

Poder-se-ia dizer ainda muito mais sobre as transformações que um órgão administrativo pode sofrer e como isso se reflete na organização de seus papéis inativos, vale dizer, de seus fundos. Por ora bastam essas noções mais gerais, já que nossa preocupação central é a questão da identificação. Nesse sentido, ainda seria preciso evocar, para finalizar a questão, a situação dos fundos que podem estar custodiados por um arquivo sem terem sido produzidos pela administração à qual o arquivo está ligado.

Enquadram-se nessa categoria os acervos privados, que, em decorrência de compra ou doação, e por interesse mútuo do arquivo e dos antigos proprietários, acabam por ser incorporados a um acervo geral administrativo. Também nessa classificação podem figurar fundos pertencentes a outros níveis de administração, que, por motivos de preservação e, em geral, temporariamente, devem ser abrigados e até tratados e divulgados por um arquivo diverso daquele onde deveriam estar armazenados. Considerados fundos custodiados, podem perfeitamente receber todos os cuidados de processamento técnico e de divulgação que devem ser dados a um acervo, desde que ressalvada, convém repetir, sua situação anômala.

A identificação de fundos é um trabalho complexo que requer conhecimento profundo da estrutura administrativa e das competências (e suas mutações) dos órgãos produtores de documentação, nos respectivos níveis da administração pública e nos vários setores da administração privada, se for o caso. Desse conhecimento depende todo o arranjo de um arquivo permanente, arranjo sem o qual o trabalho posterior de descrição e levantamento de conteúdo dos documentos componentes será seriamente prejudicado. Esse prejuízo fatalmente atingirá toda a otimização da informação administrativa e da pesquisa histórica, cuja eficiência é, afinal, a própria razão de ser do arquivo permanente.

CAPÍTULO 8

Sistemática do arranjo

Para Schellenberg, arranjo é o "processo de agrupamento dos documentos singulares em unidades significativas e o agrupamento, em relação significativa, de tais unidades entre si".[94] A "relação significativa" a que o autor alude nada mais é que o princípio da organicidade que prevalece na produção e, consequentemente, na organização do arquivo. Na terminologia arquivística brasileira, consagrou-se o uso da palavra "arranjo", evidentemente traduzido do inglês *arrangement*, e que corresponde à classificação nos arquivos correntes.

O perigo de que os que se iniciam nos estudos arquivísticos pudessem deduzir que arranjo e classificação são operações distintas levou os estudiosos da terminologia arquivística brasileira a considerar que o termo "classificação" deve ser usado para documentos tanto em idade corrente quanto em idade permanente.[95] Entretanto, na prática arquivística brasileira, tem permanecido o uso do vocábulo "arranjo" para designar a organização dos documentos nos arquivos de terceira idade. O importante é que o princípio que norteia a classificação no âmbito dos

---

[94] Ver "Natureza das operações de arranjo" em Schellenberg, 1980a:89.
[95] Cf. Camargo e Bellotto, 1996.

arquivos correntes — a obediência às atividades e às funções do órgão produtor — não se perca. Mesmo havendo as naturais lacunas decorrentes da aplicação das tabelas de temporalidade, o arranjo deve respeitar a classificação de origem, apenas admitindo-se algumas adaptações no caso dos documentos recolhidos sistematicamente. No caso das massas documentais acumuladas, o arranjo deve se basear na classificação correta, mesmo que não se tenha conhecimento imediato das atividades e funções que originaram os documentos e seja necessário pesquisá-las para se atingir a indispensável organicidade.

Essa organicidade, que está vivamente presente na própria conceituação de fundo, é o fator que melhor esclarece a diferença entre os conjuntos documentais arquivísticos e as coleções características das bibliotecas e dos centros de documentação, uma diferença já tratada no capítulo 2.

A operação do arranjo resume-se à ordenação dos conjuntos documentais remanescentes das eliminações (ditadas pelas tabelas de temporalidade e executadas nos arquivos correntes e intermediários), obedecendo a critérios que respeitem o caráter orgânico dos conjuntos, interna e externamente. Cabe lembrar que se trata de ordenação feita nos arquivos permanentes, quando realmente os conjuntos de documentos produzidos/recolhidos por unidades administrativas e/ou pessoas físicas passam a "conviver" uns com outros, só então passando a ser fundos. Não é sem razão que o conceituado especialista espanhol em arquivos notariais, Matilla Tascón, demonstra que a denominação "fundo" pode ser simplesmente considerada como a que substitui o termo "arquivo", quando os arquivos (correntes) de uma organização vêm a fazer parte de outros arquivos mais abrangentes.[96]

A teoria de fundos, como embasamento metodológico do arranjo e da ordenação dos conjuntos documentais nos arquivos permanentes e que está universalmente consagrada, teve início na França, em meados do século XIX. Antes mesmo, desde os primeiros governos de exceção que se seguiram à Revolução Francesa, houve naquele país séria preocupação com a organização arquivística. Data de 1794 a criação de uma administração nacional dos arquivos públicos, com o fim precípuo de

---

[96] Ver "Cartilla de organización de archivos", 1960.

ordená-los e colocá-los à disposição do público. Estabeleceram-se nos Archives Nationales grandes agrupamentos de documentos — seções legislativa, administrativa, histórica, topográfica, de propriedade e judicial —, reunidos internamente por assunto.

Mas foi uma circular do conde de Duchatel, então ministro do Interior, datada de 24 de abril de 1841 e intitulada *Instructions pour la mise en ordre et le classement des archives départamentales et communales*, que estabeleceu pela primeira vez que "os documentos deviam ser agrupados por fundos, isto é, todos os documentos originários de uma determinada instituição, tal como uma entidade administrativa, uma corporação ou uma família, seriam agrupados e considerados *fonds* daquela determinada instituição".[97]

Costuma-se atribuir a autoria da teoria de fundos a Natalis de Wailly, historiador e paleógrafo chamado a organizar a seção administrativa do arquivo do Ministério do Interior da França dentro dos novos moldes. Foi ele quem viabilizou o disposto na mencionada circular, em exposição feita em 8 de junho do mesmo ano, demonstrando que a classificação por fundos era "a única maneira adequada de se assegurar a realização de uma ordem regular e uniforme".[98] A partir daí, vários países seguiram o exemplo francês.

Nos Estados Unidos, antes mesmo da criação do National Archives em 1934, os arquivistas da área de arquivos históricos públicos e os ligados aos grandes acervos privados já vinham discutindo e adotando a teoria de fundos. Em 1912, o arquivista e historiador Waldo G. Leland já tinha um projeto para a organização dos arquivos estaduais, o que deixou claro em relatório apresentado em 1913 ao governo de Illinois. É desse texto a afirmação de que "cada órgão oficial é uma unidade administrativa e os seus documentos formam um grupo homogêneo que reflete as atividades do mesmo. Este grande grupo ou seção, seguindo-se à organização e às funções do órgão, naturalmente se divide em subgrupos

---

[97] Os dados foram extraídos de Schellenberg, 1973c:208-13.
[98] Na verdade, a circular de 1841, não obstante ter-se tornado mais conhecida, apenas fazia cumprir instruções de Guizot — ministro da Instrução Pública —, que, em 1839, ordenavam o abandono dos velhos esquemas classificatórios. Cf. Duchein, 1976:7-31; e Schellenberg, 1973c.

ou subseções e estes em séries. Então, o princípio a ser observado é que os arquivos devem ser classificados de modo que reflitam, claramente, a organização e as funções que os produziram". Essa é a essência do famoso princípio do *respect des fonds*, assim decodificado pelo arquivista norte-americano.[99]

As justificativas para se usar esse princípio como norteador da sistemática do arranjo foram exaustivamente apresentadas por Schellenberg. Nota-se até que suas argumentações são mais veementes do que as dos autores do *Manuel d'archivistique*; isto talvez por ser o princípio de origem francesa, e assim já o julgarem devidamente entendido.

Os pontos básicos são aglutinados pelo arquivista norte-americano em três grandes assertivas:[100]

1. Porque mantém a integridade dos conjuntos documentais como informação, refletindo-se no arranjo as origens e os processos que os criaram. Faculta que "se mantenham os valores de prova inerentes a todos os papéis que são produto de atividade orgânica (...) O conteúdo da prova ministrada pelos papéis, a que se pode atribuir o valor de testemunho, reporta-se à informação que os documentos oferecem sobre os atos que resultaram na sua produção". Com frequência, o modo pelo qual são arranjados mostra as operações em relação às quais se originaram. De acordo com Jenkinson, "possuem (...) estrutura, articulação e relações materiais entre as partes, essenciais para o seu significado (...) A sua qualidade de arquivo só permanece intacta enquanto se lhe mantêm a forma e relações naturais".
2. Porque serve para que se conheçam a natureza e o significado dos documentos no seu contexto e circunstâncias (a infraestrutura e o momento). "O conteúdo das peças individuais, produto de determinada atividade, apenas será plenamente inteligível quando no contexto dos demais documentos que se referem a ela. Se os papéis atinentes à atividade forem arbitrariamente extraídos de seu encadeamento no

---

[99] Apud Schellenberg, 1973c:222.
[100] Ver nota 113 do capítulo 9, sobre ordenação interna dos fundos.

conjunto, e reordenados segundo um sistema de arranjo artificial, eles se obscurecerão e perderão todo o sentido e acepção reais."
3. Porque faz com que haja critério mais ou menos universal no arranjo e uniformidade na descrição. "Confere ao arquivista orientação prática e econômica para o arranjo, descrição e consulta dos documentos em sua custódia. Antes de formulado o princípio, os arquivistas reordenavam, em relação aos assuntos, documentos originariamente reunidos quanto aos atos. Tal reajustamento era muito complicado, por pequeno que fosse o acervo. Tão moroso se revelava que absorvia, em geral, todo o tempo do arquivista. Importava também em grandes dificuldades esse gênero de trabalho, pois variavam, de repartição para repartição, os assuntos com respeito aos quais cumpria se reorganizassem os papéis de um órgão. Além do mais, os assuntos não podiam ser, de fato, escolhidos com propriedade antes de feita uma análise, de certo modo cabal, de todos os itens (unidade de arquivamento) a ordenar de novo."

Se o arquivo permanente visa atender ao pesquisador, pode parecer paradoxal que o arranjo seja baseado na forma administrativa. Para o historiador seria mais fácil que a ordenação fosse temática, cronológica ou geográfica. Entretanto, tal ordenação faria desaparecer ou diluiria a percepção da razão de ser do documento, o que, afinal, o deformaria aos olhos do consulente. Em muitos casos pode vir ao encontro de uma pesquisa muito mais a natureza e o significado do documento dentro do conjunto orgânico do que a informação nele contida. De qualquer forma, o historiador não deixa de ser servido quanto aos conteúdos: para tanto existem os instrumentos de pesquisa e seus respectivos índices, que, se montados seguindo a metodologia preconizada pela análise documentária, cumprirão a desejada transferência da informação.

O arranjo é uma operação ao mesmo tempo intelectual e material: deve-se organizar os documentos uns em relação aos outros; as séries, umas em relação às outras; os fundos, uns em relação aos outros; dar número de identificação aos documentos; colocá-los em pastas, caixas ou latas; ordená-los nas estantes.[101]

---

[101] Charpy, 1979b:2.

Ao analisar as operações do arranjo, Jacques Charpy chama a atenção para a distinção que deve ser feita entre "quadro de arranjo" e "arranjo interno".[102] Trata-se da diferenciação preconizada por uma das mais criteriosas teóricas arquivistas internacionais: Antonia Heredia Herrera.[103] Sua defesa veemente da "classificação de fundos" como operação preliminar à "ordenação dos documentos e de séries documentais" não se choca com a sistemática já usada em outros países (inclusive o Brasil). Bem ao contrário. É antes de tudo uma questão de terminologia, como já mencionado no início deste capítulo. O que pode dar a impressão de que a primeira daquelas operações não se realiza é o fato de ter-se generalizado na terminologia brasileira a mesma denominação — arranjo — para designar tanto o quadro relacional dos fundos e a disposição interna de suas seções e séries, como quer Heredia, quanto, para alguns, até mesmo a ordenação interna dos documentos dentro delas.

Assim, ainda que usando terminologia diversa, os arquivistas concordam quanto à procedência do estabelecimento do quadro de fundos a partir do organograma da área administrativa da qual procedem os referidos fundos, área da qual a própria documentação a arranjar é invariável e obrigatoriamente denotadora.

É interessante notar a especificidade com que a Sociedade dos Arquivistas Americanos[104] define "arranjo" (*arrangement*) no seu glossário, englobando na mesma expressão seus dois momentos — a operação da ordenação e a situação a que se chega após sua efetivação —, já que define: "Arranjo é o processo e o resultado da organização de arquivos, documentos e manuscritos de acordo com princípios arquivísticos consagrados, particularmente o da proveniência, respeitando-se os seguintes níveis: arquivo, fundo, grupo ou seção, série, conjunto lógico dentro da série e documento".[105]

---

[102] Charpy, 1979b:2. Quatro instâncias são preconizadas: i) quadro de arranjo e *respect des fonds*; ii) quadro interno de um fundo fechado; iii) quadro de um fundo aberto; iv) quadro de documentos avulsos.
[103] Ver Herrera, 1988, caps. 8 e 9.
[104] Apud Gracy II, 1977:4.
[105] Originariamente *repository, archive group, subgroup, series, file units* são agrupamentos lógicos oriundos da organização do material.

Essa questão teórica dos "diferentes níveis" é analisada por David Gracy II, que detecta seu surgimento em 1967 no National Archives. "O conceito de que cada nível deve ter um arranjo coordenado com o dos outros, sendo porém diferentes entre si, traz maior abrangência à habilidade do arquivista em revelar o conteúdo e o significado dos documentos."[106] Note-se que os níveis foram justamente a base metodológica das normas de descrição Isad (G), como veremos adiante.

Todos esses diferentes modos de abordar a questão do arranjo não são excludentes entre si, muito ao contrário: nota-se a concordância metodológica. Pode-se mesmo falar em universalidade do arranjo dos acervos de terceira idade, seja os gerados por órgãos governamentais, por entidades privadas ou por pessoas.

O processo do arranjo propriamente dito é iniciado a partir do recolhimento, se não se conservar a classificação que o documento já tinha na primeira idade. Antes, porém, algumas etapas preliminares devem ser vencidas.

A cada fundo que começa a ser acumulado no arquivo devem corresponder, preliminarmente, duas atividades, para o caso da chegada de partidas de massa documental acumulada fora dos sistemas de arquivo já constituídos e em funcionamento ou de essa acumulação já se achar há muito tempo no arquivo permanente, aguardando processamento técnico:

1. Levantamento da evolução institucional da entidade produtora dos documentos. Isto supõe toda a legislação que a cria e regulamenta; os procedimentos administrativos; as funções que exerce para que se cumpra o objetivo para o qual foi criada; os documentos produzidos, cuja tipologia é adequada às operações, atividades e funções que eles testemunham.
2. "Prospecção arqueológica" da documentação a arranjar. Essa identificação preliminar, ainda que superficial, é obrigatória. Isto porque, além de permitir a alienação de papéis que realmente não pertençam

---

[106] Gracy II exemplifica: "Os conjuntos lógicos de cartas (*file units of letters*) podem ser agrupados alfabeticamente por autor e por documentos individuais; dentro de conjuntos lógicos (*file units*), podem ser arranjados cronologicamente".

ao fundo, possibilita a percepção dos "vazios" em relação às funções institucionais apontadas pela caracterização geral da entidade feita anteriormente. A desejada justaposição entre as funções (que se desdobram em atividades) desempenhadas e as respectivas séries documentais que as comprovam muitas vezes não se realiza. As razões têm a ver com as lacunas causadas pelas baixas permitidas (expurgos criteriosos) ou por desfalques (perdas causadas por incúria, má-fé ou ignorância).

3. Estudo institucional das entidades produtoras do material detectado. Para estas deve ser elaborado um quadro mais detalhado, contendo dados sobre as entidades ausentes, já que as lacunas porventura existentes podem vir a ser preenchidas pelo achado de documentos desaparecidos, como é comum acontecer.[107]

Assim, como aponta o professor David Gracy II, o arquivista analisa o material em termos de:

- proveniência;
- história da entidade ou biografia do indivíduo produtor dos documentos;
- origens funcionais — atividades específicas das quais os documentos resultam;
- conteúdo — a extensão dos vários tópicos, eventos e períodos;
- tipos de material.[108]

Conhecedor da origem que dita o fundo; da evolução institucional que lhe permite detectar alterações, acréscimos e supressões de órgãos internos; das funções que ditam a própria tipologia, será possível ao arquivista organizar adequadamente o material.

Dos cinco requisitos, observa-se que os três primeiros referem-se à entidade produtora. São dados a serem obtidos, portanto, antes do trato dos documentos. Já os dois últimos só podem ser detectados a partir do

---

[107] No caso de arquivos privados institucionais, o procedimento é o mesmo. Quando se tratar de arquivos de pessoas, deve-se estudar sua vida e obra. As seções para esse tipo de fundo podem vir a ser determinadas pelas fases da atuação/criação profissional do titular.

[108] Gracy II, 1977:15.

exame da documentação. Mas, no momento do arranjo propriamente dito, todos eles devem estar presentes e naturalmente vinculados. Vale lembrar mais uma vez que é no respeito a essa vinculação orgânica que reside o êxito do trabalho de arranjo.

A sistemática do arranjo inicia-se, materialmente, com o recolhimento. Se a transferência é a passagem dos arquivos de gestão aos intermediários, para ali sofrerem os papéis a necessária decantação, o recolhimento é o envio dos documentos remanescentes da aplicação dos prazos ditados pela avaliação/tabelas de temporalidade para a custódia definitiva nos arquivos finais.

Não há uniformidade quanto aos modos de recolhimento. As variações mais frequentes são:

- o recolhimento sistemático, regular e organizado, quer quanto às datas, quer quanto à apresentação do material vindo do arquivo intermediário (exemplo: os que se realizam nos sistemas nacionais, estaduais ou municipais de arquivos);
- o recolhimento que é revestido de certa regularidade, mas feito diretamente dos arquivos correntes aos arquivos finais, quando ultrapassados os limites do uso primário;
- o recolhimento "selvagem", isto é, quando grandes massas aleatórias são literalmente "descarregadas" nos arquivos permanentes, sem obediência a critérios técnicos. Correspondem àquela operação tão conhecida dos arquivistas que consiste muito mais numa "limpeza" dos locais administrativos para obtenção de espaço do que na preocupação de possibilitar acesso a novas fontes de pesquisa.

O recolhimento tem de ser uma operação planejada e criteriosa. Nesse momento dá-se o que os franceses chamam de "segundo nascimento" e que, como no primeiro, comporta riscos. As possibilidades de anacronismo, de dispersão, de junção errônea de elementos e de desintegração de fundos são grandes.

Assim como nos arquivos em formação e nos de idade intermediária, impõe-se uma estreita colaboração entre os arquivistas e as instâncias administrativas, para que o fluxo documental se dê de forma correta e proveitosa em ambos os polos: onde se inicia e onde termina.

O *Manuel d'archivistique* sugere, para um bom recolhimento, que:[109]

- ele se faça segundo procedimentos simples, sem operações dificultosas e complexas;
- assegure fácil localização e recuperação das informações;
- permita a elaboração posterior de instrumentos de pesquisa;
- salvaguarde todas as possibilidades de compreensão, conservando a situação primitiva dentro dos conjuntos orgânicos.[110]

O segundo passo é o "encaixe" dos documentos recolhidos no quadro de arranjo. Quando se tratar de material oriundo de entidades ainda não representadas no arquivo, já se deve ter estudado sua evolução histórica e estabelecido sua posição no conjunto.

O quadro de arranjo justapõe-se a um quadro dos órgãos administrativos e suas subdivisões à época da produção dos documentos a serem arranjados. Nunca poderá ser fixado sem o prévio levantamento das estruturas governamentais nas várias épocas através da legislação.

Um trabalho nesse gênero, pioneiro entre nós, foi o realizado no Arquivo do Estado de São Paulo a partir de janeiro de 1978, com o objetivo de implantar um sistema de organização do acervo por fundos. Relativamente ao período colonial, o grupo de trabalho produziu os seguintes instrumentos: "Administração colonial: órgãos e funcionários", 1979; "Estrutura e funcionamento da administração pública brasileira: estabelecimento de fundos de arquivo. I. Colônia", 1979; "Catálogo da legislação referente ao Brasil no período colonial", 1982.[111] Só de posse de instrumentos desse tipo, onde funções são explicitadas, para que por meio delas se identifiquem valores documentais, além de outras valias, é que se pode chegar a um correto quadro de arranjo, passando-se então à ordenação interna dos fundos.

---

[109] Mady et al., 1970, cap. 11, p. 128.
[110] A questão será discutida no capítulo 9, referente à ordenação interna dos fundos.
[111] Os autores foram funcionários e estagiários do Arquivo do Estado de São Paulo, sob a coordenação de Ana Maria de Almeida Camargo, que apresentou as respectivas metodologias nos 4º e 5º Congressos Brasileiros de Arquivologia, em 1979 e 1982.

Portanto, recapitulando, na sistemática do arranjo é preciso levar em conta, sempre, a estrutura orgânica da instituição; as "ações" que os documentos demonstram em cumprimento das operações geradas pelas atividades, estas, por sua vez, oriundas das funções e estas últimas geradas pela competência que justifica a criação e o funcionamento da entidade produtora.

Realizadas as etapas preliminares, poder-se-á partir para a organização sequencial dos documentos e estrutural das séries, grupos e fundos.

Capítulo 9

A ordenação interna dos fundos

O princípio norteador da fixação de fundos de arquivos é o orgânico estrutural. São os documentos de cada uma das unidades da primeira escala hierárquica de um dado nível administrativo que vêm a constituir o fundo, cuja denominação deve coincidir com a da unidade.[112] O que determina seu arranjo interno é, num primeiro momento, ainda a estrutura organizacional, obedecendo-se a seguir à tipologia documental, aliada à função que a determina. Na verdade, função e espécie mantêm estreita ligação quando se trata de documentos de arquivo: são determinantes entre si, como se verá adiante.

Como o objeto deste capítulo é o processamento técnico de conjuntos documentais que já sofreram as devidas baixas decorrentes dos prazos de temporalidade e que os fundos a que pertencem já estão estabelecidos, serão abordadas duas situações que podem se apresentar ao arquivista:

1. Os documentos, dentro de um mesmo fundo, estão mesclados uns aos outros desordenadamente, tanto no que concerne aos órgãos menores produtores diretos dos documentos, quanto no que diz respeito

---

[112] Sobre a conceituação de fundos de arquivo, ver o capítulo 15 e também Arquivo Nacional, 1985; e Duchein, 1976:7-31.

à tipologia e à ordem cronológica. Não estão, portanto, ordenados em grupos ou seções, nem arranjados em séries. Foram encontrados como um todo, porém sem ordenação.

2. Os documentos, vindos paulatinamente de estágios anteriores nos arquivos correntes e nos intermediários, são recebidos nos arquivos permanentes ordenados cronologicamente e ainda obedecendo ao critério da organização serial a que estavam submetidos em sua fase ativa, respeitada a separação entre os diferentes departamentos que os produziram. Nesse caso já há uma divisão em grupos (mesmo que ainda não estejam assim denominados) e possivelmente em séries oriundas da fase ativa. Mediante algumas aglutinações, elas podem subsistir no arranjo permanente.

Na primeira situação, a preocupação é com a delimitação dos grupos ou seções,[113] desde que se conheça suficientemente a documentação para poder determinar-lhe a origem. Para tanto, obviamente, já se terá procedido ao levantamento prévio da legislação e da regulamentação relativas ao órgão produtor.

Um grupo ou seção seria a primeira divisão do fundo, correspondendo à documentação emanada dos órgãos da segunda escala hierárquica administrativa (nas arquivalias estaduais, se o fundo agrega documentos de uma secretaria, os grupos reúnem os de seus departamentos). Isso demanda estudos da organização e da hierarquia dos vários órgãos da entidade que produz o fundo.

A existência de grupos ou seções é dispensável no caso de fundos com documentação numericamente pequena ou de tal forma falhada que a divisão em seções pulverizaria em demasia o arranjo, em prejuízo de um melhor fluxo na transferência da informação. Analogicamente, também se torna dispensável a subdivisão em unidades que correspondam aos documentos produzidos por diretorias ou por divisões.

---

[113] A denominação adotada deve ser esta última, caso se adote a tradução estrita dos manuais de T. R. Schellenberg, fazendo analogia com os grupos e subgrupos de que fala esse consagrado arquivista. O prefixo "sub", no caso norte-americano, justifica-se pelo fato de a expressão *archive group* corresponder em português ao que denominamos "fundos". Há arquivistas brasileiros que adotam a divisão do fundo diretamente em subgrupos, em razão dessa especificidade da expressão inglesa.

É incorreta a prática da justaposição dos documentos de determinado fundo sobre um quadro correspondendo às antigas subdivisões da entidade maior produtora, nos casos em que tenha sido constatada variação constante de órgãos internos e de respectivas competências. Michel Duchein, em célebre artigo sobre o princípio do *respect des fonds*, aborda a questão das divisões internas do fundo. Embora não as rotule com denominação alguma, ele se refere às divisões internas de modo bastante claro e elucidativo: "Quando um fundo implica divisões correspondentes às divisões funcionais do organismo produtor, essas divisões devem ser tomadas, na medida do possível, como base para a classificação arquivística; entretanto, é possível que se tenha de renunciar a tal procedimento se os órgãos produtores mudam de estrutura e de atribuições com frequência".[114] Nesse caso, as séries aflorariam imediatamente como primeira divisão do fundo.

É claro que, se uma diretoria ou uma divisão que sempre teve funções bem-delineadas e estáveis se achar representada no fundo por um conjunto documental de tal volume e importância que requeira a criação de um grupo ou seção, não há por que não utilizar essa categoria.

No entanto, não convém a "poluição" interna do fundo por uma complicada rede de arranjo, cujos componentes pouco digam ao historiador. A este interessa, sobretudo, a análise das atividades-fim da entidade que está pesquisando, passando quase sempre ao largo de seu trabalho os esquemas organogramáticos desta. As especificidades que eram essenciais nos arquivos de primeira idade passam a interessar apenas nos seus aspectos generalizáveis.

A característica norteadora para a constituição de um grupo de fundo é, antes de tudo, o conjunto das funções que justificam a existência do departamento que lhe equivale. São as atribuições desse departamento que contam para o administrador, o arquivista e o historiador, embora as vejam e as utilizem diferentemente no exercício das respectivas atividades profissionais. Ora, a um órgão menor que nele está embutido cabem, necessária e obrigatoriamente, um ou mais segmentos das mesmas atribuições. "Cada uma dessas dependências costuma produzir diferentes tipos documentais, originados como resultado das diversas atividades que levam a cabo, com o que, em cada grupo ou seção, subdividido em subgrupo ou subseção, acabam por distinguir-se variadas séries. As

---

[114] Duchein, 1976.

séries, unidades intermediárias, constituem-se de unidades simples, os documentos."[115] Porém, esses diferentes tipos documentais de que fala Vicenta Cortés podem representar variantes correspondentes a nuanças de uma dada atribuição administrativa.

Esquematizemos, exemplificando com uma arquivalia municipal

em que A, B e D são documentos gerados/recolhidos por secretarias ou autarquias municipais, e C é um fundo fechado (órgão e funções suprimidas),

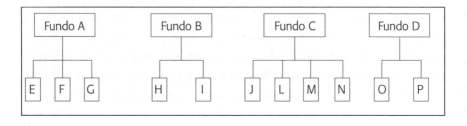

em que E, F, G, H, I, O e P são departamentos das mesmas secretarias ou autarquias, e J, L, M e N são séries, como se explica adiante.

Suponhamos que apenas o departamento F da instituição titular do fundo A e o departamento O da do fundo D sejam muito complexos em estrutura e que deles tenha restado tanta documentação que comportem subgrupos ou subseções dentro dos grupos ou seções que, no arquivo, abrigam seus documentos. Neste caso, teremos os subgrupos ou subseções F1 e F2 do grupo ou seção F do fundo A (o que não ocorre, por exemplo, com o grupo ou seção E e o grupo ou seção G, que não comportam a existência de subgrupos ou subseções, subdividindo-se diretamente em séries). O grupo ou seção O do fundo D também apresenta uma com-

---

[115] Cortés Alonso, 1981b:370.

plexidade que justifica os subgrupos ou subseções O1, O2 e O3, assim como o grupo ou seção P.

Nessa orientação, verifica-se que as séries surgem como subdivisões tanto dos subgrupos ou subseções, quanto dos grupos ou seções, ou até mesmo do fundo. Esta última variante é a que ocorre quando o fundo é fechado.[116]

No quadro a seguir, o fundo A possui grupos ou seções, subgrupos ou subseções, séries e unidades de arquivamento e/ou unidades documentais; o fundo B possui grupos ou seções, séries e unidades de arquivamento e/ou unidades documentais; o fundo C divide-se diretamente em séries; o fundo D, nos grupos ou seções O e P, cada uma dividida em subgrupos ou subseções, séries, subséries e unidades documentais.

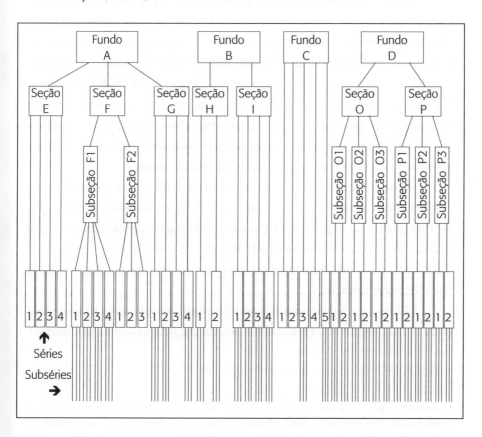

---

[116] Para a caracterização de fundo fechado, ver os trabalhos mencionados na nota 112. Em geral, não se dispõe de informações suficientes sobre a estrutura do organismo gerador desse tipo de fundo à época da criação dos papéis para que se possa fazer uma divisão segura em

Se, para a fixação do fundo, do grupo ou seção e do subgrupo ou subseção, o fundamental é o órgão produtor (o "autor"), para a série e subsérie, o que vigora são a função e o tipo documental. No que diz respeito aos documentos, é com esses elementos que "se reconstroem o organograma e as atividades que os originam, o que permite entender o arquivo como um todo em que cada peça está relacionada em virtude da procedência e do trâmite. Algo bem diferente de uma bem-ordenada coleção de documentos, reunidos por interesse de pesquisa, por capricho ou por necessidade de ordenar peças procedentes de várias origens".[117]

Entra aqui, uma vez mais, a questão da organicidade dos documentos de arquivo. Se estes resultam de diferentes ramos das funções e das competências de um órgão público, as sequências de documentos não têm sentido fora dessa sucessão, assim como não podem estar relacionados a outros tipos de competências. A organicidade é, portanto, a "relação entre a individualidade do documento e o conjunto no qual ele se situa geneticamente, sendo precisamente a base da noção de fundo de arquivo".[118] Esse axioma deve estar sempre presente, quase que implacavelmente, nas tarefas de organização interna de fundos.

Tanto o fundo quanto suas primeiras divisões — grupos ou seções e subgrupos ou subseções (se houver) — são, na verdade, nomes, que correspondem ao órgão maior e suas subordinações, designando, no arquivo, aglutinações de documentos. Isso significa que as séries e subséries é que são a realidade fundamental e concreta com a qual o arquivista vai trabalhar formalmente.

O léxico internacional de terminologia arquivística define série como uma "sequência de documentos da mesma natureza no interior

---

seções e subseções. No entanto, se a reconstituição for possível, nada impede que se estabeleça a mesma estrutura interna nos fundos fechados. Outra razão para a divisão direta em séries (que às vezes se reduz a uma ou duas) é sua característica de pequeno montante de papéis. A legislação pode fornecer dados sobre a criação e a regulamentação do órgão. Desses dados e da própria documentação é que parte a organização. Ver Charpy, 1979a:7.
[117] Cortés Alonso, 1981b.
[118] Guaye, 1984, v. 34, p. 15-23.

de um fundo".[119] Ora, por "natureza" não se deve entender "entidade". Por isso, as coordenadorias ou departamentos que antes denominamos grupos não devem ser chamados de séries "segundo a estrutura organizacional", como consideram alguns arquivos. O uso simultâneo da palavra série para designar organismos; para denominar uma sequência de documentos da mesma tipologia, da mesma função, do mesmo "assunto"; ou ainda para denominar uma aglutinação de fundos, como na arquivística francesa, pode gerar confusões, tanto para o tratamento técnico levado a efeito pelo arquivista, quanto para os próprios usuários-pesquisadores.

A Comissão de Estudo de Terminologia Arquivística da Associação Brasileira de Normas Técnicas estabeleceu no projeto *Arquivos: terminologia* a seguinte definição de série: "Designação dada às subdivisões de um fundo que refletem a natureza de sua composição, seja ela estrutural, funcional ou por espécie documental. As séries podem ser subdivididas em subséries".[120] Essa conceituação atrela-se ao uso simultâneo da denominação série já mencionada. A opção pela vertente apontada no léxico justifica-se pelo próprio desenvolvimento dos argumentos aqui apresentados.

A alusão à natureza dos documentos torna evidente, em arquivística, que o que a define é a função do documento no contexto e na circunstância em que foi criado, e também a tipologia documental. Aliás, em administração, a função é determinante para o documento-tipo que será o instrumento de seu cumprimento. Um determinado ato administrativo só é concretizado se for veiculado por um dado tipo de documento que seja diplomática e juridicamente válido para tal. Assim, função e tipo, intrinsecamente juntos, propiciam a natureza do documento.

Exemplificando: é por meio de um documento cuja tipologia seja cartão de ponto ou livro de ponto que um determinado setor exerce a função de verificação de assiduidade e/ou pontualidade dos funcionários.

---

[119] *Elsevier's lexicon...*, 1964:34.
[120] Ver *Projeto 14:04.01*, da Comissão de Estudo de Terminologia Arquivística/Comitê Brasileiro de Finanças, Bancos, Seguros, Comércio, Administração e Documentação da Associação Brasileira de Normas Técnicas, 1982.

Ora, a função não é cumprida por meio de memorandos, relatórios ou ofícios escritos pelos referidos funcionários. Já um órgão incumbido de inspecionar o andamento de obras públicas, prestando contas a instâncias superiores, produz relatórios técnicos para tanto. Os exemplos multiplicam-se: para que uma pessoa possa ser substituída por outra em transações juridicamente válidas é preciso que se lavre um documento notarial denominado procuração. A função desse documento é legitimar a outorga de um direito que seria pessoal e intransferível. Se esse direito fosse passado através de um documento tipologicamente diverso — uma carta, por exemplo —, a função a que se destinava não poderia ser cumprida, não teria validade legal.

Indo a outro polo para demonstrar a inter-relação entre tipo e função, vejamos o caso de um conflito armado entre dois países. A situação "oficializa-se" por declarações formais de guerra e por uma série de atos legais apropriados, segundo a legislação e o regime político daqueles países. Isso significa que um pronunciamento de um deputado (que pode concretizar-se numa proposta sua a favor da guerra) não tem força para "efetivar" a situação. A função desse documento é outra. Ele deve ser enquadrado numa série "Propostas" (ou equivalente), num fundo de natureza parlamentar.

O desempenho de uma função pode ser documentado por meio de um ou mais tipos de documentos. Assim, pode dar-se o caso de caber a um determinado setor administrativo da área de promoção social fornecer recursos financeiros e técnicos a casas de caridade privadas da capital e do interior. Uma de suas funções será cadastrar essas entidades. Para tanto, seus arquivos deverão contar com documentos que correspondam à existência legal dessas entidades, seus estatutos, relatórios de diretoria, contas etc. A série será "Cadastro", aglutinando-os. Não haverá séries relatórios, estatutos etc. em separado. Portanto, o que determinou a reunião dos documentos em uma série foi a função ou a atividade, que é a forma executiva da função.

As séries cujo princípio norteador é o tipológico correspondem aos documentos que, em geral, têm um papel muitas vezes acessório com relação ao material gerado no cumprimento de atribuições do órgão.

Com isso, contudo, não se quer afirmar que não possam se enquadrar como documentos essenciais. Um exemplo bem típico dessa categoria de série é "Correspondência".

Também se usa o critério da tipologia documental no caso de órgão que tenha uma ou poucas atribuições muito bem-definidas, nas quais os documentos gerados/recolhidos são nitidamente caracterizados. Um bom exemplo disso são os documentos parlamentares: requerimentos, propostas, emendas, projetos. Todos são produzidos visando a grande atribuição de assembleias legislativas e/ou de um congresso nacional: a legislativa. São documentos que representam passos ou variantes para que se chegue ao ato legislativo.

Reportando-nos às duas situações referidas no começo deste capítulo, vemos que, no primeiro caso — o dos documentos desordenados —, o arquivista deve realizar estudos sobre legislação, estrutura e funcionamento dos órgãos produtores do material para estabelecer seu quadro de seções e séries; no segundo caso, embora não prescinda do conhecimento do órgão possibilitado pela legislação, pelo organograma e por regulamentos (atuais e passados), seu trabalho é facilitado, pois o fato de os papéis virem organizados supõe que os colegas dos estágios anteriores já lhe podem transmitir aqueles dados básicos.

O problema que pode surgir desse recolhimento ordenado é que as séries, mesmo estando identificadas, caracterizadas e ordenadas, frequentemente apresentam lacunas tais (em decorrência da temporalidade) que não seria de utilidade, no arquivo permanente, mantê-las da mesma forma. Os estudos devem se concentrar nas possibilidades de aglutinação, o que também vale para seções e subseções. Exemplifiquemos com três séries relativas a pessoal — nomeação, promoção e transferência —, que, no arquivo corrente, assim ocorriam dentro de uma seção ou grupo concernente a um departamento de pessoal:[121]

---

[121] A denominação dessas séries e subséries foi obtida no exemplo correspondente a preenchimento de cargos de *Documentação e arquivo*, 1980, v. 4: Plano de Arquivamento, p. 61.

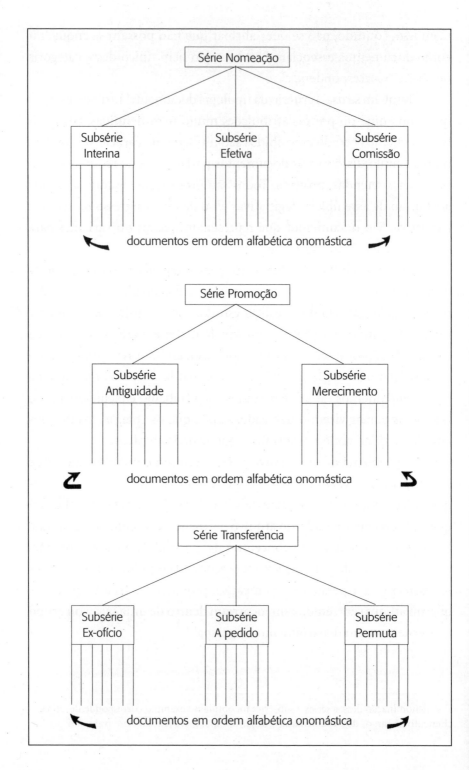

Observação: em se tratando de pessoal, dentro das subséries, as unidades documentais — que no caso devem ser processos — estariam por ordem alfabética do sobrenome do funcionário.

Consideremos, por hipótese, que as tabelas de temporalidade, na série "Nomeação", tenham contemplado com a guarda permanente somente a totalidade dos processos constantes da subsérie "Efetiva"; e que os processos das séries "Promoção" e "Transferência" tenham sido eliminados, por haver a mesma informação em outro documento — uma ficha funcional, por exemplo. Suponhamos também que foi deixada uma amostragem concernente a essas duas séries.

No arquivo permanente, o quadro passaria a ser:

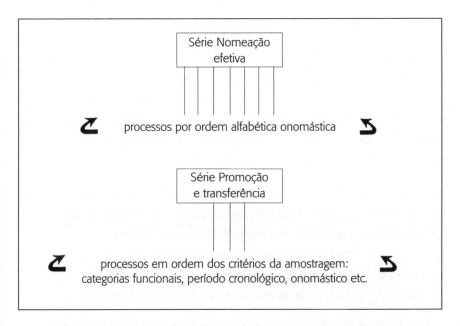

Utilizando esses mesmos exemplos relativos a um departamento de pessoal hipotético, passemos a considerar a organização interna das séries. Evidencia-se que a subsérie pode representar modalidades da questão contida na série (por exemplo: promoção por merecimento, promoção por antiguidade). Por outro lado, a subsérie pode ter como característica o fato de reunir variantes da mesma espécie documental. É o caso de cartas, telegramas e cartões-postais, que podem constituir subséries dentro da série "Correspondência".

O desdobramento em subséries também se faz necessário quando se dá uma espécie de inversão, constando o setor que produz o documento como fator da subdivisão. É o caso dos pareceres em um arquivo de uma assembleia legislativa. Como nos documentos parlamentares a característica maior para aglutiná-los é a espécie, a série "Pareceres" tem que ter como subséries as comissões que os exararam. Um exemplo concreto acha-se no Fundo "Conselho Geral da Província (1824-1834)" do Arquivo Histórico da Assembleia Legislativa do Estado de São Paulo. A Série 10, "Pareceres", possui 10 subséries: i) pareceres da Comissão da Fazenda e Contas; ii) pareceres da Comissão de Poderes; iii) pareceres da Comissão de Estatística; iv) pareceres da Comissão de Postura; v) pareceres da Comissão Permanente; vi) pareceres da Comissão de Dízimos; vii) pareceres da Comissão de Redação; viii) pareceres da Comissão de Fala; ix) pareceres da Comissão de Polícia; x) pareceres da Comissão Extraordinária do Caminho de Santos.

Prosseguindo na hierarquização piramidal da organização interna do fundo de arquivo, a ordenação da subsérie (válida para a série que não possua subdivisões) pode obedecer aos seguintes critérios, segundo as peculiaridades dos documentos que a compõem:

- alfabético (de nomes de interessados, de autoridades/autores, de governantes/signatários, de entidades às quais se relacionam etc.);
- geográfico (regional e, em segunda instância, alfabético);
- cronológico pela data da produção do documento;
- cronológico pela data de protocolo;
- cronológico pela data da resolução do ato administrativo.

A subsérie (ou a série, se for o caso da divisão direta desta) é composta de unidades de arquivamento ou de documentos avulsos. A unidade de arquivamento não tem propriamente um lugar na hierarquia do fundo, já que é um elemento material e formal de armazenamento (volume encadernado, maço, pasta, caixa, lata). Porém, em certas circunstâncias, a unidade de arquivamento tem uma equivalência técnico-científica. Assim, pode-se encadernar juntos (ou colocar na mesma caixa ou lata) os relatórios de determinada diretoria relativos a dois ou quatro anos, conforme for o período de gestão da mesma. Nesse caso, a unidade de arquivamento coincide com a reunião de um núcleo que organicamente teria sentido estar reunido.

Alguns teóricos da arquivística, no âmbito dos arquivos permanentes, consideram esses pequenos conjuntos orgânicos unidades mínimas do arquivo, desprezando o documento unitário. Entretanto, não se pode negar que, pelo menos do ponto de vista material, a unidade documental é a menor "possibilidade" arquivística. Há dois tipos de núcleo de documentos que são realmente considerados unidades documentais (não se trata da reunião em unidades de arquivamento e, sim, de uma sequência que não teria sentido se seus elementos fossem tomados separadamente). É o caso dos processos e dos dossiês. Definindo-se os primeiros como "conjuntos de documentos de tipologias diferentes cuja reunião é obrigatória para que se chegue à consecução de um ato administrativo" e os segundos como "conjunto de documentos de tipologias diferentes, cuja reunião optativa é útil para documentar um fato, evento, assunto etc.", ambos atuam como unidades mínimas de documentação, uma vez que, formados, são absolutamente indivisíveis.

O documento avulso nunca se apresenta totalmente solto, nem no arquivo corrente, nem no intermediário, nem no permanente. Se assim fosse, seria posta em dúvida a grande especificidade dos documentos de arquivo, a qual os diferencia dos outros documentos ditos de biblioteca ou de museu: a organicidade. Por isso, quando me refiro a documento unitário (unidade mínima), este se encontra dentro de um conjunto de outros que lhe são iguais tipologicamente e que só em conjunto documentam uma função ou uma atividade, qualquer que seja ela, da administração pública ou privada.

O que se quer evidenciar é o não comprometimento informacional, comprometimento que teria, por exemplo, dentro de um processo ou de um dossiê. Mas que "viva" em conjunto, que lhe seja vital seu meio genético de origem, isso não se pode negar. O exemplo mais claro volta a ser a correspondência. Os temas tratados, os signatários e os destinatários podem ser diversos, demonstrando, portanto, individualidade. Porém, como "testemunho" do exercício das funções de determinado órgão, a carta isolada só vale em seu lugar dentro do conjunto, da série onde se insere.

Se obedecidos esses preceitos gerais e entendidas todas as possibilidades de trato documental e de armazenamento, temos o arranjo concretizado. Ele nunca é estático, no sentido de não permitir flexibilidade, de não ser um sistema "hospedeiro". Se sua dinâmica parece, à primeira vista, ser puramente cumulativa, é fácil entender que ela pode se dar também no sentido de alargamento ou de estreitamento internos. O primeiro caso ocorre se for acrescida uma função nova ao órgão produtor, função cujas atividades gerarão novas séries (podendo até produzir novas seções ou grupos, se as novas competências tiverem um setor específico para cumpri-las). O estreitamento pode dar-se no caso da supressão de uma atividade, de toda uma função, ou mesmo de um setor inteiro. Daí a mutabilidade dos quadros de arranjo.

Todas as conceituações e exemplos aqui apresentados não podem deixar de passar, em sua aplicação prática, pelo bom senso que a relatividade e a especificidade dos documentos de arquivo exigem dos profissionais incumbidos de identificá-los, processá-los e divulgá-los.

Nenhum quadro de ordenação pode ser fixo em relação à própria mutabilidade da administração à qual serve o arquivo. A teoria arquivística apenas dita os princípios gerais aqui expostos. Na verdade, eles são facilmente adaptáveis à extensa gama de tipos de arquivos, seja os da administração pública, seja os privados, desde que entendidos de forma intimamente ligada aos documentos aos quais serão aplicados.

Capítulo 10

Dispersão e reintegração de fundos

A partir da definição consagrada de fundo como unidade constituída pelo conjunto de documentos acumulados por uma entidade e que no arquivo permanente passam a conviver com os arquivos de outras entidades,[122] é possível decodificar algumas outras especificidades: que essa acumulação é automática e organicamente construída; que se constitui de documentos produzidos, recebidos e/ou acumulados por essa entidade (ou pessoa física) no exercício das funções que lhe justificam a existência e também seu papel e lugar na sociedade; que seus documentos constituintes já ultrapassaram o valor primário, intrinsecamente ligado à razão administrativa e/ou jurídica pela qual foram produzidos e acumulados, e que foram preservados em razão do seu valor secundário, isto é, da possibilidade de servirem de prova ou testemunho para efeitos científicos, sociais e culturais. Seu campo de domínio é, pois, o arquivo permanente, onde já não há eliminações de documentos.

Se se tomar as várias conceituações de fundo, tal como ocorrem nos manuais mais prestigiados dos vários países, o enunciado dessa definição vai variar muito pouco, e em aspectos sobretudo reiterativos: algumas aludir a "um conjunto em crescimento" (isto, evidentemente,

---

[122] *Dicionário de terminologia arquivística*, 1996.

desde que o órgão produtor/acumulador continue em atividade, pois, do contrário, seria um "fundo fechado"); outras lembram que é indiferente a forma do suporte ou do sistema de signos para registrar os dados, já que o importante é a acumulação relacionada com uma atividade; outras ainda informam que o órgão gerador de fundos deve ter uma estrutura, funções e fins conhecidos, de preferência estabelecidos por lei; alguma pode afirmar que esse todo orgânico constituído pelos documentos resultantes do funcionamento de determinada administração é completo em si mesmo. De modo geral, vistas todas essas possibilidades, o que fica claro é a autonomia do fundo, que permite que ele seja processado tecnicamente de forma independente, sem prejuízo da eficiência do tratamento.

Como se viu no capítulo 7, é possível isolar alguns pontos fundamentais para melhor compreender o conceito de fundo:

- o de que o fundo abarca documentos gerados, recebidos e/ou acumulados por pessoas físicas ou jurídicas, documentos necessários à sua criação, constituição, funcionamento e ao exercício pleno das atividades que justificam a existência da entidade;
- o de que os documentos pertencentes a um mesmo fundo guardam relações orgânicas entre si;
- o de que a concepção de fundo está estreitamente relacionada ao próprio órgão que o acumulou, estando presente, portanto, desde a gênese documental, muito embora nem todos os documentos gerados/ produzidos venham a constituir um fundo;
- o de que, para que os documentos venham a constituir um fundo, é preciso que a entidade acumuladora seja administrativa e juridicamente consolidada; e
- o de que o fator norteador da constituição do fundo é a origem do documento, no sentido do contexto de sua gênese.

A grande figura da teoria arquivística no âmbito dos arquivos permanentes é o fundo. Ele é a marca de diferenciação de aglomerados documentais de outra espécie, dada a especificidade de sua natureza. "A teoria da natureza do material arquivístico deriva da análise de suas relações com o organismo produtor, com as funções e atividades deste organismo e com os direitos e obrigações das pessoas que interagiram com ele."¹²³

O fundo de arquivo tem origem teórica na formulação do princípio da proveniência (o que ocorreu pela primeira vez em 1898, no manual dos arquivistas holandeses), que é o que o torna testemunho do organismo acumulador, na palavra abalizada de Carol Couture. O princípio é a garantia do valor de prova (*evidential value*) e do valor de testemunho (*informational value*) de que tanto nos fala Schellenberg. "O fundo de arquivo não existe sem que seja aplicado o princípio da proveniência; ou, o documento que não é parte de um fundo tem um valor intrínseco de informação, sem que lhe seja aplicado este valor de testemunho ou de prova, pois o respeito ao princípio da proveniência é-lhe essencial."¹²⁴

Luciana Duranti demonstra, após analisar o desenvolvimento da arquivística científica a partir de meados do século XIX, que, sobretudo depois da década de 1940, todas as ideias teóricas sobre o material e as funções arquivísticas já haviam sido formuladas e articuladas repetidamente. Já eram compartilhados e conhecidos os conceitos de:

- arquivo como *universitas rerum*, isto é, como um todo indivisível e inter-relacionado das ações do seu criador;
- documentos arquivísticos como meios naturais, imparciais, autênticos, interpendentes e únicos, resíduos e evidências das atividades de seu criador;
- conexão arquivística como o vínculo original e necessário entre os documentos arquivísticos, determinado pelas funções, competências e atividades que os geraram;
- trabalho arquivístico como centrado primariamente no respeito e preservação dos fatos evidenciados pelos documentos, na integridade física e intelectual dos documentos como tais; na sua proveniência e ordem; na sua capacidade para servir como evidência e garantia de responsabilidade administrativa, legal, histórica; e no seu caráter de fontes gerais para qualquer uso, interesse e pesquisa.

---

[123] Duranti, 1994.
[124] Couture e Rousseau, 1987.

O ano de 1841 é decisivo para o entendimento da chamada "teoria de fundos". Em atendimento a instruções internas do governo francês datadas de 1839, dirigidas aos arquivos ministeriais e depois estendidas aos arquivos departamentais e comunais, deveriam ser abandonados os velhos esquemas classificatórios temáticos. Estabelecia-se que documentos originários de uma determinada instituição, corporação ou família seriam agrupados e considerados o "fundo" daquela entidade. A proposta foi viabilizada no Ministério do Interior por Natalis de Wailly, a quem a arquivística atribui a autoria da teoria de fundos.

A classificação arquivística pelas estruturas organizacionais e seu funcionamento encontrou aceitação em todo o mundo, tendo Waldo Leland (Iowa, EUA), em 1912, enunciado a teoria de forma irrefutavelmente clara, tal como é conhecida hoje: "Cada órgão oficial é uma unidade administrativa e seus documentos formam um grupo homogêneo (um fundo, na terminologia dos países latinos) que reflete suas atividades. Esse grande grupo (fundo) naturalmente se divide em subgrupos (grupos), e estes em séries. Portanto, o princípio a ser observado é que os arquivos devem ser classificados de modo que reflitam, claramente, a organização e as funções que os produziram. Essa é a essência do famoso princípio do *respect des fonds* (ou da proveniência)".[125] A adoção universal e incontestável da teoria de fundos baseia-se em três fatores justificados por Schellenberg, e já abordados no capítulo 8, que são: a manutenção da integridade dos conjuntos documentais, o conhecimento do contexto e das circunstâncias de criação do documento, e a possibilidade de se poder contar com um critério universal seguro.

A qualidade orgânica dos conjuntos documentais arquivísticos, como é hoje entendida, vai além da "relação significativa" a que aludia Schellenberg relativamente ao arranjo dos documentos no fundo: arranjo como "processo de agrupamento dos documentos singulares em unidades significativas e o agrupamento em relação significativa de tais unidades entre si".[126] A organicidade, hoje, passa a ser compreendida como a "qualidade segundo a qual os arquivos refletem a estrutura, as funções e as atividades

---

[125] Ver Schellenberg, 1973b.
[126] Schellenberg, 1980b.

da entidade acumuladora em suas relações internas e externas", segundo o *Dicionário brasileiro de terminologia arquivística*. Na verdade, as duas concepções se completam: a primeira nos mostra como se comporta o interior do fundo, a segunda nos diz por quê. A organicidade fica evidente na relação entre a individualidade do documento e o conjunto no qual ele se situa geneticamente.[127]

Na "arquitetura orgânica dos documentos de arquivo, os pilares são o fundo, a série e o documento (unitário ou composto)", numa relação hierárquica similar à da própria entidade acumuladora. Essa relação, aliás, preside o enfoque pelo qual o teórico espanhol Romero Tallafigo vê o fundo e suas subdivisões: fundo como "reunião de séries documentais segundo uma procedência orgânica e institucional comum"; série como "uma divisão arquivística dentro de cada fundo (ou dentro de cada grupo) que tem por características de identidade determinados tipos documentais, uma origem funcional e competências comuns".[128]

Entendido o fundo como esse conglomerado documental orgânico, passemos às suas duas modalidades: ele pode ser aberto ou fechado. No primeiro caso, a acumulação é contínua, uma vez que os documentos de valor permanente passam a integrá-lo pouco a pouco, à medida que vencem os estágios anteriores de vigência e validade administrativa e jurídica; no segundo, a entidade produtora/acumuladora já encerrou suas atividades ou as teve tão substancialmente modificadas que justificam um encerramento do fundo e a abertura de outro. Para alguns teóricos, um fundo só está completo quando está encerrado. Como aponta Michel Duchein, em virtude disso, os arquivistas italianos não consideram como arquivos propriamente ditos (fundos) documentos da administração mais recente, uma vez que lhe negam o caráter de *universitas rerum*, ou seja, de conjunto encerrado, característica que, para eles, tipifica todo fundo de arquivo. Mas Duchein não concorda, afirmando que todo documento gerado por um organismo e por ele conservado pertence, desde sua criação, ao fundo do organismo, comprovando, assim, a existência desse fundo desde então, ainda que não completo

---

[127] Guaye, 1984:15-23.
[128] Tallafigo, 1994.

ou encerrado. Um fundo permanece aberto enquanto o organismo que o produz estiver em atividade, podendo tal situação prolongar-se por séculos. Nesse caso se enquadra, por exemplo, o fundo do Parlamento britânico, aponta Duchein.[129]

Revelado o perfil do fundo como conjunto documental procedente das atividades de determinado órgão, passemos a entender sua divisão interna. Esta corresponde às subdivisões desse órgão (formando os grupos e subgrupos) e, dentro destas, às séries documentais, havendo casos em que, pelas características peculiares da entidade, é possível passar diretamente às séries na classificação interna do fundo. As séries constituem a realidade palpável e concreta com que o arquivista vai trabalhar, uma vez que os níveis superiores correspondem ao órgão maior e a suas subdivisões, representando, na verdade, aglutinações de séries.

Ora, se estas se caracterizam por serem integradas por documentos do mesmo tipo documental (que representa a fusão entre a espécie documental e a atividade jurídica ou administrativa nele veiculada), evidencia-se que não podem ser desarticuladas, dispersas, selecionadas, nem ordenadas por critérios alheios à sua especificidade documental. As peças documentais — os documentos individuais que constituem as séries — reunidas em agrupamentos lógicos nas unidades de arquivamento são a menor unidade material arquivística. Vale reiterar: unidade material, já que a menor unidade orgânica é a série, por se acharem representadas em seus documentos uma coerência e uma uniformidade que refletem atos dispositivos ou comprobatórios de uma mesma atividade.

Contudo, tanto uma quanto a outra, são desprovidas de "sentido arquivístico" se fora do seu meio. Falo das peças dentro das séries, e, no âmbito mais amplo destas, do fundo. Note-se que essa concepção não tem nada a ver com a reunião física, formal, material. O que se considera, independentemente dessa presença física, é que houve e há um meio genético de produção e tramitação, no qual o documento unitário não pode estar isolado, ainda que virtualmente, sob o risco de se tornarem completamente prejudicados o seu uso, a sua interpretação e, principalmente, o seu valor de prova ou de testemunho.

---

[129] Duchein, 1982-86:14-33.

Neste sentido é que a arquivística, em todos os seus quadrantes, não pode aceitar o que se convencionou chamar de "dispersão de fundos". Convém, contudo, não confundir a "dispersão de fundos" com o fenômeno de transferência de competências ou atividades de um órgão para outro, ou mesmo com a criação de toda uma nova administração (caso dos municípios que são divididos em outros municípios, de novos estados criados em uma federação ou de países que se instalam a partir de sua independência de suas metrópoles colonizadoras). Nesse caso, o que se dá é o deslocamento da documentação vigente, a de primeira idade, e até a de segunda idade, sem cujas informações a nova atividade, o novo órgão, município, estado ou país estariam prejudicados em suas necessidades informacionais. Esses documentos são-lhes indispensáveis, porque informam sobre a sua proto-história e como tal figuram nos respectivos arquivos, que se iniciam com o funcionamento das entidades. Esse tipo de cessão não se configura como "dispersão".

Do ponto de vista metodológico, é perfeitamente correto que os arquivos cessantes (os relativos a atividades, entidades, órgãos ou mesmo regiões) tomem a data-limite inicial das séries cedidas como data-limite final das séries remanescentes e as encerrem. Tal encerramento pode dizer respeito a uma, a várias séries ou a todo um fundo ou fundos.

A dispersão ocorre quando, por motivos distintos dos já expostos, retiram-se documentos de uma série, séries de um fundo, fundos de um arquivo, para compor séries e fundos de outro arquivo. Não se está aventando a possibilidade de desaparecimento de documentos ou do desconhecimento do paradeiro de documentos, quando configurados como furto e, sim, o fenômeno quando realizado sob o pretexto de políticas ou de reorganizações arquivísticas baseadas em equívocos de ordem política, teórica, metodológica ou prática.

A dispersão indevida de documentos, tão veementemente negada pela metodologia arquivística, não o é pelas administrações que, de uma forma ou de outra, autorizam tal aberração. Pode até haver amparo legal, assim como o aplauso dos usuários, por comodidade. O que não pode haver é a aquiescência do arquivista responsável, quando se trate da dispersão dos documentos por ele custodiados. A atitude que lhe determina sua formação e sua ética profissional é a de oposição, protesto e esclarecimento junto às autoridades. Se houver textos legais que deem respaldo à dispersão, procurar meios jurídicos e políticos de alterar a situação.

As situações mais frequentes em que pode se dar alguma forma de dispersão de fundos são:

- sequestro e confisco de documentos, em casos de guerras ou conflitos armados entre países ou entre facções divergentes no mesmo país, o que provoca a saída daqueles registros de seu domicílio legal para as novas sedes governamentais, mesmo em outro país;
- avanço indevido, nos casos de separação territorial de municípios, estados, províncias ou países, no sentido de que os novos municípios, estados, províncias ou países se apossem de documentos mais remotos do que os estabelecidos pela data-limite acordada entre as partes. Como é de consenso, eles teriam direito aos documentos de produção recente, cujo conteúdo seria indispensável às novas gestões;
- obediência a determinações superiores pontuais e circunstanciais de caráter político, ainda que contrárias às disposições legais ou à tradição vigente;
- acatamento de determinações legais correspondentes a situações de época, figurando mesmo em atos normativos de maior peso jurídico como Constituição, estatutos e regimentos, significando obrigações e interesses de momento e discordantes das regras do direito e das metodologias da arquivística e da tradição histórica.

Princípios de direito internacional em matéria de arquivos acompanham os mesmos princípios gerais universalmente aceitos quando da anexação/separação de territórios. É normal a cessão de títulos de propriedade e de todos os documentos necessários à continuidade administrativa. "Os arquivos públicos, elementos do domínio público, seguem pois a sorte do território: é o princípio dito da territorialidade dos arquivos."[130] Atente-se, no entanto, que só os registros relativos à "continuidade" devem ser obrigatoriamente cedidos. Mesmo porque, arquivisticamente falando, é bastante problemático "separar-se", dentro de

---

[130] Bautier, 1970.

uma administração, apenas o que concerne a parte de seu território. Por outro lado, prejudica-se bastante os fundos mais antigos, desfigurando-se a época mais remota daquela administração. Contra essa desfiguração é que lutam os arquivistas. Com frequência, nesses casos, eles não encontram respaldo nem das autoridades, por seus interesses de caráter político, nem dos historiadores, favoráveis à "pertinência" (entendida como a entrega de documentos que concernem ao território em questão, sem que lhes pertença necessariamente). Aliás, em nome desse princípio, o *pertinenzprinzip* dos alemães, no século XIX, documentos foram extraídos de vários arquivos europeus para formar coleções temáticas em nome de identidades nacionais ou regionais.

A Convenção de Haia de 1954 prevê a proteção dos bens culturais em caso de conflito armado. No que diz respeito aos arquivos, uma série de pontos os coloca a salvo e sob proteção internacional. Entretanto, nos casos mais localizados em que a apropriação não recebe do direito internacional nenhuma proteção, muitos abusos já ocorreram. É bem verdade que, frequentemente, sabe-se de "reintegrações", citadas na bibliografia arquivística internacional, algumas já apresentadas ao público, até com grande pompa, como se viu em 1984, em Bonn, durante o X Congresso Internacional de Arquivos, quando foram devolvidos à Alemanha documentos confiscados pelos Aliados no fim da II Guerra Mundial.

Os especialistas chamam a atenção para o fato de que todo processamento que se dê à informação arquivística não pode se afastar dos princípios teóricos básicos da arquivística, devendo refletir sempre os princípios da proveniência e da organicidade na sua classificação e na ordenação interna dos fundos. Portanto, do ponto de vista teórico — com ou sem informática —, o princípio da proveniência é básico e indestrutível, mesmo que as informações se apresentem apenas em sua forma virtual. O arquivista deve estar profissionalmente preparado para isso. A "tecnologia da informação induz o arquivista a reinterpretar o princípio da proveniência, transformando-o em um paradigma metodológico que passa a focalizar uma ordem intelectual em vez de uma ordem física".[131] Portanto, no caso das dispersões de fundos, nem é preciso que elas se

---

[131] Thomassen, 1995.

deem fisicamente. Mas, ao se considerar intelectualmente um documento genuinamente pertencente a um fundo como de outro, por qualquer razão que seja, a distorção já foi cometida!

A reintegração de fundos faz-se necessária por se tratar da mais comezinha "justiça arquivística". Não se pode justificar a dispersão de fundos apelando-se para a proteção, o melhor tratamento técnico, o melhor servir ao historiador, e levando alguns documentos considerados mais preciosos para instituições de grande porte ou para centros urbanos mais desenvolvidos. Não se pode acenar com os recursos da tecnologia da informação, como *scanner*, microfilmagem ou digitalização, para "trocar" ou reter documentos de outro domicílio legal, outra proveniência e outro meio genético, distintos dos demais documentos custodiados por determinada entidade. Cada documento, em sua fase permanente de vida, deve ficar junto com os que tiveram o mesmo meio de produção/tramitação/acumulação.

Os centros de documentação que queiram ter em seu próprio recinto dados contidos em documentos diversos, estes sim podem recorrer a tecnologias da informação de toda ordem. Informática e telemática aí estão para servir à disseminação da informação.

Na teorização dos fundos e na análise da questão da sua dispersão é preciso reiterar as reflexões de Luciana Duranti sobre o fato de os documentos serem meios naturais, imparciais, interdependentes, únicos resíduos e prova das atividades do seu criador/acumulador, sendo a conexão arquivística um vínculo original e necessário entre os documentos arquivísticos, determinado pelas funções.[132] No caso dos documentos originais, que têm todas essas características, há uma existência palpável e não virtual, sendo, portanto, o lugar físico de sua permanência o seu legítimo domicílio legal.

Ademais, o documento arquivístico de valor permanente é um bem cultural móvel e componente do patrimônio documental nacional. Como tal, tem direitos devidamente assegurados à sua integridade física e, assim como as outras modalidades de bens culturais móveis, recebe o amparo legal quanto ao seu domicílio, guarda e proteção.

---

[132] Duranti, 1994.

A integralização de fundos de arquivo, assim como as informações dispersas que são de interesse para a história dos países contidas em diferentes fundos custodiados fora de seu território, como veremos adiante, são hoje uma das mais sérias preocupações da arquivologia no âmbito internacional.

Embora constituam variantes distintas — reunião material de documentos originais, reunião por meio de microformas ou reunião de informações por meio de referenciação (tradicional ou virtual) —, todas dizem respeito à mesma preocupação de proporcionar aos historiadores e aos cidadãos em geral o quadro mais completo de fontes que testemunhem a evolução nacional e viabilizem meios para sua identidade cultural através dos tempos.

A alusão a essa questão tem a ver com a necessidade de o arquivista procurar, por todos os meios, não medir esforços para tentar manter os documentos sob sua guarda, ou aqueles que deveriam estar, afastados de condições adversas.

Capítulo 11

O sentido da descrição documental

No âmbito dos estudos ligados à teoria e à prática do arranjo e da descrição de arquivos permanentes, assume lugar de proeminência o estabelecimento de um elo suficiente e necessário entre a indagação do pesquisador e sua solução, tornada possível pelos chamados instrumentos de pesquisa. Sua elaboração criteriosa, cuidada e precisa, rigorosa mesmo, é tarefa primordial do arquivista dos arquivos de terceira idade.

A descrição é uma tarefa típica dos arquivos permanentes. Ela não cabe nos arquivos correntes, onde seu correspondente é o estabelecimento dos códigos do plano de classificação — que acabam por servir de referência para a recuperação da informação —, assim como de outras categorias de controle de vocabulário e indexação que se usem para o mesmo fim. Tampouco a descrição faz sentido no âmbito dos arquivos intermediários, onde a frequência de utilização secundária é quase nula. Nesses depósitos, para fins de esclarecimento, de informações adicionais e de testemunho ainda decorrentes do uso primário, os instrumentos de busca resumem-se aos próprios planos de classificação, às listas de remessas de papéis, às tabelas de temporalidade e aos quadros gerais de constituição de fundos. Os conteúdos, a tipificação das espécies documentais, as datas-baliza, as subscrições, as relações orgânicas entre os documentos e a ligação entre função e espécie, enfim todos os elementos ligados às informações de interesse do historiador é que serão objeto do trabalho descritivo.

Poder-se-ia perguntar se a primordialidade do trabalho, na função arquivística, não caberia ao estabelecimento de fundos, quando do arranjo. Com efeito, nenhuma atividade que vise a transferência da informação deve ser iniciada sem que se pense antes num exato quadro de arranjo. Só ele pode proporcionar a indispensável correlação entre documentos da mesma série, entre séries do mesmo grupo, entre grupos do mesmo fundo. A descrição feita no "miúdo" — a que incide diretamente sobre o documento unitário, não levando em conta seu meio orgânico — dificilmente revela ao historiador o real significado do material analisado. Para que o trabalho descrito "flagre" realmente os conteúdos nos seus contextos de produção, o arranjo e sua ordenação interna devem estar corretos.

Se o fluxo da documentação, após sua utilização primária, obedecer aos critérios que permitem um perfeito andamento, o encaixe dos documentos em seus respectivos fundos, quando da passagem do arquivo intermediário para o permanente, far-se-á de forma natural e automática, não sendo tarefa que ocupe o arquivista cotidianamente. Já a descrição — a elaboração de guias, inventários, catálogos, índices e, esporadicamente, catálogos seletivos — é função permanente nos arquivos de custódia, e feita por seus arquivistas especializados. A otimização dos instrumentos depende também de que se saiba como trabalha o historiador e que vocabulário usa em suas indagações.

Os instrumentos de pesquisa são vitais para o processo historiográfico. Escolhido um tema e aventadas as hipóteses de trabalho, o historiador passa ao como e ao onde. Diante de um sem-número de fontes utilizáveis, a primeira providência, pela própria essência do método histórico, é a localização dos testemunhos. Para tanto, farão o seu papel as referências documentais em trabalhos publicados, o "colégio invisível" e o próprio conhecimento dos arquivos: as diferentes tipologias das instituições já definem as espécies documentais que guardam e possibilitam desenhar o perfil das informações contidas. Ir da análise crítica do material documentário até a síntese e a interpretação é o caminho a seguir.

O conhecimento prévio das fontes — a detecção do material de interesse — é proporcionado aos historiadores pelos arquivistas, através dos chamados instrumentos de pesquisa. Eles constituem as vias de acesso ao documento custodiado pelos arquivos permanentes, agindo como desencadeadores da pesquisa. Está claro que o documento de que o historiador fará uso pode transcender essa custódia, principalmente se se leva em conta que documentos de arquivos públicos administrativos são, em geral, documentos no sentido estrito e que a história se faz com muito mais que isso.[133]

Há *n* tipos de documentos no sentido lato, considerando-se os que não têm o papel como suporte e os que ultrapassam as fronteiras da arquivística tradicional. Tal estado de coisas recentemente tem dado origem a apelos por parte de certos historiadores franceses em favor de uma nova arquivística para uma nova história. Um redimensionamento das teorias arquivísticas tradicionais se impõe urgentemente em razão não só dos novos documentos informáticos como também da ampliação sem limites da pesquisa histórica. Mas é fora de dúvida que o "documento de arquivo", tradicional e consistente, ocupa lugar de destaque no trabalho historiográfico.

Os primeiros documentos escritos surgiram não com a finalidade de, posteriormente, se fazer com eles a história, mas com objetivos jurídicos, funcionais e administrativos — documentos que o tempo tornaria históricos. O desenvolvimento da vida econômica e social, por sua vez, também originou os documentos necessários às transações, e tudo isso veio a constituir fontes documentárias custodiadas pelos arquivos. Estes são, assim, desde a Antiguidade, "fonte direta, fundamental e indiscutível, à qual todo historiador deve recorrer".[134] Os arquivos permanentes devem, pois, estar munidos de um retrato credível de seu acervo, o que é conseguido através dos respectivos meios de busca.

Partindo-se das mais rudimentares listagens e dos inventários mais antigos, passando pela precisão e cientificidade do século XIX, até a racionalização, a funcionalidade e, em alguns casos, a sofisticação de

---

[133] "Declaração escrita revestida de forma determinada, sobre fatos de natureza jurídica" (Rodrigues, 1957, v. I., p. 339).

[134] Bautier, 1967:1.475.

nossos dias, os instrumentos de pesquisa têm percorrido *pari passu* os caminhos da historiografia.

Desde o século XIII, a arquivística registra a existência de inventários de documentos de várias comunas francesas. Muitos desses velhos instrumentos de pesquisa servem ainda hoje de base para a elaboração de novos instrumentos. No Brasil, existem desde fins do século XIX, porém em pequeno número e em editoração não sistemática.[135] A verdade é que carecemos de levantamentos gerais dos arquivos existentes no país e de seus fundos. Na sua falta, não se pode avaliar a arquivalia nacional brasileira. Os instrumentos com que contamos são fragmentados em relação ao todo, mas traduzem um heroico trabalho, não obstante ser isolado e lento. Além disso, apesar do elogiável esforço e da boa vontade com que foram feitos, alguns apresentam certa ambiguidade quanto à normalização arquivística internacional, notadamente quanto à terminologia.

O trabalho do arquivista precisa revelar-se ao historiador desde o seu primeiro momento no arquivo; é esse trabalho que deve proporcionar o encontro satisfatório entre pesquisador e documento, através dos instrumentos de pesquisa. A presença constante do arquivista junto à mesa do pesquisador não é necessária, a não ser em casos de esclarecimentos fortuitos.

Contrariamente, Schellenberg afirma, a respeito dos instrumentos de pesquisa, que "não conseguem esses, por bem-preparados que sejam, veicular todo o conhecimento que a mente do arquivista informado encerra. Nem têm como objetivo dispensar-lhe os préstimos. São simplesmente meios auxiliares, no verdadeiro sentido da palavra, e destinados a ajudar o pesquisador na localização dos materiais necessários. A experiência do arquivista é, sempre, imprescindível para achá-los mais fácil e copiosamente". Prosseguindo, o renomado arquivista norte-americano endossa as palavras de Boyd Shafer, da Associação Histórica Americana: "Talvez (...) se imponha aos historiadores inteirar-se de que não há substituto real para as relações pessoais entre eles próprios e quem tiver a custódia dos documentos importantes e específicos, e de que nenhum folheto de instruções pode fazer as vezes de algumas per-

---

[135] Basta ver o capítulo consagrado às bibliografias de fontes e às coleções de documentos em Rodrigues, 1957.

guntas oportunas dirigidas à pessoa que manipula os documentos dia sim, dia não".[136] É provável que "folhetos de instruções" não forneçam mesmo informações tão completas quanto as exigidas por um pesquisador experimentado, mas instrumentos de pesquisa bem-planejados e executados podem perfeitamente fazê-lo.

A execução de instrumentos de pesquisa não é, reconheça-se, tarefa fácil. Contudo, urge que os arquivistas levem em conta que a documentação produzida é cumulativa e cresce assustadoramente. A proliferação de documentos de toda ordem ameaça desabar sobre os arquivos, bibliotecas, centros de documentação e bancos de dados. Atualmente, é angustiante a preocupação de arquivistas, bibliotecários e demais profissionais da documentação, além também dos historiadores, com relação à apreensão de toda a massa de informação produzida.

Existe perplexidade não só com relação à quantidade de documentos, mas também com a própria tipologia documental. Uma gama infinita de novos testemunhos, de novas fontes que se abrem à pesquisa histórica começa a desafiar a família dos instrumentos de pesquisa e a sua estrutura clássica. Será que guias, inventários, catálogos e índices tradicionais refletem as novas fontes, as inquietações dos novos pesquisadores e as novas temáticas da história? Até onde a informática agilizará os meios de busca? Por outro lado, os documentos legíveis por máquina chegarão a ser rotineiros no trabalho arquivístico?

A qualidade de um arquivista transparece na precisão dos instrumentos de pesquisa que ele elabora e na medida em que seu trabalho satisfaz ao pesquisador. Ao tornar claro e profícuo o encontro entre documento e historiador, ele está cumprindo a missão que lhe foi confiada. Um instrumento de pesquisa incompleto pode esterilizar uma pesquisa, uma vez que o consulente não tem acesso ao acervo e que nenhum meio de busca será refeito, dada a vastidão da documentação a ser descrita.

Qualquer que seja a orientação do trabalho histórico, o pesquisador necessita que o texto seja colocado ao seu alcance. Cabe portanto ao ela-

---

[136] Schellenberg, 1980a:203-204.

borador da descrição apreender, identificar, condensar e, sem distorções, apresentar todas as possibilidades de uso e aplicação da documentação por ele descrita. Se o historiador deve submeter-se às coordenadas que limitam seu trabalho, isto é, à existência de documentos utilizáveis e à lógica da sua própria análise, interpretação e síntese, o arquivista, por seu conhecimento do acervo e por sua técnica de descrição, indexação e resumo, pode fornecer-lhe elementos que, muitas vezes, permaneceriam para sempre ignorados, gerando lacunas, distorções graves ou mesmo fatais para a historiografia.

Só um arquivo munido de um guia geral de fundos, inventários e catálogos parciais, e cuja equipe de arquivistas possa preparar em tempo razoável catálogos seletivos e edições de textos, quando pertinentes, estará cumprindo sua função junto à comunidade científica e ao meio social de que depende e a que serve.

Capítulo 12

O processo da descrição: a norma Isad (G) e os instrumentos de pesquisa

O arranjo em fundos torna o arquivo permanente organizado e lógico, mas a descrição é a única maneira de possibilitar que os dados contidos nas séries e/ou unidades documentais cheguem até os pesquisadores.

Não se trata mais da utilização do documento pelo produtor, do seu valor primário, ligado à própria razão de ser do ato escrito consignado no documento; a descrição destina-se àquele cuja tarefa é explorar o que restou, após ter-se cumprido a finalidade administrativa ou jurídica do ato. Abre-se uma potencialidade informacional — valor secundário do documento — infinitamente mais ampla do que a estrita razão funcional que motivou a geração do documento, e sem o comprometimento jurídico que o valor primário necessariamente carrega.

O processo da descrição consiste na elaboração de instrumentos de pesquisa que possibilitem a identificação, o rastreamento, a localização e a utilização de dados.

Como os depósitos de arquivos, obviamente, nunca são de livre acesso, seu potencial de informações só chega ao usuário via instrumento de pesquisa. "A massa de informações contidas em um arquivo só tem utilidade quando instrumentos de pesquisa que permitam o acesso a ela são difundidos entre os usuários."[137] Portanto, a partir do arranjo, as tarefas operacionais são, obrigatoriamente, a descrição e a disseminação da informação. Só assim se chega à exploração dos fundos — a grande meta dos arquivos permanentes, pelo menos daqueles que não se limitam à custódia patrimonial.

Os instrumentos de pesquisa são, em essência, obras de referência que identificam, resumem e localizam, em diferentes graus e amplitudes, os fundos, as séries documentais e/ou as unidades documentais existentes em um arquivo permanente. A denominação "instrumentos de pesquisa" é a usual no Brasil e vem do francês *instruments de recherche*, embora a arquivística francesa também adote a expressão *instruments de travail*. Alguns espanhóis também usam *instrumentos de trabajo*, mas a maioria dos teóricos e profissionais da Espanha adota o termo *instrumentos de descripción*. Os arquivistas portugueses e dos países lusófonos africanos chamam de *meios de busca* esses componentes do conjunto de instrumentos que nos dão acesso intelectual ao documento. Na arquivística de língua inglesa, a denominação utilizada para essas mesmas publicações é *finding aids*.

Há instrumentos de pesquisa genéricos e globalizantes, como os guias, há os parciais, que são detalhados e específicos, tratando de parcelas do acervo, como os inventários, catálogos, catálogos seletivos e índices, e há também a publicação de documentos na íntegra, a chamada "edição de fontes".

Vale lembrar que existem ainda os instrumentos de uso interno, que orientam e subsidiam o trabalho do arquivista quanto ao arranjo e à descrição dos documentos, como as listagens que acompanham os recolhimentos; os esquemas da evolução administrativa; os organogramas atuais dos órgãos cuja produção documental se deve recolher; os quadros gerais de fundos, grupos e séries; as tabelas de temporalidade, usadas originariamente nos arquivos centrais e intermediários (para que se tenha a dimensão e a identificação das baixas sofridas); os fichários de controle de vocabulário da indexação etc.

---

[137] Baudot, 1970:243.

Quanto aos instrumentos de pesquisa por definição, aqueles destinados ao público como meio de acesso informacional ao acervo, eles devem constituir uma espécie de família hierárquica, na qual o guia ocupa o vértice. Tendo um guia geral, o arquivo poderá dispor do tempo necessário para ir efetivando, criteriosamente, seus trabalhos de descrição parcelada.

A norma Isad (G)

Tradicionalmente, as operações básicas da descrição eram a identificação do arquivo, do fundo ou da parte dele a ser trabalhada; a caracterização diplomática, jurídica e administrativa dos tipos documentais; os limites cronológicos e quantitativos das séries (se na vertente sumária); ou o resultado da análise documentária e da indexação (se na analítica) e, finalmente, a localização do documento no acervo por meio de códigos topográficos. Hoje em dia, após a orientação do Conselho Internacional de Arquivos para que a descrição seja feita no sistema de níveis, esses elementos continuam ainda sendo essenciais, mas em outra ordem e com outra apresentação. Trata-se das normas de descrição estabelecidas pelo conselho a partir de estudos que já vinham sendo feitos, principalmente na Inglaterra e no Canadá, e que culminaram na apresentação em 2000, após algumas edições prévias a partir de 1992, da *International Standard Archival Description (General)* — a Isad (G) —, cuja tradução, na terminologia brasileira, consagrou-se como: Norma Geral Internacional de Descrição Arquivística.

Desde a década de 1980, alguns arquivistas, sobretudo os congregados na Associação dos Arquivistas Canadenses, e o professor de arquivística da Universidade de Liverpool, na Inglaterra, Michael Cook, pareciam se perguntar em relação à descrição o mesmo que Schellenberg se perguntara alguns anos antes relativamente ao arranjo: por que não uma harmonização universal? Por que não adotar normas internacionais num segmento metodológico no qual a teoria arquivística não fosse arranhada? Essa também era uma preocupação do Conselho Internacional de Arquivos (CIA), tanto que este acabou por designar uma comissão *ad hoc* para propor as referidas normas. Subgrupos começaram a trabalhar desde 1990, contando com representantes de diversos países, incluindo o principal teórico do tema em foco, o professor Michael Cook.

A comissão desenvolveu seus trabalhos em reuniões sucessivas e apresentou versões prévias, que receberam críticas e novas sugestões. Em 1996, a comissão tornou-se um comitê permanente do CIA e em 1999 surgiu a edição definitiva do trabalho, que foi divulgada no XIV Congresso Internacional de Arquivos de Sevilha, realizado em setembro de 2000. A versão brasileira foi preparada por um grupo de trabalho do Arquivo Nacional a partir de 1998, tendo sido publicada em 2001 uma segunda edição.[138]

O marco teórico da norma é a relação hierárquica, já preconizada anteriormente na descrição arquivística, e agora denominada estrutura multinível. A descrição em níveis, do geral para o particular, foi apresentada ainda nos anos 1980 no celebrado *Manual de descrição arquivística* de Michael Cook. Do ponto de vista da teoria arquivística, o mais importante na Isad é justamente o respeito que ela permite aos princípios da proveniência e da organicidade. A sucessão de campos e subcampos que vão se abrindo, tornando a descrição proporcionalmente detalhada, propicia racionalidade na elaboração e no uso, e facilidade de acesso e de entendimento mútuo entre os arquivos que optaram pela norma.

O objetivo da Isad (G) é estabelecer diretrizes gerais para a preparação de descrições arquivísticas, podendo ser usada juntamente com as normativas nacionais dos vários países-membros do CIA. Essas diretrizes abarcam a identificação do nível dos documentos que se quer descrever (se do arquivo como um todo, se de grupos ou seções, séries ou itens/ peças documentais), do contexto, dos caracteres extrínsecos e intrínsecos dos documentos e de seus conteúdos.

Cada nível do arranjo corresponde a um nível de descrição: fundo, grupo ou seção (seção, na tradução feita pelo Arquivo Nacional brasileiro), série e item ou peça documental. Os elementos das respectivas descrições são designados por áreas, a saber:

---

[138] Conselho Internacional de Arquivos, 2001 (versão brasileira da 2ª edição aprovada em 1999); ver também Lopez, 2003.

❏ área de identificação (nome e nível da unidade que está sendo descrita; suas datas de produção ou datas-limite, segundo o caso; sua dimensão e sua codificação, se houver);
❏ área de contexto de produção (nome da entidade/pessoa física, história administrativa/biografia, história custodial (ou arquivística) e origem do recolhimento/aquisição);
❏ área de conteúdo e estrutura (os assuntos tratados e as espécies documentais componentes, de modo a demonstrar as potencialidades de pesquisa; o arranjo interno e informações sobre alterações na dimensão do conjunto);
❏ área de acesso e uso (condições legais, estado físico do suporte, idiomas, outras descrições já publicadas);
❏ área de fontes relacionadas (documentos de interesse relacionados aos descritos);
❏ área de notas (outras informações importantes que não se acham nas outras áreas).

Só a descrição assim normalizada atingirá a desejada normalização universal e terá todas as condições para ser feita facilmente, de modo informatizado e uniforme.

O exemplo a seguir permitirá acompanhar de forma mais clara a sucessão de dados descritivos preconizados pela norma Isad. Paralelamente, serão mostradas as maneiras mais tradicionais de elaborar instrumentos de pesquisa. Isto porque a feitura de instrumentos no formato Isad não invalida de modo algum os instrumentos de pesquisa de uso já consagrado. A evidente adaptabilidade do novo sistema a programas informáticos indica que, em futuro não muito distante, ele será praticamente a única forma de acesso informacional aos documentos. Por outro lado, é perfeitamente possível a convivência entre as duas maneiras de descrever documentos de arquivo, com iguais níveis de êxito, a fim de atender satisfatoriamente à necessidade de informação dos consulentes.

Nesta 2ª edição de *Arquivos permanentes*, a explanação sobre instrumentos de pesquisa abarca um modelo de aplicação da nova norma, mas conserva os modelos tradicionais constantes da 1ª edição, com algumas supressões e acréscimos.

Descrição pela norma Isad (G) do Fundo Conselho Geral da Província de São Paulo da Divisão do Acervo Histórico da Assembleia Legislativa do Estado de São Paulo[139]

1. *Área de identificação* (1.1 Código identificador; 1.2 Título da unidade de descrição; 1.3 Data-limite; 1.4 Nível de descrição; 1.5 Suporte e dimensões).
   1.1. BR AALESP FCGP
   1.2. Fundo Conselho Geral da Província
   1.3. 1824-1834
   1.4. Fundo
   1.5. 2,5 metros lineares/16 caixas de documentos
2. *Área de contextualização* (2.1 Nome do produtor; 2.2 História administrativa/biografia do titular, no caso de arquivo pessoal; 2.3 História custodial ou arquivística; 2.4 Procedência).
   2.1 Brasil. Conselho Geral da Província de São Paulo.
   2.2 Criado em 1824, a partir de determinação da Constituição do Império (25-3-1824), o Conselho Geral da Província de São Paulo era formado por 21 membros e tinha como principal objetivo "propor, discutir e deliberar sobre os negócios mais interessantes de suas províncias, formando projetos peculiares e acomodados às suas localidades e urgências" (art. 83). Os conselhos gerais de província funcionaram até 1834, quando o Ato Adicional à Constituição os extinguiu, criando as assembleias legislativas provinciais.
   2.3 O fundo reúne documentos do extinto Conselho Geral da Província de São Paulo, que é o órgão que antecede a Assembleia Legislativa Provincial de São Paulo, documentos que sempre estiveram no Arquivo Histórico da assembleia, mas de modo muito desfalcado, provavelmente em razão de incêndios e inundações que as instalações da assembleia sofreram, tanto em seu antigo edifício, o Palácio Nove de Julho, no Parque D. Pedro, quanto no Palácio 9 de Julho, no Ibirapuera, ambos na cidade de São Paulo.

---

[139] Agradeço à arquivista Márcia Pasim os dados referentes à aplicação da norma Isad (G) ao Fundo "Conselho Provincial".

2.4 Quando a Assembleia Legislativa Provincial iniciou seus trabalhos em 1824, estes documentos já se achavam em seu arquivo.
3. *Área de conteúdo e estrutura* (3.1 Âmbito e conteúdo; 3.2 Avaliação, eliminação, temporalidade; 3.3 Incorporações; 3.4 Sistema de arranjo).
   3.1 Documentos da Secretaria Geral (referentes às atividades-meio) e os da mesa, das sessões e das comissões ordinárias e das comissões extraordinárias (referentes às atividades-fim) do conselho, que tinha atividade legislativa, mas sem autonomia, uma vez que todas as resoluções deviam ser encaminhadas ao Governo Imperial e à Assembleia Geral no Rio de Janeiro. O conselho aprovava as contas das câmaras municipais, as posturas municipais e os regulamentos das instituições municipais, tais como cemitérios, matadouros, jardins etc.; também devia aprovar o orçamento provincial e por ele passavam as solicitações de verbas ao governo.
   3.2 Trata-se de fundo fechado do século XIX, não mais passível de avaliação e eliminação.
   3.3 Trata-se de fundo fechado do século XIX, não mais passível de incorporações.
   3.4 Sistema de arranjo: foram estabelecidos três grupos: Grupo Secretaria Geral (com 14 séries); Grupo Comissões Ordinárias (com cinco subgrupos, e suas respectivas séries) e Grupo Comissões Extraordinárias (com cinco subgrupos e suas respectivas séries).
4. *Área de condições de acesso e uso* (4.1 Condições de acesso; 4.2 Condições de reprodução; 4.3 Idioma; 4.4 Características físicas; 4.5 Instrumentos de pesquisa).
   4.1 A documentação foi digitalizada e está disponível para consulta em meio eletrônico.
   4.2 A reprodução dos originais depende de autorização.
   4.3 Português.
   4.4 A documentação é constituída de documentos manuscritos, em folhas avulsas ou em cadernos de tamanho ofício ou menor. A tinta predominante é a ferrogálica.
   4.5 Guia do Acervo Histórico. São Paulo: Alesp, 2001.
5. *Área das fontes relacionadas* (documentos de interesse relacionados aos descritos).

Fundo Assembleia Legislativa Provincial de São Paulo. Acervo Assembleia Legislativa do Estado de São Paulo. Divisão de Acervo Histórico.

6. *Área das notas* (outras informações importantes que não se acham em nenhuma das outras áreas).

Para obter maior detalhamento sobre os documentos deste fundo buscar descrição no nível dos grupos e subgrupos.

7. *Área de controle da descrição* (informações sobre o trabalho de descrição).

Descrição realizada em 2000 de forma digital pela equipe da Divisão do Acervo Histórico da Assembleia Legislativa do Estado de São Paulo.

Para a descrição do nível dos grupos ou seções, abrangendo o conteúdo dos subgrupos ou subseções e das séries, a única mudança substancial ocorreria nos itens 3.1 e 3.4, devendo constar de seu enunciado o seguinte:

1. *Grupo Secretaria Geral* (1826-1834 — duas caixas): contendo documentos referentes à administração geral do conselho, como a correspondência de encaminhamento de documentos de ou para outros órgãos do Governo Provincial, registros de protocolos, instruções da Secretaria de Estado de Negócios do Império. Também constam deste grupo documentos referentes ao trâmite das decisões tomadas pelo conselho, que, não possuindo a autonomia necessária à atividade legislativa, devia remeter todas as suas resoluções ao Governo do Império e à Assembleia Geral. Tais documentos são: representações, requerimentos, resoluções, propostas, além de cópias de decretos do Governo Imperial.

    Séries

    Anotações de mesa (1828-1829): contém relações e resumos dos trabalhos das sessões.

    Atas de sessão (1829): contém manuscritos das atas das sessões do Conselho Geral da Província.

    Correspondência (1828-1834): contém ofícios e cartas avulsos recebidos pelo conselho referentes a encaminhamento de documentos por outros órgãos do Governo Provincial e outras províncias, e congratulações pelo início dos trabalhos. Contém também minutas de ofícios enviados para órgãos do governo e particulares.

Declarações de voto (1828-1829): declarações de voto em separado de conselheiros em diversas sessões.

Decretos do Governo Imperial (1828-1834): impressos contendo decretos do Governo Imperial sobre diversas matérias de interesse do Conselho Geral da Província. A função desses documentos não ficou completamente clara. Mas trata-se possivelmente de utilidade limitada a algum período ou procedimento ocorrido na década de 1830.

Emendas (1829-1834): contém algumas emendas a projetos de resolução e propostas de conselheiros.

Indicações (1828-1834): contém solicitações de encaminhamento de matérias para outras instâncias governamentais, de acordo com as competências constitucionais.

Instruções da Secretaria de Estado de Negócios do Império (1830-1833): contém ofícios recebidos da Secretaria de Estado de Negócios do Império, com informações e instruções sobre matérias enviadas para deliberação.

Pareceres do Conselho Geral (1828-1834): contém pareceres da mesa referentes a diversas matérias, após deliberação em sessão.

Propostas (1828-1834): contém propostas dos conselheiros para a elaboração de projetos. Como o Conselho Geral da Província não tinha autonomia legislativa, os projetos tomavam a forma de propostas, a serem deliberadas e sancionadas pela Assembleia Geral Legislativa.

Registros de protocolo (1828-1832): contém relações de documentos recebidos e remetidos pela Secretaria Geral do Conselho, para controle do arquivo.

Representações (1829-1834): contém minutas e projetos de representações a serem enviadas ao Governo Imperial sobre matérias de deliberação.

Requerimentos de conselheiros (1828-1834): requerimentos de encaminhamento de matérias de discussão, internamente ou para outros órgãos do governo.

Resoluções (1829-1834): contém projetos de resolução sobre diversas matérias a serem enviadas ao Governo Imperial para sanção.

2. *Grupo Comissões Ordinárias*

Subgrupo Comissão Permanente (1824-1834 — quatro caixas): primeira comissão especialmente criada para análise e discussão das solicitações das câmaras municipais e particulares, contém pareceres e requerimentos relativos a Constituição e Justiça, Indústria e Obras Públicas, Instrução Pública, solicitações de verbas, além de solicitações específicas das câmaras municipais.

Séries

Pareceres e requerimentos (1824-1834): contém documentos relativos a solicitações das câmaras municipais nas mais diversas áreas, como Constituição e Justiça, Indústria e Obras Públicas, Instrução Pública, solicitações de verbas, alterações de divisas e outras.

Subgrupo Contas e Fazenda (1826-1834 — quatro caixas): contém dossiês de aprovação de contas de câmaras municipais, orçamento provincial e requerimentos relativos a solicitação de verbas.

Séries

Dossiês de prestação de contas das câmaras municipais (1826-1834): dossiês contendo balanços e orçamentos de receita e despesa das câmaras municipais, além de parecer de aprovação de contas pelo conselho.

Orçamento provincial (1830-1834): estudos e minutas para a elaboração das leis do orçamento provincial e do orçamento municipal, contendo previsão de receita e despesa para o período seguinte.

Pareceres e requerimentos (1829-1834): contém solicitações de dotação de verbas e empréstimos para diversos fins, como realização de obras públicas, cobertura de déficit orçamentário, aumento de vencimentos de funcionários públicos.

Subgrupo Posturas (1826-1834 — uma caixa): contendo requerimentos e projetos de posturas municipais, além de regulamentos de funcionamento de instituições municipais (cemitérios, jardim público, praça de mercado etc.).

Séries

Propostas de posturas municipais (1829-1834): contém dossiês referentes a aprovação e alterações de códigos de posturas municipais, regulamentos específicos de instituições municipais, como cemitério, matadouro público, jardim etc. Todos os dossiês contêm pareceres, requerimentos e os artigos ou códigos de posturas para alteração ou aprovação.

Subgrupo Estatística (1826-1834 — 1/2 caixa): contendo requerimentos e pareceres sobre elevação de categoria de núcleos urbanos e estabelecimento de divisas territoriais.

Séries

Pareceres e requerimentos (1828-1834): contém documentos referentes a solicitações de elevação de categoria de localidades, de capelas curadas para bairros, freguesias, vilas etc.; fixação e alteração de divisas; e solicitações de transferência de jurisdição e de anexação de território.

Relatórios informativos (1829-1833): contém relatórios apresentados pelos distritos e vilas, com dados como limites e divisas, existência de freguesias e capelas que podem ser elevadas. Esses relatórios estão possivelmente ligados à elaboração da estatística provincial.

Subgrupo Comissão de Redação (1829-1834 — uma caixa)

Séries

Pareceres e minutas de textos legais (1829-1834): esta série contém minutas de propostas e projetos de resolução e representação enviados à Comissão de Redação para análise e padronização do texto, e posterior aprovação em sessão.

3. *Grupo Comissões Extraordinárias*

Subgrupo Caminho de Santos (1824-1834 — duas caixas): comissão formada para acompanhamento e fiscalização das obras de construção do caminho de Santos.

Séries

Dossiês de prestação de contas e andamento de obras (1819?-1834): relatórios de receitas e despesas das obras de construção da estrada e relatórios de acompanhamento da obra.

Subgrupo Fala (1829-1832 — um pacote): comissão formada para discussão e análise das providências a serem tomadas a respeito das necessidades apresentadas pelo presidente da província durante a fala de abertura das sessões.

Séries

Pareceres (1829-1832): contém pareceres de comissão sobre providências relativas aos assuntos apresentados pelo presidente da província.

Subgrupo Poderes (1824-1834 — 1/2 caixa): contendo pareceres e documentos referentes à eleição dos conselheiros.

Séries

Pareceres (1830-1832): contém pareceres da comissão sobre a eleição e a diplomação de conselheiros.

Solicitação de dispensa (1828-1832): contém ofícios e pareceres de solicitação de dispensa dos trabalhos do conselho por conselheiros eleitos.

Ofícios de diplomação (1835-1883): cópias de ofícios enviados aos deputados eleitos, acompanhando os diplomas. Em anexo, constam cópias das atas de apuração geral, contendo a lista dos deputados eleitos e os votos que cada um obteve.

Diplomas (1828): contém diplomas de conselheiros eleitos. Trata-se, possivelmente, de documentos que não foram remetidos aos destinatários em virtude de solicitação de dispensa do cargo.

Subgrupo Dízimos: comissão especial criada para avaliar questões tributárias.

Séries

Pareceres (1830-1831): contém pareceres sobre o rendimento e a cobrança de diversos impostos.

Subgrupo Polícia: comissão criada para a análise e a solução de questões administrativas do conselho.

Séries

Pareceres e requerimentos (1828-1833): contém documentos referentes ao estabelecimento das despesas de expediente do conselho e solicitações de providências administrativas.

Instrumentos de pesquisa

Guia

Na família dos instrumentos de pesquisa, o guia é o mais abrangente e o mais "popular", pois está vazado numa linguagem que pode atingir também o grande público e não especificamente os consulentes típicos de um arquivo: historiadores e administradores. A estes devem ser fornecidos, com detalhamento progressivo, além do guia, instrumentos de pesquisa mais específicos e determinados.

"O guia de arquivo tem por finalidade propiciar uma visão de conjunto dos serviços de arquivo, de modo a permitir ao pesquisador saber quais são seus recursos, a natureza e o interesse dos fundos que ele abriga, os instrumentos de pesquisa de que dispõe e as fontes complementares. É um instrumento de pesquisa descritivo e feito com espírito prático."[140]

Para os fins deste trabalho, entende-se por guia aquele referente aos fundos de um só arquivo e não, por exemplo, aquele guia dos arquivos públicos brasileiros que dá as características gerais dos vários repositórios de documentação administrativa do país. Também não vamos nos ater ao tipo guia de fontes — um levantamento de documentos selecionados em vários fundos, ou até mesmo em vários arquivos, sobre um tema (por exemplo, guia de história da música: fontes em arquivos de São Paulo). Um instrumento desse tipo, e que é um trabalho muitíssimo bem elaborado por uma equipe categorizada do Conselho Internacional de Arquivos/Unesco, é o *Guia de fontes para a história da América Latina*, cobrindo as fontes existentes em arquivos europeus, e que já tem

---

[140] Os franceses distinguem *guide* (instrumento para orientar os leitores no conhecimento e exploração dos fundos de arquivo) de *état général* (resumo de todos os fundos e coleções de um arquivo ou de um conjunto de arquivos) e de *état sommaire* (resumo dos grupos, séries e subséries de um ou mais arquivos). Já os países de língua inglesa adotam *guide* ou *sectional guide* se o instrumento for concernente a frações menores que os fundos, o mesmo praticando os espanhóis (*guía* e *guía de sección*). Os italianos têm o *guida*, que corresponde ao *guide* francês, reservando a denominação *indice generale* para o *état général* dos franceses e *indice sommario* para o *état sommaire* (os dados são do capítulo concernente aos instrumentos de pesquisa do *Elsevier's lexicon...* 1964).

volumes publicados sobre Espanha, Holanda, Bélgica, Vaticano e Suécia, devendo surgir outros mais. No que diz respeito a esse tipo de guia, o Brasil passou a contar, no século XXI, com guias de fontes existentes no exterior, como veremos no adendo ao capítulo 18, quando for abordado o projeto Resgate.

O guia de que trataremos diz respeito, basicamente, a um só depósito devidamente configurado como armazenador de documentação administrativa estática, isto é, em idade histórica. A normalização da edição do guia dos fundos de um arquivo e suas formas de divulgação são os objetivos deste segmento. Evidencia-se, assim, que as sugestões aqui apresentadas estão voltadas para arquivos do tipo permanente ou histórico.

Sendo o instrumento de pesquisa que visa sobretudo "a orientação dos pesquisadores no conhecimento e na utilização do acervo do arquivo",[141] o guia serve também para divulgar e promover o arquivo junto aos meios escolares, administrativos e culturais em geral — os da comunidade, enfim —, uma publicidade que pode redundar na transformação de alguns elementos dessa comunidade em integrantes do primeiro tipo de público — o dos historiadores.

Cinco vertentes de dados devem ser abrangidas pelo guia:
- os referentes ao arquivo no sentido tópico: localização e funcionamento; exigências para ingresso; encaminhamento do usuário segundo o tipo de pesquisa a que se propõe; organização interna da instituição em breves informações etc.;
- os referentes ao arquivo como instituição integrante de um todo administrativo dentro das três possibilidades — arquivos municipais, arquivos estaduais e arquivos nacionais —,[142] seu histórico, sua posição

---

[141] Que é justamente como define "guia" a terminologia arquivística brasileira, adotada pela Associação dos Arquivistas Brasileiros. Cf. Miguéis, 1976. O projeto 14:04.01 da Comissão de Estudo de Terminologia Arquivística da Associação Brasileira de Normas Técnicas confirma a mesma conceituação (1982).

[142] Não nos preocuparemos com os arquivos econômicos e/ou sociais, ligados à iniciativa privada, mesmo os de idade histórica. Trata-se aqui de normalizar a elaboração de guias de arquivos públicos permanentes nos três níveis de administração, muito embora a sistemática da elaboração de um guia possa ser adotada, com as devidas ressalvas, para os arquivos históricos particulares (econômicos, sociais ou de pessoas).

na hierarquia governativa; sua jurisdição, suas repartições, seu pessoal técnico e científico;
- os referentes aos fundos: o quadro que formam e as informações pertinentes a cada um deles, isto é, condições de recolhimento, datas extremas, síntese das séries que comportam etc.;
- os referentes aos serviços paralelos prestados pelo arquivo: os de ordem prática, como microfilmagem, encadernação, restauração, reprografia etc.; e os de ordem cultural: cursos, conferências, exposições, simpósios;
- os referentes ao conjunto das fontes contidas em seu acervo como potencial de informação histórica, destacando-se temas e épocas em que a consulta ao acervo em pauta é indispensável e/ou temas que podem ser pesquisados em outros arquivos, fornecendo o nome desses outros arquivos, cujo material completaria seu conjunto de informações. Outra informação pertinente é a relação dos instrumentos de pesquisa de que o arquivo está dotado, fazendo-se referência até aos ainda em andamento.

O conjunto das informações requeridas pelo Conselho Internacional de Arquivos para a edição do *Anuário de arquivos*,[143] que engloba instituições arquivísticas de todo o mundo, já constitui um modelo de guia, pois cobre os vários setores que podem interessar a pesquisadores e/ou a visitantes. O conjunto de informações compreende:

1. Nome do Arquivo.
2. Endereço.
3. Telefone.
4. Dias e horas de consulta.
5. Férias e feriados.
6. Se a consulta é paga ou gratuita.
7. Se há restrições à consulta.
8. Se existe um serviço de informações.
9. Se pratica empréstimos de arquivo a arquivo.
10. Se possui laboratório de microfilmagem.

---

[143] Saíram edições em 1955 e 1972.

11. Se possui aparelhagem para leitura de microfilmes.
12. Nome do diretor e seus colaboradores diretos.
13. Qual a importância de seus fundos (área/assunto).
14. Quais as datas dos documentos mais antigos.
15. Se o acervo tem caráter estritamente histórico ou não.

As regras francesas de elaboração de guias de arquivo,[144] às quais devem obedecer todos os arquivos departamentais (uma vez que na França existe uma única orientação técnica para todo o país, oriunda dos Archives Nationales), parecem bastante claras, lógicas e racionais. Segundo elas, em todo guia devem figurar:

1. Introdução. Informações gerais e práticas.
2. Histórico do arquivo e de seus fundos.
3. Se conta com instrumentos de pesquisa. Quais?
4. Descrição sumária dos fundos.
5. Descrição sumária da biblioteca auxiliar do arquivo.
6. Descrição sumária de seus serviços educativos.[145]
7. Descrição sumária de seus serviços de reprodução.
8. Localização, em outros arquivos, de documentos de conteúdo afim ao do seu próprio acervo.

Depreende-se que o item 1 dos franceses corresponde aos 11 primeiros das normas do *Anuário* e que os itens 2 e 4 correspondem aos três últimos arrolados pela publicação do CIA.

Ao se eleger o aproveitamento dessas duas sistemáticas para a elaboração de guias de arquivos públicos (acrescentando-lhes outros itens que se julgue pertinentes) como modelo ideal e passível de ser adotado, deve-se ponderar que a ele podem ser anexados ou suprimidos elementos, evitando-se assim qualquer rigidez de normalização, prática incabível em arquivística.

O importante é que a composição do guia não deixe de lado três itens fundamentais: uma introdução, informações sobre o arquivo como

---

[144] Publicadas no número 17 da revista *Archivum* (Paris, 1971).
[145] Os arquivos departamentais da França costumam ter um serviço de assistência ao ensino secundário e à comunidade em geral dentro dos programas de educação continuada. Ver capítulo 14, referente à assistência educativa em arquivos.

instituição, e dados relativos aos fundos e aos serviços que presta. É também aconselhável que se incluam fotografias, que podem ser do edifício, de sua fachada, dos depósitos, da sala de leitura ou de alguns documentos ilustrativos. A estrutura ideal do guia deve ser a seguinte:

1. *Introdução*
    1.1 Identificação do arquivo e seu funcionamento: deve constar o nome completo da instituição, sua dependência jurídico-administrativa, endereço, telefone, horário de funcionamento, exigências para ingresso.
    1.2 Pequeno histórico da instituição e de seus fundos: origem administrativa do material que lhe compete recolher, datas extremas dos documentos,[146] breve descrição dos prazos e das sistemáticas de recolhimento.
    1.3 Divisão interna do arquivo, com resumo das funções de suas várias repartições. Se não se adotar esse critério, pode-se simplesmente reproduzir o organograma do arquivo.
2. *Informações relativas aos fundos*
    2.1 Breve descrição de cada fundo na ordem do arranjo geral do arquivo, mencionando-se em primeiro lugar os fundos fechados. A descrição deve conter o título do fundo no arquivo, sua origem, datas, enumeração de suas séries e o tipo de acondicionamento (códices, latas, caixas, maços), informando-se a quantidade dessas unidades de arquivamento. Os documentos excessivamente danificados e, portanto, interditados à consulta, devem ser assinalados no guia, informando-se ainda se há microfilmes correspondentes à disposição dos interessados.
    2.2 Os instrumentos de pesquisa parciais (inventários, índices etc.), quando houver, devem ser referenciados com citação bibliográfica completa; se virtuais, quais os *sites* de acesso; os de edição provisória e/ou preliminar, seja na forma de fichas, de páginas ou de

---

[146] Se a normalização arquivística for obedecida, documentos com mais de 25 anos devem ser recolhidos. Evidencia-se assim que o guia deve ter novas edições, de tempos em tempos, com a atualização dos fundos recém-entrados.

livros manuscritos, devem também ser citados e apresentados em suas respectivas condições formais.

2.3 No caso de certos fundos, deve-se indicar a existência de documentação semelhante, de interesse para o estudo do mesmo assunto, função ou órgão a que se referem, quando esta estiver armazenada em outros arquivos e/ou centros de documentação.

2.4 Neste item, os consulentes devem ser informados se o arquivo possui "microfilmes de complemento", isto é, documentos legitimamente pertencentes a outros arquivos, mas que, por seu estrito relacionamento com a documentação a que se reporta o guia, estão à disposição, *in loco*, para leitura, na forma reproduzida.

3. *Serviços*

3.1 Biblioteca auxiliar: indicar sua existência, apontando as principais coleções (caso de periódicos antigos, por exemplo).

3.2 Laboratório de microfilmagem ou outras formas de reprodução: informar quais as condições para servir ao usuário, se há edição de documentos em microfilmes ou microfichas.

3.3 Assistência educativa e comunitária: como entrar em contato com os responsáveis por esse setor no arquivo; suas principais atribuições junto ao ensino de primeiro e segundo graus.

3.4 Promoção de exposições, simpósios, concursos e outros eventos, citando os já realizados; assinalar a participação sistemática do arquivo em atividades de outras instituições.

Assim composto e publicado, o guia passa à fase da divulgação. Esta deve ser ampla, porém criteriosa. Deve chegar ao público adequado. Para uso dos visitantes, pode ser feito um extrato do guia, no qual são eliminados detalhes sobre os fundos, servindo mais como publicidade junto ao chamado "grande público". Já a edição compacta deve chegar aos centros de pesquisa histórica, às bibliotecas de outros arquivos e às dos cursos de história, administração e arquivologia. O guia deve também ser remetido às bibliotecas dos órgãos existentes, cujos fundos estáticos estejam recolhidos no arquivo.

Tanto na composição quanto na divulgação do guia de um arquivo evidencia-se sua função de orientação eficaz e segura para o conhecimento dos fundos e do funcionamento da instituição. Não descendo a detalhes, mais próprios dos inventários e dos catálogos parciais, o guia deve obedecer a seu caráter de informação genérica, sem no entanto perder o sentido de precisão e racionalidade.

Inventário

É o instrumento de pesquisa que descreve conjuntos documentais ou partes do fundo. É um instrumento do tipo parcial, trazendo descrição sumária e não analítica, esta própria do catálogo.

A exemplo dos guias, os inventários de arquivo podem ser publicados ou virtuais, podendo ser impressos no momento desejado, total ou parcialmente.

O fundamental no inventário é que não se faça uma seleção, não se "pulem" documentos, sendo a sequência dos verbetes, em geral, a mesma da ordem no arranjo. O inventário pode contemplar um fundo inteiro, um só grupo ou alguns deles, uma série ou algumas delas, ou mesmo parte de uma delas.

Se comparado ao guia, não há grandes problemas no inventário entre a denominação em português e em línguas estrangeiras, mas, no que diz respeito aos demais instrumentos de pesquisa, convém que se sedimente rapidamente a terminologia brasileira para dirimir dúvidas. Isto porque há diferenças básicas no que toca à França, aos Estados Unidos e à Espanha, justamente os países de cujas arquivísticas a brasileira tem derivado e de cujas terminologias retiramos os termos específicos da área.

Nos Estados Unidos, o que chamamos de inventário recebe a denominação *preliminary inventory*. "As séries são descritas nos National Archives pelos inventários preliminares (...). O parágrafo descritivo da entrada da série deve mostrar os vários tipos documentais incluídos na série (...); a forma física (...) a substância da série tal como se reflete nas suas origens (...) nas funções (...) nos assuntos a que a série diz respeito."[147]
O vocábulo "preliminar", no caso, não significa "prévio", isto é, uma forma

---

[147] Schellenberg, 1955b:112-4. A arquivista Astréa de Moraes e Castro (ver Castro et al., 1985), propõe "inventário preliminar" para definir o instrumento no qual as "unidades de arquivamento são só brevemente identificadas".

provisória que antecede a definitiva. O sentido que os norte-americanos lhe emprestam é de "inicial", um meio de busca ao qual se recorre antes dos mais detalhados. Por detalhados entenda-se os instrumentos que descrevem documentos unitariamente, portanto os nossos catálogos, para eles *lists*.

Os franceses fazem três usos diferenciados da palavra *inventaire*. Se topográfico, corresponde ao nosso quadro de arranjo;[148] se analítico, aplica-se a cada uma das peças de uma série, subsérie, ou cada um dos atos registrados em códices; se sumário, o conteúdo de cada conjunto entra sob uma rubrica caracterizando sumariamente cada um de seus elementos constitutivos.[149]

Já a arquivística espanhola parece mais objetiva: "a qualidade de analítico é intrínseca ao conceito de catálogo, e a de sumário, enquanto qualidade essencial, recai sobre o inventário".[150] Evita-se assim a diferenciação entre analítico e sumário, tanto para os inventários quanto para os catálogos, prática ainda em uso em alguns arquivos brasileiros. A partir da publicação do *Dicionário de terminologia arquivística*,[151] temos adotado essa nomenclatura usada na Espanha, por ser simples e objetiva: inventário para a descrição coletiva, catálogo para a unitária.

O tratamento sumário proporcionado pelo inventário é o ideal para a descrição de fundos. Estes, nos arquivos públicos, são constituídos de enormes massas documentais. Como, mesmo após terem sido criteriosamente eliminados, ainda se apresentam em quantidades consideráveis, devem receber uma descrição sumária. Ressalve-se que não é somente o volume do material *versus* a precariedade dos recursos humanos e financeiros que provoca a opção pela inventariação mais abrangente. Ela se dá muito mais em razão das próprias características do documento administrativo, que é peculiarmente repetitivo e não pode ser considerado fora dos conjuntos, desvinculado dos demais que possam retratar a dinâmica administrativa.

---

[148] "Inventário topográfico é a enumeração dos fundos e coleções de um arquivo na ordem de seu arranjo nas estantes" (*Elsevier's lexicon...*, 1964:39).
[149] *Elsevier's lexicon...*, 1964:39-40. Verifica-se que as nuanças que diferenciam a concepção francesa da brasileira quanto a inventários são irrelevantes, excetuando-se o uso topográfico.
[150] Herrera, 1982:27.
[151] Ver Camargo e Bellotto, 1996.

Tratando-se de rotinas funcionais, são os documentos gerados/recolhidos dentro das funções ligadas às atividades-meio. Como, do ponto de vista jurídico-administrativo, são em sua esmagadora maioria de guarda permanente obrigatória, constituem normalmente a parcela maior dos nossos arquivos públicos. São os documentos que os historiadores em geral denominam "documentos sem assunto".[152] Assim sendo, só variam os dados que os individualizam (quase sempre nomes e cifras).

Destaque-se que os documentos que são produto de atividades-fim, pela não obrigatoriedade de guarda após o cumprimento da razão que os gerou, em geral são alienados ou destruídos, em prejuízo das futuras pesquisas. Aliás, esta é uma das distorções que os atuais sistemas municipais, estaduais ou nacional de arquivos vêm procurando corrigir no Brasil, com a implantação da gestão documental e das tabelas de temporalidade.

Evidenciam-se na inventariação as operações básicas da descrição: caracterização diplomática e jurídico-administrativa do tipo documental, limites cronológicos e quantitativos das séries e localização no acervo, através de códigos topográficos. Sem a apresentação desses dados essenciais, os fundos, ainda que perfeitamente arranjados, não permitem a transferência de informação. Eles propiciam uma informação mínima: tipologia (que, de certo modo, explicita a função), localização no tempo e meio de acesso formal.

Nessa informação mínima não cabe o "assunto" como tal. Porém, conhecer a que grupo ou seção ou a que fundo pertencem as séries inventariadas pode resolver essa questão, pois as funções e a jurisdição denunciam a área de atuação. Por exemplo: um órgão administrativo cuja competência seja a militar, a sanitária ou a fazendária não abrigará em

---

[152] Não se confunda "assunto" com a atividade ou a operação que está implícita no documento, já que este delas decorre, em cumprimento de funções que cabem ao órgão público no exercício da sua competência. Quando se fala em código de assunto ou planos de classificação por assunto, sistemática usada nos arquivos correntes, está-se falando sobretudo de "funções". Exemplo: "nomeação". Trata-se de uma série, cujo tipo de documento é o jurídica e administrativamente destinado a consignar as nomeações. É a função que os atos escritos nos documentos daquela série devem cumprir. Seu "assunto", como componente diversificante, seria, no máximo, o nome do interessado e o cargo para o qual foi nomeado. Ora, isso nunca seria considerado assunto pelo historiador. A consagrada entrada "assunto", tão do conhecimento dos arquivistas, elucida bastante essa questão. Definitivamente, o "assunto" dos arquivos não é o "assunto" na acepção leiga, não arquivística, do pesquisador comum.

suas séries documentais documentos que extrapolem atribuições, funções, atividades e operações relacionadas às questões de defesa e segurança, de saúde ou de economia e finanças, respectivamente.

Montagem do inventário

O *corpus* dos verbetes deve ser antecedido de uma introdução, na qual se esclareça a situação geral do fundo ou dos fundos a inventariar e o porquê de sua eleição, em relação aos demais componentes do acervo. Nesse tópico devem também constar os temas relevantes da pesquisa para os quais esses itens inventariados podem fornecer dados importantes; devem ainda ser explicitadas as técnicas usadas para a elaboração dos verbetes, designando-se peculiaridades, se houver.

No inventário não se faz necessário o índice, a não ser que se opte por uma indexação direta, não passando pela via dos verbetes unitários, como se faz no catálogo. A não ser em casos especialíssimos, desaconselha-se essa prática. Seu emprego pode acabar anulando a grande vantagem dos instrumentos sumários: a brevidade de elaboração. Ademais, as séries contempladas com inventariação são, em geral, de conteúdo administrativo, com "assuntos" similares, o que dispensa o índice de assuntos como via de acesso do historiador ao documento.

O *corpus* é formado pela sequência de verbetes relativos às diferentes séries inventariadas, sempre obedecendo ao arranjo.

A ordem dos elementos no verbete é a seguinte:

1. Caracterização diplomática-semântica-jurídica-administrativa do tipo documental ou da função administrativa que originou a produção/recolhimento dos documentos componentes da série descrita.[153]
2. Datas-baliza (a do documento mais antigo e a do mais recente da série ou da sua parcela inventariada).
3. Quantidades de documentos ou de unidades de arquivamento.

---

[153] As definições das tipologias devem ser obtidas em dicionários jurídico-administrativos, paralelamente à bibliografia especializada, somada às peculiaridades extraídas dos próprios documentos. Ver o capítulo 3, relativo à diplomática e a tipologia documental. Hoje já se conta com glossários de espécies documentais.

4. Notação ou cota (conjunto de siglas e números que identificam ou localizam as unidades de arquivamento no acervo).
5. Observações quanto ao arranjo, se houver.

Exemplo de inventário no arquivo permanente da Assembleia Legislativa do Estado de São Paulo, relativo às séries do Fundo Conselho Geral da Província (1824-34):[154]

Foram tomadas apenas as séries 8 e 9 para exemplificar:

SÉRIE 8 — PROPOSTAS À MESA	
Caracterização:	Sugestão inicial que os conselheiros faziam por escrito para que seu intento fosse discutido, aprovado e transformado em resolução. Contém inicialmente as justificativas e, a seguir, os itens da proposição antecedidos da palavra "proponho".
Datas-baliza:	1828-1834
Quantidade:	39 unidades documentais
Notação:	FFCGP, Lata 1
Observações: As propostas recebem emendas, que podem constar como marginália na própria folha de proposta, ou podem vir em pequenos papéis anexos. Recebem o respectivo aprovado (ou não) para cada item que o tenha sido na discussão.	

SÉRIE 9 — REPRESENTAÇÕES À MESA	
Caracterização:	Documento dirigido pelo Conselho Provincial coletivamente ao Governo Imperial, de caráter congratulatório, de estranheza ou de encaminhamento de resoluções.
Datas-baliza:	1820-1834
Quantidade:	35 unidades documentais
Notação:	FCGP, S9, Lata 2

---

[154] Cada série tem datas-limite que, embora se situando dentro do período abrangido pelo fundo, podem não coincidir necessariamente com as deste. Isto porque há séries das quais não restam documentos do período inicial ou final da instituição. Note-se que a espécie documental, nos exemplos anteriores, repete-se no título e na caracterização. Nos exemplos, consta apenas no título. Ambos os procedimentos são lícitos, desde que mantida a uniformidade em todo o inventário.

Catálogo

É o instrumento que descreve unitariamente as peças documentais de uma série ou mais séries, ou ainda de um conjunto de documentos, respeitada ou não a ordem da classificação.

Estabelecida essa conceituação para o Brasil, é preciso que os arquivistas brasileiros estejam atentos às diferentes caracterizações de catálogo dos demais países, notadamente quando vindas de autores largamente difundidos no país. É o caso de Schellenberg ou de Antonia Heredia. Segundo o arquivista norte-americano, os "catálogos de série" contêm "informação similar à prestada pelos inventários (...), mas aparecem na forma de ficha" (é curioso notar que o capítulo referente a esse tipo de meio de busca se encontra na parte dedicada aos arquivos privados). Já para a renomada professora de Sevilha, que endossa a sistemática usual na Espanha, o objetivo do catálogo é "fazer a descrição da peça documental, entendendo-se como tal tanto o documento solto (provisão real, carta, consulta) quanto a unidade arquivística (processo, dossiê)".

No catálogo, por ser a representação descritiva de documento por documento, as sequências dos dados necessários à identificação e ao resumo são as mesmas que as do inventário.

Esses instrumentos mais específicos, que tratam as unidades documentais uma a uma e são chamados no Brasil, em geral, de catálogos, nos Estados Unidos chamam-se *lists*, sendo suas unidades denominadas *pieces*.[155] "As peças são descritas nos National Archives em listas (...). Se compreensivas, cobrem todas as peças de determinada série ou todas as peças de várias séries (...); se seletivas, cobrem determinadas peças de uma dada série ou várias peças de várias séries ou grupos (...)."[156]

O tratamento analítico proporcionado pelo catálogo aplica-se melhor aos fundos pessoais, aos fundos fechados de órgãos de pequena

---

[155] Em francês, *piece*, que o *Elsevier's lexicon* explicita ser a menor unidade arquivística indivisível, pode constituir-se, segundo as terminologias francesa, inglesa e italiana, de uma ou várias páginas e também, eventualmente, de um caderno ou um volume.

[156] Schellenberg, 1955a:114-5.

amplitude e curta duração (portanto, com produção documental numericamente reduzida) ou aos casos em que, mesmo havendo grande quantidade de documentos, o arranjo não é funcional, nem há séries homogêneas e lógicas que possibilitem uma descrição coletiva.

Além disso, podem receber descrição unitária em catálogos os fundos fechados de órgãos muito antigos cujos documentos sofreram, com o passar do tempo, baixas consideráveis, ou ainda séries, partes ou conjunto delas de especialíssimo interesse e denso conteúdo.

Montagem do catálogo

A sequência lógica e ideal da produção de instrumentos de pesquisa num arquivo permanente é a que conduz do guia aos inventários e destes aos catálogos. Essa prática não significa, contudo, que todos os fundos tenham necessariamente que receber tratamento uniforme, pois estão referenciados no guia.

O quadro de arranjo e o guia, estes sim, são indispensáveis. A partir deles é que os fundos são inventariados, a curto e a longo prazos. Por outro lado, nem todos os fundos descritos na modalidade inventário o serão na de catálogo. A política da descrição, discutida mais adiante, estabelece as devidas prioridades.

Sendo um instrumento do tipo parcial, a finalidade de um catálogo não é abarcar o acervo como um todo, nem abarcar conjuntos de fundos. Destina-se antes à descrição de:

- um determinado fundo em todos os itens documentais componentes de suas séries;
- algumas séries, em todas as suas respectivas unidades;
- uma só série ou, até mesmo, uma unidade de arquivamento, como ocorre quando da produção de catálogos de códices (notadamente os inautênticos), registros e cartulários e/ou dossiês e até processos, se suficientemente volumosos e de valor substantivo.[157]

---

[157] Para a conceituação de códices autênticos e inautênticos, ver Fonseca e Gougeto, 1985.

A estrutura editorial do catálogo começa com uma introdução na qual o autor (ou autores) expõe (ou expõem) o porquê do tratamento unitário. Nessa introdução, é preciso ressaltar a não uniformidade dos conteúdos dos documentos, assim como a importância que possam ter para a pesquisa sobre certos temas que serão, então, referenciados.

Como no inventário, também no catálogo devem ser expostas as técnicas empregadas na elaboração dos quadros dos verbetes. Deve-se ainda mencionar o tratamento diverso que se tenha dado a algum grupo ou a alguma unidade documental. Um prefácio e/ou uma apresentação[158] podem anteceder a introdução, esta feita pelos próprios autores.

Há duas modalidades de formatação do *corpus* do catálogo: por quadros ou por verbetes individualizados.

Por quadros: usam-se quadros quando, havendo dados comuns a todos os documentos da série descrita, não há necessidade de serem repetidos, bastando que encimem colunas. Os exemplos foram tirados da descrição da Coleção Marcelo Schmidt, do acervo do Arquivo Histórico do Município de Rio Claro e de uma série do Grupo Posto Indígena Araribá (SP) do Fundo Serviço de Proteção aos Índios, existente na forma de microfilme no Arquivo Permanente do Museu Paraense Emílio Goeldi, de Belém, PA.

---

[158] São redigidos, em geral, pela direção do arquivo ou do órgão maior ao qual se subordina, assim como podem ser feitos por um especialista na área a que se referem os conteúdos descritos.

Série Correspondência:

Nº	Ano	Dia/mês	De	Para	Conteúdo
127	1927	23 maio	Manuel Pacheco Campos, Pirajuí	Marcelo Schmidt	pedindo colocação com o dr. Bernardi ou com outro, dizendo ter conversado com João Figueiredo sobre a colocação de um sobrinho deste, filho de Cornélio, e agradecendo (carta).
128	1927	30 maio	A. de Pádua Sales (presidente da Comissão Diretora do Partido Republicano), São Paulo	presidente e membros do diretório político	convocando os eleitores para o preenchimento de vagas de deputado estadual e presidente do estado (circular; papel timbrado).
129	1927	1º jun.	Joaquim Fraga (escriturário), São Paulo	gerente do Banco Noroeste de Rio Claro	pedindo colocação como escriturário no Banco Noroeste de Rio Claro (carta; papel timbrado: Estrada de Ferro Sorocabana).
130	1927	8 jun.	Rui Paula Souza, São Paulo	Marcelo Schmidt	confirmando sua presença nas festas do centenário de Rio Claro e enviando saudações a Inácio Mesquita e Irineu Penteado (carta; papel timbrado: Liceu Franco Brasileiro, São Paulo).
131	1927	9 jun.	Lacerda, Karlsbad	Marcelo Schmidt, Rio Claro	enviando saudações (cartão-postal-foto de Karlsbad).
132	1927	10 jun.	Paulo de Campos, Rio Claro	Marcelo Schmidt	agradecendo a manifestação de pêsames (cartão de visita).

Série Correspondência (amostragem do ano de 1941)[159]

Espécie	Emissor	Cargo	Destinatário	Cargo	Assunto/Função	Data tópica	Data cronológica	Localização no acervo
Ofício	Joaquim F. Prado	Encarregado do posto	Cel. Nicolau Horta Barbosa	Inspetor 5ª Insp. SPI	necessidade de assistência a uma índia com problemas mentais	s.l	7 fev.	FSPI Ar. 38
Ofício	Joaquim F. Prado	Encarregado do posto	Cel. Nicolau Horta Barbosa	Inspetor 5ª Insp. SPI	solicita recursos para atendimento médico aos índios do posto	Araribá	11 jun.	FSPI Ar. 39
Ofício	Joaquim F. Prado	Encarregado do posto	Cel. Nicolau Horta Barbosa	Inspetor 5ª Insp. SPI	informa sobre a saúde dos índios residentes	Araribá	11 jul.	FSPI Ar. 40
Ofício	Joaquim F. Prado	Encarregado do posto	Cel. Nicolau Horta Barbosa	Inspetor 5ª Insp. SPI	sobre relações comerciais do posto com empresas locais	Posto Indígena Araribá	9 out.	FSPI Ar. 41
Ofício	Joaquim F. Prado	Encarregado do posto	Cel. Nicolau Horta Barbosa	Inspetor 5ª Insp. SPI	dá contas da produção agrícola e de madeira do posto	Posto Indígena Araribá	20 nov.	FSPI Ar. 42
Carta	Joaquim F. Prado	Encarregado do posto	Dr. Muniz		queixa-se dos encargos da administração do posto	Posto Indígena Araribá	30 nov.	FSPI Ar. 43

[159] A denominação "ofício" caracteriza correspondência no serviço público, usando-se "carta" para um documento escrito a um particular ou entre particulares, ou ainda, na documentação colonial, dos súditos para o rei.

Essa modalidade pode ser usada para correspondência, relatórios (em geral, ao mesmo destinatário, o chefe ou superior), contratos e até atos normativos, considerando-se partes fixas o título, a autoria, o preâmbulo, a ordem e a execução, o texto, as cláusulas, o fecho e a validação.[160]

Por verbetes: usam-se verbetes quando há diversidade nas espécies dos documentos, principalmente nas séries por função, o que modifica também os dados consequentes.

Na sequência da série podem ser feitos agrupamentos lógicos (também empregados no caso do inventário em quadros) sem que signifiquem subséries (estas devem ser descritas uma por uma).[161] A descrição é unitária por documento, na ordem do arranjo ou não. Quanto à editoração, as partes que antecedem o *corpus* são as mesmas já indicadas para os inventários.

A ordem interna dos dados nos verbetes deve ser a seguinte:

1. *Espécie documental:* se houver alguma peculiaridade quanto à forma em que ela se apresenta, tal dado deve vir antes ou depois de sua referência.[162] Exemplo: fragmento de ofício ou relatório incompleto, ou ainda carta (fragmento).[163] Se o documento estiver escrito em língua estrangeira, esta deve ser designada após a especificação da espécie. Exemplo: carta, em inglês,...

---

[160] Ver Atienza, 1979c; e Nuñez Contreras, 1981a:41-44.

[161] Subsérie é uma divisão da série, mas não quanto à sequência cronológica ou quanto ao assunto. Nunca é demais reiterar que, em arquivo, a única possibilidade de reunião por assunto (quando não tomado como função) é o dossiê. Seu emprego, entretanto, deve ser muito criterioso e restrito. A subsérie é uma subdivisão ou um desdobramento da função administrativa que gera o documento. Em geral, as subséries correspondem às variantes ou às várias operações necessárias para a execução de uma atividade.

[162] A espécie e o tipo documentais devem ser identificados quando da operação de arranjo. Para tanto são necessários estudos de diplomática e de administração, no que concerne ao conhecimento da competência, das funções, das atividades e das operações que geraram aqueles documentos.

[163] A diferença entre "fragmento" e "incompleto" reside, no primeiro caso, em ter sido o documento originariamente completo, achando-se agora desprovido de parte substancial da sua totalidade. Se não for substancial o trecho perdido, basta que isso seja assinalado no fim do verbete. "Incompleto" é o documento que está evidentemente inconcluso, fato comum no caso de rascunhos.

2. *Emissor:* é a autoria, podendo ser uma entidade ou uma pessoa. Pode ser omitido, por estar implícito, ou porque a espécie não comporta. Nesse caso, após o nome completo, segue-se, nesta ordem: titulação, cargo e função, mesmo *ad hoc*, se for o caso. Exemplo: Bando de Antônio Gomes Freire de Andrada, conde de Bobadella, governador e capitão-general do Rio de Janeiro, comissário da demarcação do Tratado de Madri.
3. *Destinatário:* é a quem se destina, podendo ser omitido, se implícito. Se for um destinatário coletivo, pode ser omitido pela obviedade. Exemplo: um decreto do presidente da República regulando algo de alcance nacional destina-se aos brasileiros.
4. *Função:* reflete a intenção da criação do documento, podendo ser omitida, se implícita. É expressa pelo verbo no gerúndio. Tem a ver com a espécie documental e as duas não podem se contradizer. Exemplo: um relatório não pode baixar uma obrigação, como uma portaria não pode relatar uma inspeção e assim por diante.
5. *Ação:* é propriamente o tema do documento, a razão pela qual foi criado. Nunca é omitida. É o "assunto" cujas variantes serão determinadas pelos dados referidos nos itens 1 e 4.
6. *Data tópica:* lugar de onde está datado, o que não significa necessariamente o nome de uma cidade. Nunca é omitida, a não ser que não conste, o que deve ser assinalado por "s.d.". Exemplo: "Da Sala das Sessões"...; "Acampamento"...; "Palácio de Nossa Senhora da Ajuda"...
7. *Data cronológica:* dia, mês (por extenso) e ano. Nunca é omitida, a não ser que não conste, o que deve ser assinalado por "s.d.".
8. *Assinatura(s):* exatamente como ocorre no documento, abreviada como estiver. Pode ser precedida ou não da designação "as.".
9. *Quantidade de páginas:* qualquer página escrita, mesmo com uma ou duas palavras, deve ser contada.
10. *Anexos ou observações:* se houver, entre parênteses.
11. *Notação de localização:* a sigla da notação pode repetir-se ou não após cada verbete. É obrigatória a designação, de forma bem clara, da unidade de arquivamento.

Exemplos[164]

1. Em que constam todos os dados:

> — Carta, em francês, de Janno Jackson, arquivista-bibliotecário da Société de Geographie de Paris, a João Martins da Silva Coutinho, agradecendo o envio de trabalhos seus àquela sociedade. Paris. 15 de novembro de 1888. as.: Janno, Jackson. 2p. (No verso: lista dos trabalhos enviados.) (FSC. Série Correspondência. Cx. 1.)

2. Em que não ocorre o emissor:
   2.1 Por estar implícito:

> — Postura municipal proibindo coleta noturna de lixo. Paço Municipal. 20 de junho de 1952. as.: Thomaz de Aquino, prefeito municipal. 1p. (F. Gab. Pref. Posturas. C. 10.)

   2.2 Porque a espécie não comporta:

> — Tabela comparativa da receita, despesa geral e por quilômetro, custo da unidade de trabalho útil, cargas, passageiros, extensão e bitola de diversas estradas de ferro, segundo relatórios do Ministério da Agricultura e das companhias durante os anos de 1877 e 1879. s.d. 1p. (grande formato.) (FSC. Série Desenhos técnicos. C. 3.)

3. Em que não ocorre o destino, por estar implícito (em geral nos atos normativos da autoridade suprema, pois se destinam a todos os cidadãos):

> — Decreto-lei que dispõe sobre o loteamento e a venda de terrenos para pagamento em prestações. Rio de Janeiro. 10 de dezembro de 1937. 116º da Independência e 49º da República. as.: Getúlio Vargas. Francisco Campos. 1p.

---

[164] Os exemplos são hipotéticos ou reais, no caso de o documento citado existir, mas ainda não ter sido descrito, ou já constar de inventários publicados. Alguns são em parte reais, em parte hipotéticos, para que se possa configurar melhor a exemplificação.

4. Em que não ocorre a função, por estar implícita:

> — Relatório de viagem de Roberto Moreira Filho, subprocurador da Procuradoria do Patrimônio Imobiliário e Cadastro do Estado, sobre audiências de instrução e julgamento da ação discriminatória referente a áreas da comarca de Apiaí. São Paulo. 24 de janeiro de 1941. (Formulário impresso e preenchido a máquina.)

5. Em que não ocorre assinatura, não por omissão, mas porque a espécie não a requer:

> — Perfil longitudinal das principais altitudes entre Alagoinhas e Queimadas, relacionado com o percurso do prolongamento da Estrada de Ferro da Bahia. s.d. 1p. (grande formato, ms.)

6. Quando ocorre a indicação de anexos e/ou observações:

> — Requerimento de Servo Gonçalves à Prefeitura Municipal de São Paulo para obter o "necessário alinhamento" para construir uma casa à rua Maria Marcolina. São Paulo, 15- 1907. as. ilegível (a designação do mês acha-se encoberta pelo selo) (anexos: a planta da casa e parecer do perito).

No caso da especificidade quanto a processos e dossiês,[165] menciona-se o "tema", seguido do nome do interessado e das datas-limite. O número de protocolo, que ainda poderia ter alguma razão de ser no arquivo intermediário, não tem valor no arquivo permanente, sendo, pois, um dado a desconsiderar.

Os verbetes dos processos, considerados uma unidade documental, podem ser simplificados:

---

[165] Enquanto as séries são sequências de documentos da mesma natureza, os processos são conjuntos de documentos diferentes, mas sequencialmente reunidos para que se complete um ato administrativo. Seu conjunto é indivisível e oficial, sendo sua montagem feita durante a tramitação. Já os dossiês são conjuntos de documentos diferentes, unidos em razão de consulta ou da pesquisa, e que podem ser montados pelo administrador ou pelo arquivista ainda na instância corrente ou, posteriormente, já no arquivo permanente.

> — Processo relativo à cooperação no Setor Folclore para exibições de conjuntos de congados. Interessado: José Pedro Alcântara. São Paulo, 26 fev. 1952/13 maio 1954. 6p. (Fundo Comissão IV Centenário, Ser. Proc. Cax. 1.)

Ou podem ser mais detalhados, entrando-se, na descrição, na relação dos seus componentes, na parte final do verbete:

> — Processo relativo à solicitação de título de posse de terras em Cubatão. Interessada: Benedita Marta Rosa de Jesus. Documentos datados de Cubatão, Santos e São Paulo, 14 mar. 1907/8 fev. 1915 (Constam: requerimento da interessada; processo de justificação; termo de assentada, de conclusão e de data; certidão de naturalização; provas de recolhimento de impostos; parecer favorável; concessão do título aos filhos da interessada, já então falecida).
> (Fundo Secretaria da Agricultura. Seção Diretoria de Terras, Colonização e Imigração. Série Processos, Cx. 1.)

No caso dos dossiês, a entrada é pelo título referente ao tema, sempre específico. Sua descrição exige uma listagem, dada a diversidade interna de tipologias documentais, característica desses conjuntos. Tomando emprestado um exemplo do Acervo Otávio Brandão, existente no Arquivo Edgard Leuenroth da Unicamp, temos:

> — Dossiê: Índios: Anotações de terceiros sobre estudos de Otávio Brandão acerca dos índios brasileiros: história, condição de vida, lutas e nações; textos avulsos sobre o tema: artigos assinados por Luiz Pergran (pseud. OB); artigos de terceiros; recortes; críticas de livros.

Para completar a montagem dos catálogos, uma vez terminados os conjuntos descritivos por série, documento por documento, é preciso que se elaborem três índices: de assunto, de nomes e de lugares. Aqui trata-se realmente de assunto, tal como entendido pelo historiador.

São temas, não mais funções administrativas (ou, se são administrativas, outros tipos de informações jurídicas, civis, práticas, como é tão frequente nos arquivos pessoais).

A análise documentária para efeito de captar conceitos e chegar aos descritores, isto é, às palavras-chave que comporão os índices é hoje uma área de trabalho bastante especializada. Exige certo grau de conhecimento de linguística e de teoria das linguagens artificiais, campos para os quais o arquivista ainda não está preparado. Convém, portanto, que se recorra, para a indexação, à assessoria de bibliotecários documentalistas, já iniciados nas técnicas da documentação. Fora dessa prática, resultarão índices "amadorísticos" ou "selvagens".

Não é um dos objetivos deste trabalho tratar das linguagens documentárias; no entanto, cabe frisar que o índice é indispensável no catálogo: só ele pode realmente abrir para o usuário todas as portas informacionais do documento. Isto não quer dizer que o assunto seja fundamental no documento de arquivo. Deve ficar claro que a noção de conjunto está acima do detalhamento temático. Nesse sentido, cabe reiterar uma vez mais a priorização da descrição sumária sobre a analítica.[166] E naquela, evidentemente, o assunto unitário não será evidenciado.

Catálogo seletivo

É um instrumento de pesquisa que traz uma "relação seletiva de documentos pertencentes a um ou mais fundos e no qual cada peça integrante de uma unidade de arquivamento é descrita minuciosamente".[167] Como a própria definição alude a que cada peça seja minuciosamente descrita, fica claro que a sistemática é a dos verbetes individualizados. O que difere, fundamentalmente, os catálogos seletivos dos inventários e catálogos é que nestes últimos — depois de escolhido o fundo, a série ou a parte dela a descrever — não há seleção, e nele sim. Anteriormente chamado de repertório, por influência da terminologia francesa, é mais conhecido hoje, no Brasil, pela mesma denominação que tem em Portugal e na Espanha: catálogo seletivo. Pode ser de dois tipos:

---

[166] É o arquivista canadense Marcel Caya quem afirma que "afinal, a descrição do material arquivístico depende muito mais da estrutura do conjunto dos documentos considerados do que dos assuntos abordados por seus diversos elementos" (*Archives*. Montreal, v. 14, n. 1, p. 31-49, juin 1982).

[167] Miguéis, 1976:8.

❑ o que traz a seleção no sentido de captação, dentro de conjuntos documentais maiores e mais genéricos dos documentos que se referem especificamente ao tema, à pessoa ou ao evento propostos. Exemplos de tais instrumentos seriam, hipoteticamente: "Catálogo seletivo de documentos sobre a escravidão negra, existentes nos arquivos mineiros", "Catálogo seletivo de temas militares na Série Requerimentos do Fundo Tesouro Provincial", "Catálogo seletivo sobre Antonio Conselheiro nos fundos militares e policiais da Bahia" e assim por diante. Há instrumentos já publicados que se enquadram perfeitamente na formatação do catálogo seletivo: os conhecidos *O Brasil no Arquivo de Índias*, de João Cabral de Mello Neto, e *Os manuscritos do Arquivo da Casa de Cadaval respeitantes ao Brasil*, de Virginia Rau e Maria Fernanda Gomes da Silva, entre outros.

❑ o que, além da seleção por tema, pessoa ou evento, ainda traz uma escolha feita pelo autor no sentido de "os mais importantes", "os de maior interesse", os de "maior relevo". Esse tipo está bem exemplificado por Maria Amélia Porto Miguéis quando cita o então chamado repertório referente à Independência do Brasil (1972), declarando: "Arrolamos somente os documentos de maior importância e elementos concretos que pudessem ser úteis aos estudiosos...".[168] Igualmente, a antiga arquivista do Arquivo Histórico do Museu Imperial de Petrópolis menciona como amostra desse tipo de catálogo seletivo o de autoria de Flávio Guerra. *Alguns documentos de arquivos portugueses de interesse para a história de Pernambuco. Arquivo Nacional da Torre do Tombo e Arquivo Histórico Ultramarino.* (Note-se que esse catálogo seletivo abrange documentos de dois arquivos diferentes, o que cabe perfeitamente na definição desse tipo de instrumento de pesquisa.)

Um arquivo não tem entre suas obrigações primeiras a produção sistemática de catálogos seletivos. Sua elaboração se dá quase sempre em virtude de efemérides e eventos ou como catálogos de exposições

---

[168] Miguéis, 1976.

temporárias de documentos. Frequentemente é feito por pessoa não pertencente ao quadro de funcionários do arquivo, com ou sem a colaboração destes.

As efemérides constituem, em geral, boas oportunidades para historiadores e arquivistas: aos primeiros, de encetarem trabalhos de revisão crítica sobre o evento comemorado; aos segundos, de levantarem o *corpus* documental necessário àquela revisão.

Índices

Apontando nomes, lugares ou assuntos em ordem alfabética e remetendo o leitor às respectivas notações de localização, os índices podem ser parte complementar de inventários ou catálogos analíticos, ou ter personalidade própria, indexando diretamente os documentos.

Sua definição no *Elsevier's lexicon* é bastante abrangente e indefinida, nela cabendo as duas acepções acima aventadas: "Um índice é uma lista alfabética (e eventualmente cronológica) de nomes de pessoas, lugares ou assuntos contidos em uma ou mais unidades arquivísticas".

Quando se tratou da estrutura editorial do catálogo, já se disse quanto os índices são indispensáveis nos instrumentos daquele tipo e como se deve fugir das indexações "amadorísticas" ou das indexações "selvagens". Sendo sua elaboração dependente de técnicas muito específicas da área de análise documentária, como já afirmado, não é objetivo deste capítulo dispor sobre sua montagem.

Quanto aos "índices com personalidade própria", eles podem ser incluídos entre os instrumentos de pesquisa, com a mesma importância e utilidade dos demais, na categoria "sumários".

Esse tipo de índice faz referência direta ao documento, sem passar pelo verbete (de inventário, catálogo ou catálogo seletivo) como intermediário. Assim, recorrendo uma vez mais aos exemplos já utilizados na diferenciação entre inventário e catálogo analítico, tem-se:

No índice complementar ao catálogo	No índice com personalidade própria
(faz-se referência ao número de entrada no *corpus*. É pelo verbete que se localiza a unidade de arquivamento):	(realizado sem que se tenha feito um catálogo; faz-se referência direta à unidade de arquivamento):
Educação, 2; criação de disciplinas, 7; supressão de disciplinas, 8.	Educação — FCGP, S3, Doc. l, Lata 3.
Eleições do Conselho Geral da Província, 1; de juízes ordinários e de órfãos, 4.	Eleições — FCGP, Sl, Doc. 1 e Doc. 11, Lata 1.
Finanças, 2.	
Igreja — Moços de coro da Sé, 8.	Igreja — FCGP, S3, Doc.2, Lata 3.
Índios – Comércio, 9; Trabalho forçado, 5.	Índios — FCGP, S2, Doc. 2, Lata 1; S3, Doc. 2, Lata 3.

Edição de fontes

A edição de textos históricos ou fontes documentais compreende a publicação de um instrumento de pesquisa no qual os documentos não recebem resumos indicativos e/ou informativos, como nos anteriormente citados, figurando o texto integral. A forma ideal é a que prevê não só o texto, mas também estudos introdutórios e fontes paralelas.

A publicação de documentos não é tão simples quanto pode parecer, já que uma verdadeira edição não deve se restringir apenas a ser uma transcrição paleográfica e sua reprodução impressa, ainda que contendo introduções e notas. "À primeira vista, pode parecer que tudo vem a resumir-se a um trabalho material de cópia, exigindo alguma atenção e muita paciência (...)", mas há "uma série de problemas de seleção (crítica geral), leitura (paleografia), análise (diplomática), intelecção (gramática, lexicografia), identificação de datas (cronologia) ou nomes (onomástica, biografia, genealogia, geografia histórica), determinação dos fatos (história geral, bibliografia, pesquisa de fontes paralelas) etc."[169]

O Arquivo Nacional publicou, na série Publicações Técnicas, um manual de publicação de documentos de autoria do professor Emanuel Araújo[170] que pode viabilizar a programação de edições de textos nos arquivos brasileiros. As formas da publicação, os arcaísmos, a colação de textos, o aparato editorial são os itens abordados de modo bastante claro e preciso, não deixando margem a dúvidas para aqueles que encetarem um trabalho de responsabilidade como é o da transcrição e apresentação de textos antigos.

Não é objetivo deste capítulo tratar da forma e da estrutura dessas edições, nem aludir a normas de transcrição e editoração. Para tanto, o manual do Arquivo Nacional fornece os elementos necessários. O fundamental é reiterar que as escolhas se façam quanto aos originais, que se adotem normas oficiais de transcrição e de intervenção no texto, que haja notas explicativas de rodapé etc. Fica claro que este é um campo de trabalho bem específico e que, da mesma forma que se deve recorrer à análise documentária para bem saber elaborar um índice, também aqui são necessários estudos básicos e práticas anteriores nos campos da paleografia, da diplomática, da ecdótica e da heurística.

Um arquivo público faz imprimir documentos na íntegra com a finalidade de preservá-los, poupando os originais do manuseio, ou com a finalidade de facilitar o acesso ao texto completo, possibilitando a pesquisa "a distância". Entretanto, essa prática, se sistemática e cotidiana, demandaria uma enormidade de recursos humanos e financeiros com que os arquivos, em geral, não podem contar.[171] Muitos arquivos brasileiros têm apresentado, até com relativa frequência, publicações de instrumentos desse tipo. A meu ver, para evitar gastos e esforços que muitas vezes não

---

[169] Glénisson, 1961a:344.
[170] Araújo, 1985.
[171] Não me refiro a simples reproduções, o que vários arquivos dos países desenvolvidos já vêm realizando através de microformas. Não se trata de pedidos usuais de historiadores para a elaboração de microfilmes, mas da edição sistemática de documentos em microfichas, feita antes de qualquer pedido. Já há catálogos impressos desse material, podendo-se escolher o que adquirir.

se coadunam com a demanda, é preferível que esse tipo de instrumento seja circunstancial e esporádico — em efemérides, por exemplo. Excetua--se, naturalmente, o arquivo que já tiver todo o seu acervo inventariado, podendo, então, passar a instrumentos mais especializados e sofisticados. Neste caso — o da reprodução impressa sistemática de documentos — é preciso que haja uma boa política de seleção. Se assim for, é evidente que o resultado será bastante útil.

Muitos arquivos estaduais, o Arquivo Nacional e a Biblioteca Nacional têm suas tradicionais coleções de documentos publicados há anos (Documentos Históricos, Documentos Interessantes etc.). Mas os critérios de eleição nunca foram inteiramente científicos nem explicitados. Publicavam-se seleções ao gosto dos diretores ou ao sabor de algumas pesquisas em voga. Essa situação está se modificando, e se algumas dessas iniciativas antigas forem substituídas, nos estados, por instrumentos de pesquisa como guias e inventários tanto melhor para a pesquisa histórica, no sentido de abarcar maior leque de interesses.[172]

É preciso haver uma política de publicação de fontes. O quê, quando, para quê? Os critérios podem variar, indo desde a escolha dos documentos mais danificados e/ou antigos, para evitar seu manuseio, até a escolha daqueles que, mesmo em bom estado de conservação, são de leitura difícil, mas de demanda constante. Para estes, a intermediação do paleógrafo-funcionário do arquivo, proporcionando o texto em forma impressa, é sempre de grande valia para os pesquisadores. De qualquer modo, o que transcrever é algo a ser estabelecido criteriosamente pela equipe responsável.

A publicação de textos na íntegra para comemorar efemérides é uma prática salutar e que já tem ocorrido em alguns estados do Brasil. Nesse caso já não se trata de levantar o *corpus* documental, mas de verda-

---

[172] Um bom exemplo de edição de fontes de documentos isolados foi a publicação das leis dos índios do Maranhão de 1680 e do Regimento das Missões de 1686 com o subtítulo "dois documentos do século XVIII traçando o curso da história do índio da Amazônia brasileira" no *Boletim de Pesquisa do Cedeam* (1983:86-111). Consta uma apresentação feita por especialista (professor João Renôr de Carvalho), que posiciona os documentos na legislação e na política da época. Segue-se a transcrição integral, com ortografia atualizada, e, em seguida, a reprodução fac-similar dos dois documentos.

deiramente "oferecê-lo" ao historiador. É com a devida antecedência que esses programas de transcrição devem ser elaborados, porque o cuidado e a precisão necessários demandam tempo. Antes, entretanto, da política de edição de fontes, o arquivo deve se preocupar em ter uma política geral de descrição. Ela é que vai ditar prioridades e programações no setor da elaboração e divulgação dos instrumentos de pesquisa.

CAPÍTULO 13

Política de descrição documental

A enorme quantidade de documentos que caracteriza o arquivo permanente público *versus* a necessidade urgente da pesquisa e da divulgação motiva o estabelecimento de políticas de descrição que se concretizem em programas descritivos viáveis e eficazes.

Como conciliar um trabalho inevitavelmente moroso (como o de transferir grande quantidade de informações de forma criteriosa) com o incremento da moderna pesquisa histórica, que necessita de informações adequadas, precisas e abundantes a curto prazo? Como ser preciso, sendo breve? Como viabilizar o processo descritivo sem prejudicar a qualidade do instrumento que se quer elaborar? Como impedir que um mau meio de busca esterilize uma pesquisa? Como dinamizar a descrição do acervo, atendendo a todos os pesquisadores e procurando não deixar nenhum grupo documental sem sua chave de acesso?

As respostas a essas questões estão no estabelecimento de uma política de descrição que contenha em seu bojo diretrizes para a elaboração correta dos instrumentos. Para tanto, deve-se estudar a situação do arquivo quanto a:

- recursos humanos e financeiros;
- preparação técnica e científica do pessoal;
- qualidade dos recolhimentos;

- perfil do usuário e sua demanda de dados;
- tendências da historiografia;
- estado físico da documentação.

Só a partir desse levantamento é que o corpo técnico-científico do arquivo pode planejar sua ação.

Os pontos básicos da política de descrição são: a hierarquia, as prioridades, a técnica e a planificação.

A hierarquia dos instrumentos

A elaboração dos instrumentos de pesquisa deve ser sucessiva, partindo do geral para o parcial. Dada a necessidade de se fornecer, antes de qualquer particularidade, uma visão geral dos fundos do arquivo, seus serviços e possibilidades de acesso, o primeiro instrumento a ser elaborado deve ser o guia. Os instrumentos parciais (referentes a fundos determinados ou a parte deles), como inventários e catálogos, podem ser feitos concomitante ou sucessivamente. Já os catálogos seletivos e as edições de fontes, em virtude de suas especificidades, podem ser elaborados paralelamente, fora do ritmo normal do trabalho descritivo. Se se considerar a linha dos instrumentos de pesquisa como uma espécie de família hierárquica, entenda-se que o guia deve encabeçá-la.

O projeto do guia não deve se afastar da necessária abrangência de informações sobre o arquivo, seja enquanto instituição (endereço, condições de ingresso, prestação de serviços), seja enquanto acervo (fundos e coleções constituintes, sua origem, conteúdo, datas-extremas e quantidades, como já visto no capítulo 12). É preciso não esquecer que o guia deve suprir os dados mais detalhados e específicos referentes a cada fundo ou a parte dele, enquanto não estiver completo o trabalho de inventariação. E nessa escala hierárquica, os instrumentos de descrição sumária precedem os de descrição analítica.

"Num contexto em que o processo de ordenação de documentos é independente de sua descrição, a impossibilidade de definir a unidade de descrição arquivística de maneira uniforme força os arquivistas a recorrerem a uma hierarquia de descrições redigidas de forma a precisar a especificidade de cada uma das peças individuais e a produzir descrições gerais que possam demonstrar a natureza dos conjuntos visados."[173]

As prioridades

O segundo ponto é a escolha das prioridades no que diz respeito aos instrumentos de tipo parcial. Quais os critérios a adotar para a escolha dos núcleos documentais a serem submetidos à inventariação? Os mais antigos, obedecendo-se à temporalidade dos recolhimentos? Os ligados às temáticas "em moda"? Até que ponto são viáveis os critérios preconizados por F. J. Himly, o especialista francês em instrumentos de pesquisa?[174] Para ele, os recolhimentos em massa mais recentes é que devem ter preferência, e, em seguida, as séries que se relacionem com as novas problemáticas da história. Outro critério aliado a esse seria o de atender ao que ele denomina "nova clientela" dos arquivos.

Constituem-na engenheiros, geólogos, geógrafos, médicos etc., enfim, pesquisadores da área dos estudos técnicos e científicos. Não mais, porém, aqueles diletantes, "historiadores de fim de semana", que desejam reconstruir a evolução histórica de suas ciências, mas os profissionais que buscam dados e procedimentos passados como referência técnica ou cultural em temas que abordarão em seu estado atual para embasar propostas de projetos e de pesquisas. Ou ainda: o fator norteador da prioridade de descrição deve ser a incidência da demanda? O estado físico dos documentos pode também ser um critério?

A questão da demanda merece uma consideração mais demorada. Por que não descrever mais prontamente os núcleos documentais cujos estudos de perfil de consulta mostraram ser os mais procurados? É provável que essa demanda coincida com as temáticas que estão mais presentes na historiografia, e com a "nova clientela". Por outro lado, se levado em conta, esse fator permitirá que o arquivista não sinta a frustração de constatar que os instrumentos que confecciona nunca são consultados e que os usuários sempre pedem o que ainda não está convenientemente

---

[173] Caya, 1982:33.
[174] Himly, 1979.

descrito! Mas há que se considerar também que os pedidos feitos dizem respeito a documentos pelo menos identificados. O mau estado físico dos documentos também pode apressar sua descrição. A descrição, pelo fato de identificar e resumir, pode reduzir o manuseio. A falta do instrumento de pesquisa provoca consultas desnecessárias a um número maior de documentos, até se chegar ao desejado.

A meu ver, entretanto, é para os fundos desconhecidos pelos pesquisadores que a política descritiva deve se voltar prioritariamente. Há o risco de, talvez, não se atingir o real objetivo do trabalho de descrição de fundos documentais — que é principalmente o de atender à demanda. Por outro lado, se a equipe responsável pela descrição aceitar o desafio, estará contribuindo de forma mais útil e eficaz para o avanço da historiografia e, consequentemente, para um maior esclarecimento e melhor entendimento dos procedimentos passados da sociedade à qual se vincula. Esse material ignorado não se faz presente na demanda simplesmente porque os historiadores ignoram seu paradeiro ou até mesmo sua existência. O arquivista não deve perder a oportunidade de fornecer fontes novas, desde que consistentes e substanciosas. Passa longe a ideia de destacar isoladamente "peças retumbantes". Trazer à luz conjuntos significativos antes ignorados pode valer mais do que descrever fontes do conhecimento dos historiadores, mesmo que pouco ou nada exploradas, mas de acesso possível.

Revelar a existência de fundos ignorados pode determinar a prioridade. A elaboração de inventários, catálogos e catálogos seletivos sobre esse material, se aliada a um bom trabalho de difusão, pode ser altamente gratificante e compensadora.

Modelos para a descrição

A estrutura editorial e os modelos dos verbetes descritivos dos inventários devem ser fixados pela política de descrição, segundo modelos de uso internacional. Os formatos dos verbetes para catálogos e catálogos seletivos são os mesmos, guardadas as diferenças essenciais entre os vários tipos de instrumentos de pesquisa. Dentro do objetivo da descrição — identificar, definir, informar e localizar no acervo —, os itens fundamentais, no caso do inventário, são: a caracterização da tipologia de cada uma das séries, as datas-baliza, as quantidades documentais e as notações (ou cotas) de localização; e no caso do verbete analítico: o gênero documental, o emissor e sua titulação, o endereçamento ou destinatário, a função, a ação, a data tópica, a data cronológica, a assinatura, a quantificação, a notação ou cota.[175]

Como já vimos, quanto à padronização para a editoração dos instrumentos de pesquisa há as normas preconizadas pelo Conselho Internacional de Arquivos para os dados a constar num guia de arquivos: informações práticas sobre localização e exigências para acesso, dados referentes aos fundos e aos serviços prestados pelo arquivo. No caso dos inventários e catálogos, todos devem estar dotados de uma introdução que identifique e localize, relativamente à totalidade do acervo, a parcela que está sendo descrita, assim como devem dar uma ideia dos temas de pesquisa aos quais se ligam; dos *corpus* de verbetes descritivos e dos indispensáveis índices onomástico, toponímico e temático. Quanto aos catálogos seletivos e às edições de fontes, devem ficar bem claros na introdução o como e o porquê das seleções feitas.

Estudos técnicos

Outro importante item do programa descritivo é o referente à preparação técnica da equipe responsável pela elaboração dos instrumentos. Além da metodologia propriamente arquivística, comum aos que se incumbem do arranjo, quem se dedicar à descrição deve ainda desenvolver conhecimentos de análise documentária e indexação, nos quais não é pequena a parte que aproxima este trabalho da linguística. Só o domínio teórico e prático dessas áreas permitirá que se faça correta e adequadamente a recuperação e a transferência da informação contida nos grupos ou nos indivíduos documentais. Saber resumir conteúdos sem deformá-los; extrair dos documentos os assuntos; destes, os conceitos; dos conceitos os descritores; estabelecer-lhes cruzamentos e paralelismos,

---

[175] Os modelos de verbetes e a estrutura dos diferentes instrumentos de pesquisa acham-se detalhados no capítulo 12.

tudo isso é tarefa que exige conhecimentos especializados e que requer treinamento intensivo.

A capacitação e o aperfeiçoamento de pessoal devem ser uma preocupação constante da direção de um arquivo. A improvisação e o amadorismo deixaram marcas bastante prejudiciais em muitas de nossas instituições arquivísticas. Pode-se mesmo afirmar que a otimização dos serviços técnicos corre quase inteiramente por conta do grau de profissionalização e de interesse do corpo de arquivistas.

Planificação

Cronogramas e metas/tarefas devem ser estabelecidos periodicamente, anual ou bienalmente. Isso vale para todos os instrumentos de pesquisa, dando-se tempo, inclusive, para a devida divulgação. A comemoração de efemérides e a participação do arquivo em eventos culturais de caráter mais amplo podem originar catálogos de exposições, catálogos seletivos de fontes e edições de textos na íntegra. Tudo isso deve ser planejado com antecedência suficiente para que o resultado seja satisfatório. Esses trabalhos de descrição "com data marcada" não devem significar a cessação ou o adiamento das atividades normais já projetadas para a elaboração sistemática de instrumentos de pesquisa; podem ser concomitantes. O padre Avelino de Jesus da Costa, conceituado arquivista português, sistematizou algumas normas que podem funcionar como uma política de descrição. Ele assim as enumera:[176]

1. Nenhum núcleo documental (fundo) deve ser privado dos indispensáveis elementos de busca.
2. Quando isso acontecer, deve-se elaborar esses elementos para os referidos núcleos antes de se dar início a outros novos para os que já os têm, embora deficientes.
3. Em igualdade de circunstâncias, deve-se dar preferência aos núcleos mais consultados por seu valor intrínseco ou interesse público, e não aos que são mais do agrado do arquivista.

---

[176] Costa, 1966:267-268. Note-se que denominação usada em Portugal para fundos de arquivo é núcleo documental.

4. No caso dos instrumentos de trabalho à disposição dos leitores em salas e fichários devidamente acondicionados, deve-se publicar ou pelo menos copiar os que disserem respeito aos núcleos mais importantes e mais consultados.
5. Para facilitar a consulta, deve haver um guia de todos os instrumentos de trabalho de que os leitores podem dispor.
6. Todos os instrumentos de trabalho devem ter os indispensáveis índices e uma introdução sobre a respectiva instituição e seus núcleos documentais.

Obedecendo a prioridades, critérios e cronogramas preestabelecidos, um arquivo permanente pode, a médio prazo, acabar por se munir satisfatoriamente de meios de busca, cumprindo sua finalidade última junto a seus usuários.

Schellenberg aponta alguns preceitos que complementam o programa descritivo: o arquivista deve renunciar definitivamente à descrição pormenorizada, antes de providenciar as apresentações gerais de todos os grupos e coleções; deve empregar a descrição sumária, usando a de peça por peça só para os casos muito específicos de arquivos privados ou para os verbetes de catálogos seletivos; não deve se esquecer do "caráter seletivo do método da descrição"; deve deter-se na escolha criteriosa do instrumento de pesquisa adequado a determinado fundo ou parcela de fundo, e fugir ao tratamento uniforme no que diz respeito à elaboração de instrumentos para todos os fundos. Há séries, ou parcelas delas, que pedem um tratamento analítico, mesmo que suas séries "irmãs" só recebam uma descrição sumária; finalmente, o arquivista deve levar em conta a natureza essencial do documento de arquivo, que é coletiva, sequencial e orgânica.[177] Ao se afastar dos itens normativos, o arquivista não consegue executar plenamente o gigantesco trabalho de descrever fundos de arquivo, mesmo que indicativa e sumariamente. Sendo o crescimento do acervo cumulativo infinito, o trabalho de transferir a informação pode representar uma corrida sem-fim, que será inócua se for incompleta.

---

[177] Schellenberg, 1980c:207 e segs.

"Caso não logre realizar um programa descritivo, ou desenvolver um que seja adequado, arrisca-se o arquivista a dissipar as suas energias em projetos improdutivos."[178] O trabalho da descrição é ininterrupto, assim como o do arranjo, já que as operações de recolhimento não cessam. Entretanto, se se "acertarem" os ponteiros, se se chegar a uma adequada política de descrição, sendo o arquivo dotado, com constância, de recursos humanos e financeiros, haverá a desejada justaposição entre os instrumentos de pesquisa disponíveis e a demanda dos usuários.

Antonia Heredia Herrera resume as vantagens da planificação descritiva, afirmando que ela é sintomática de uma boa organização, ajuda na conservação dos fundos, facilita o acesso aos documentos, favorece o controle por parte do arquivista, economiza horas de trabalho do pesquisador, reduz o desnível entre a demanda dos pesquisadores e a oferta dos arquivistas e agiliza a administração da instituição produtora.[179]

---

[178] Schellenberg, 1980c:207.
[179] Herrera, 1988:222.

Capítulo 14

Difusão editorial, cultural e educativa em arquivos

Os arquivos públicos existem com a função precípua de recolher, custodiar, preservar e organizar fundos documentais originados na área governamental, transferindo-lhes informações de modo a servir ao administrador, ao cidadão e ao historiador. Mas, para além dessa competência, que justifica e alimenta sua criação e desenvolvimento, cumpre-lhe ainda uma atividade que, embora secundária, é a que melhor pode desenhar os seus contornos sociais, dando-lhe projeção na comunidade, trazendo-lhe a necessária dimensão popular e cultural que reforça e mantém o seu objetivo primeiro. Trata-se de seus serviços editoriais, de difusão cultural e de assistência educativa.

É preciso que fique bem claro para os administradores, os historiadores e para o público em geral que os arquivos das repartições públicas devem atender fundamentalmente às necessidades das administrações a que servem: representam o seu arsenal, constituem sua base operacional, seja na idade corrente, dos arquivos de gestão, seja já nas instâncias da inatividade, quando ainda — e sempre — guardam sua validade informacional. Nenhum arquivo público sobreviverá em prestígio e em dotações orçamentárias, se se esquecer dessa máxima. Não alcançará a dimensão que lhe é legitimamente devida, se fizer do seu recinto apenas um espaço cultural onde bem-sucedidos eventos sociais irão mascarar sua inércia e inoperância no que tange às suas verdadeiras atribuições.

O arquivo é a "consciência histórica" da administração. Também pode sê-lo relativamente à comunidade, se souber captar as potencialidades que, nesse sentido, lhe oferece seu acervo. A par da cultura tradicional, os arquivos podem enveredar pelo caminho da divulgação verdadeiramente popular, sem se esquecer do constante reaquecimento de suas relações com seus usuários correntes: os pesquisadores — cidadãos comuns ou historiadores.

Cabem ao serviço de difusão cultural duas vias contrárias de ação: a que lança elementos de dentro do arquivo para fora, procurando atingir um campo de abrangência cada vez mais amplo, e a que permite o retorno dessa mesma política, acenando com atrativos no recinto do arquivo.

As atividades culturais que algumas instituições arquivísticas brasileiras já promovem têm sido principalmente palestras, debates, lançamentos de obras e concursos sobre temas de história geral do Brasil e história regional. Têm também patrocinado simpósios, congressos, jornadas e reuniões, não só sobre a profissão e a prática arquivística e/ou histórica, mas também em outros campos da cultura. É salutar e louvável, mas muito mais poderia ser feito. Os arquivos públicos de certos países, além dessas atividades, levam a cabo outras experiências para atingir a comunidade de maneira subliminar e, até certo ponto, lúdica. A receptividade tem sido a melhor possível. Temos, por exemplo, o que na França chamam de *le quart d'heure de culture*: trata-se do comentário de algum grupo documental de interesse mais popular, feito pelos arquivistas no Museu de História da França, que é um apêndice dos Archives Nationales. Esses eventos têm lugar na hora do almoço, atraindo trabalhadores das proximidades. Outra prática é a do "documento do mês", em torno de alguma efeméride ou evento, e cuja exposição no saguão do arquivo se dá paralelamente à sua apresentação comentada em transmissões radiofônicas. Comentar documentos, em rádio e televisão, é uma prática que tem causado bons resultados na Rússia, nos Estados Unidos, na Alemanha, na Espanha. Não se trata de iniciativas circunstanciais, por ocasião de alguma efeméride ou evento, mas de programas sistemáticos.

Uma outra atividade, desenvolvida sobretudo pelos alemães, é a colaboração dos arquivistas com o turismo cultural e com a realização de filmes documentários ou artísticos. As agências de turismo recorrem aos arquivistas para a redação, a correção de notícias históricas em seus folhetos publicitários, cartazes, mapas, ou para a sinalização de monumentos. Aliás, o arquivista é a pessoa mais bem-preparada para assegurar um turismo de qualidade. Mormente nas pequenas comunidades, são de seu conhecimento a evolução histórica e o significado especial de alguns logradouros, construções e traçado de ruas e praças. O arquivista pode montar circuitos turísticos inéditos. Inclusive poderia até corrigir as deformações que se tornam patentes pela exploração puramente comercial.

Nos chamados espetáculos de "luz e som", de tanto êxito no turismo internacional e com algumas felizes incursões no Brasil, quanto maior a participação de arquivistas e historiadores na seleção, montagem e apresentação dos textos, mais enriquecedora será a apresentação e maior será o retorno, quer para o arquivo, quer para as próprias entidades promotoras de turismo. Quanto às exposições de documentos, elas podem adquirir novas formas, tornando-se algo atraente e rentável em termos de divulgação de arquivo. Uma dessas práticas é a do Museu de História da França, anexo aos Archives Nationales, iniciativa que, na França, já data do século XIX. Trabalha-se ali com peças originais, entremeadas com reproduções de documentos que as explicam e as situam em seu contexto e circunstância.

A repercussão de uma exposição na imprensa escrita e falada é fator de disseminação da ideia de arquivo: seu alcance é muito grande. Não importa que seja mínima a parcela da comunidade que realmente veja o material exposto. O primeiro passo é que o arquivo seja reconhecido, faça parte do cotidiano da leitura dos jornais: um dia o cidadão aparece, por curiosidade ou por outro motivo qualquer. Fez-se mais uma conquista. O arquivo tem mais um amigo. Nesse sentido, destaquem-se as sociedades de amigos do arquivo. Sua independência jurídico-financeira proporciona meios de sustentar as iniciativas do arquivo público.

As publicações merecem uma consideração à parte. Elas são canais comunicantes com o exterior, pois levam à comunidade, à administração e ao meio acadêmico informações sobre o conteúdo do acervo documental, das atividades e dos programas dos arquivos. Com as publicações, o arquivo pode, por outro lado, atrair novos usuários e fazê-los compreender o que é e o que representa. Isso porque, além dos instrumentos de pesquisa —

inegável forma de possibilitar o acesso direto do pesquisador ao documento primário—, um arquivo público pode produzir outro gênero de publicações que o tornem também centro de vivência e de inter-relações culturais, tanto quanto um laboratório de pesquisa histórica. São os manuais, as edições de textos, as monografias de caráter histórico, os catálogos seletivos, as edições comemorativas.

O livro, por sua própria natureza, tem um caráter de permanência e multiplicidade que o torna veículo de publicidade constante e lhe abre um enorme campo de ação e a indeterminação de uso no tempo. Será sempre e em qualquer lugar um permanente aviso da existência e da atividade do arquivo.

É sobre um tripé que se sustenta a consulta a um acervo de arquivo: o historiador, o administrador e o cidadão. Para o primeiro, ali se concentra sua matéria-prima profissional; para o segundo, seu arsenal de provas, testemunhos e informações; para o terceiro, os dados que informam e definem a comunidade em que vive e sua própria atuação nela. Ora, a nenhum deles será possibilitado o acesso à informação requerida se não lhes for possível conhecer o conteúdo dos documentos do arquivo, sua tipologia, o órgão público que os produziu e as inter-relações existentes entre eles. Isso só se realiza por meio da publicação de instrumentos de pesquisa, que são o elo entre os documentos procurados e o usuário. Da mesma forma, o arquivo não será totalmente útil aos meios do saber e da cultura se não puder editar obras raras, jornais antigos e monografias que, independentemente de se basearem nos documentos do seu acervo, completam a sua missão informadora e formadora junto à comunidade.

No que concerne aos serviços de assistência educativa, o papel dos arquivos tem sido pouco explorado no Brasil, embora a pedagogia brasileira venha sendo renovadora e progressista. Porém, nos modernos métodos didáticos não foram incluídos os usos possíveis da documentação de arquivo. A abertura dos arquivos a um novo público — o escolar, o dos alunos do ensino fundamental e médio — pode propiciar benefícios didáticos surpreendentes.

"O desenvolvimento de laços entre os arquivos e a educação não depende só da compreensão do papel que a educação deve exercer no mundo contemporâneo; são igualmente importantes: o reconhecimento do verdadeiro valor dos arquivos como fonte educativa e a vontade de transformar o valor educativo potencial dos arquivos em programas positivos e realistas."[180] Entretanto, antes que se chegue a formular essas sugestões realistas, como quer H. W. Payne, arquivista do Arquivo Nacional da Guiana, é preciso atentar para o que vem sendo feito e em que medida o exemplo de outros países pode ser válido como modelo, para eventual aproveitamento entre nós. E, mais que isso, argumenta-se sobre a real validade de um serviço educativo de arquivo, como componente da própria estrutura funcional da instituição.

Trata-se, evidentemente, de algo destinado aos alunos do ensino fundamental e médio, uma vez que o estudante universitário das áreas de ciências humanas já frequenta as salas de consultas dos arquivos como pesquisador. Aliás, para o acadêmico e o pesquisador universitário, o arquivo pode se apresentar numa outra dimensão, cujas características mereceriam serem discutidas em outro momento: a de laboratório de pesquisa histórica. Esta é também uma função didática, porém com limites próprios e diversos dos que ora são o objetivo deste capítulo. Neste livro, a preocupação não é com o uso acadêmico do material de arquivo, mas com o uso didático.

É possível que o fato de se querer imprimir à imagem do arquivo a serviço da administração e à do arquivo a serviço da pesquisa histórica uma nova conotação de função educativa inspire dúvidas e indagações: haveria suficiência de recursos e de pessoal? Como bem indaga Claire Berche, ao tratar do uso do arquivo pelo "homem comum", "é utopia ou realismo? Desafio ou oportunidade para desenvolvimento?"[181] Algumas experiências demonstram que isso é possível, mesmo que não necessariamente nos moldes ideais.

A atividade educativa é inerente aos arquivos públicos, mas aflora circunstancialmente. Qual de nossos arquivos nunca recebeu ruidosas visitas coletivas de escolares, nem foi por eles procurado em busca de documentação tipo "efemérides"? Ou ainda quais deixaram de fornecer cópias de peças de grande significação histórica a professores que as usa-

---

[180] Payne, 1980.
[181] Berche, 1980.

riam com função didática? O que falta é uma sistemática que promova a integração da função didática com a função arquivística. É preciso que a atividade educativa arquivística passe a constituir um elemento costumeiro, constante da programação escolar nas áreas de história e estudos sociais.

Publicações educativas de arquivos, tal como surgiram pioneiramente nos Estados Unidos, na Polônia e na Rússia, começam a aparecer em outros países; conferências, projeções, programas de rádio e televisão e exposições destinadas ao público escolar são sistematicamente realizadas em todo o mundo, com maior ou menor intensidade e frequência.

Podem ser citados alguns exemplos esparsos: em Frankfurt, como em Viena, os estudantes são sistematicamente levados a visitar os arquivos, guiados pelos próprios arquivistas; os professores concordam que seja assim, já que eles não conheceriam em profundidade o material custodiado. Porém, em Stuttgart, e na Inglaterra em geral, estima-se que o professor é quem deve fazer as preleções durante as visitas, pois ele conhece melhor as reações dos alunos. Ademais, sendo senhores dos programas curriculares, podem, de forma mais completa, estabelecer as ilações entre estes e os fatos relatados nos documentos.

Assim, os contatos arquivo-professor e, posteriormente, arquivo--aluno existem tanto nos países mencionados como, ainda, na Dinamarca e na Bélgica.[182] O que é raro — e só a França e, de modo mais restrito, a Itália vêm realizando — é a institucionalização da assistência educativa por parte do arquivo, de forma permanente, dinâmica e crescente.

Este é o ponto que quero enfatizar. No caso francês, como veremos adiante, há toda uma estrutura em pleno funcionamento desde os anos 1950. Na Itália, desde 1976, a Escola de Arquivística, Paleografia e Diplomática de Turim vem estreitando a colaboração com as escolas secundárias, através de aulas e exposições harmonizadas com os programas escolares.

"O ensino atual da história tem dupla tendência: encaixar a história nacional na história universal e, ao mesmo tempo, insistir no aspecto concreto da história, aplicando o ensino ao local. Este último

---

[182] Braibant e Bautier, 1954.

aspecto, primordial, requer a colaboração ativa dos arquivos."[183] Essa concepção, de um destacado arquivista belga, pode ser generalizada e transportada para qualquer país: o arquivo, esteja onde estiver, ilustra de forma irrefutável e motivadora a história. Não fosse ele o custodiador de suas fontes.

Que método pedagógico deveria presidir o contato entre escolares e documento? A indução constitui a escolha dos conjuntos documentais, sua apresentação e comentário, para que a dedução acabe por coincidir ou não (e neste caso, passa-se a outro nível de discussão) com o relato dos livros didáticos. É preciso, porém, que se pense também na coordenação entre os programas que o professor de história está desenvolvendo em classe com os recursos de que dispõe o arquivo. É justamente como solução do problema que ocorre a ideia do quanto é adequado o arquivo municipal a essa espécie de atividade, mais do que seria o estadual ou o nacional.

A história do que "está mais perto" — nem por isso sendo menos importante — talvez seja a mais fácil de o escolar detectar. A história regional não pode deixar de encontrar suas mais importantes fontes nos arquivos municipais e no material custodiado pelos estaduais.

Para o idealizador dos serviços educativos nos arquivos franceses, Charles Braibant, "o melhor meio de aproximar os alunos dos fatos da história nacional é mostrar-lhes, pelo documento, a repercussão em sua província, seu distrito, sua cidade".[184]

Quando a própria Unesco pensa em uma nova estratégia para a educação continuada, para suas novas formas, para a mobilização de recursos complementares, abre-se uma brecha oportuna aos arquivos: dar uma contribuição significativa introduzindo novos métodos e novos gêneros de material escolar. O arquivo pode fornecer recursos documentais de base não só ao ensino da história política e administrativa, mas a várias outras disciplinas das ciências biológicas, exatas, tecnológicas e, evidentemente, sociais, demonstrando suas atividades e concepções nos tempos idos. Mostrar a um aluno, para citar apenas um exemplo, que arquivos técnicos de organismos de saneamento básico de uma cidade

---

[183] Braibant e Bautier, 1954.
[184] Ermisse, 1979.

podem ser úteis para a abertura de novas instalações, detectando, entre outros fatores, erros que não devem ser repetidos, é altamente didático e motivador. Campanhas e diagnósticos médicos, locais de prospecção de minerais e seus resultados positivos ou negativos etc. etc.: os exemplos seriam intermináveis.

A aproximação estudante-documento pode ser abordada por dois ângulos: o contato direto do aluno com as fontes primárias e a possibilidade de selecionar documentos para o ensino da história, dentro dos conteúdos programáticos escolares.

É preciso ressaltar que o referido contato, nos moldes de um serviço educativo em arquivo, como veremos, não se faz aleatoriamente. Não se configuram aqui as tradicionais visitas aos arquivos e museus, nas quais as crianças veem o documento ou a peça como objeto de curiosidade. Seu fim é muito mais amplo e profundo e, neste sentido, obviamente mais árduo.

Na França, foi a própria renovação pedagógica, requerendo métodos ativos, que levou as autoridades educativas a se preocuparem com o estreitamento da ligação escola-arquivo.

A ideia de criar serviços educativos surgiu quando, logo após a II Guerra Mundial, pensou-se em abrir os arquivos a um novo público, de acordo com aqueles métodos ativos da educação. Embora o contato arquivo-escola já se processasse desde 1912, quando uma circular do diretor dos Archives Nationales tornou obrigatório aos arquivistas departamentais a realização de conferências periódicas para os alunos das escolas normais, as portas dos arquivos ainda não estavam abertas aos adolescentes. Foi em 1950 que se instalou em Paris o primeiro serviço educativo. Seu sucesso provocou o aparecimento de similares nos departamentos, sendo o primeiro deles, em 1952, o de Puy-de-Dôme em Clermond-Ferrand. Para lá servir, a Direção de Ensino Médio destacou um professor, prática que se tornou corriqueira. As primeiras atividades foram cursos de história geral e regional, assim como de geografia, usando fartamente o acervo daquele arquivo departamental.

Dos cinco serviços educativos em arquivos regionais existentes em 1954, passou-se a nove em 1955, a 15 em 1956, a 20 em 1957, a 45 em 1968, a 54 em 1972, a 64 em 1973, a 67 em 1975, a 93 em 1977 e a 97 em 1978. Quanto ao número de usuários, passou-se de 11 mil nos Archives Nationales e 16 mil nos departamentais em 1956, a 19 mil e 60 mil, respectivamente, em 1972, a 20 mil e 77 mil em 1973, a 19 mil e 90 mil em 1976 e a 22 mil e 148 mil em 1977.[185]

Servi-me tão detalhadamente destes números porque expõem, eloquentemente, o êxito do empreendimento. O. Ermisse, organizador e grande entusiasta dos serviços educativos, justifica esse crescimento ligando-o às próprias diretrizes do Ministério da Educação com relação aos programas escolares, que valorizam a história local: "Graças à história local, o aluno se apodera das referências culturais que lhe permitem conhecer melhor e amar sua cidade e sua região e, talvez, interessar-se mais por essa história geral que lhe parece, muitas vezes, demasiado austera e afastada do seu meio".[186]

O sistema de colaboração se faz com base, então, na designação de um professor de história do ensino oficial para atuar no serviço educativo. Em colaboração com os arquivistas, ele planeja e organiza exposições, visitas guiadas e aulas no arquivo, encarregando-se também da publicação de textos e documentos pedagógicos.

As atividades que os serviços educativos dos arquivos franceses desenvolvem são as seguintes:

1. *Visitas* — organizadas pelo arquivista e seu pessoal, inclusive aos locais não abertos aos consulentes. Mostra-se todo o circuito do documento, inclusive o processamento técnico. Nos arquivos departamentais de La Drôme a visita é precedida de um audiovisual, intitulado *Les archives à livre ouvert*, que define o arquivo, seus principais fundos e mostra a rotina de atendimento do consulente e o trabalho técnico. Segue-se a apresentação comentada de alguns documentos e a visita propriamente dita.
2. *Aula de história no arquivo*. O tema é escolhido por mestres e arquivistas e os documentos são previamente selecionados. Um grupo de alunos, acompanhado por um ou mais professores, desloca-se para o arquivo a fim de receber essa aula.

---

[185] Jilek, 1980:33-39.
[186] Ermisse, 1979.

3. *Atendimento de alunos isoladamente ou em grupos.* O arquivista é o elo entre o jovem e os instrumentos de pesquisa. Os grupos fazem trabalhos práticos de pesquisa histórica dentro dos limites de sua preparação, sempre orientados por professores. É missão dos arquivos departamentais iniciar de maneira concreta e viva o jovem público escolar na pesquisa histórica.
4. *Concurso Jovem Historiador.* Desde 1953 os Archives Nationales, em Paris, organizam esse concurso anual, destinado a estudantes de 14 a 19 anos. Os participantes trabalham o tema dado, usando primordialmente os documentos do arquivo. Os assuntos escolhidos são bastante amplos, para permitir o achado da documentação necessária nos arquivos locais; o nível e a abordagem esperados estão de acordo com a idade, o preparo e o conhecimento dos concorrentes. A título de exemplo, eis alguns dos temas do concurso (um tema a cada ano): "Redação de um diário de bordo de um capitão francês enviado ao Canadá no século XVII ou no século XVIII", "Relato de acontecimentos locais dos meses de maio e junho de 1793", "O início das estradas de ferro na França" e "O trabalho infantil no século XIX".
5. *Divulgação de reproduções de documentos e publicações.* Organizam-se as chamadas *valises pédagogiques*, que reúnem material didático organizado no arquivo. O professor responsável pelo serviço educativo as apresenta em várias escolas do município. Também se montam painéis móveis, que constituem exposições temáticas itinerantes. Além disso, publicam-se documentos destinados especialmente ao público escolar.
6. *Exposição de originais no recinto do arquivo.* Não se trata das exposições mais gerais, destinadas à comunidade, que geralmente se fazem em grandes efemérides. Estas estão ligadas às necessidades dos próprios cursos de história. O tema da exposição é comunicado antes aos alunos, para que tomem contato com ele e leiam sobre o que será exposto. Em geral, essas mostras de documentos são acompanhadas de objetos de museus e de livros, constituindo-se em verdadeira reconstrução viva do tema. Por exemplo, num dos arquivos departamentais, para uma exposição sobre "Esporte e sociedade, 1870-1914", além dos documentos textuais e iconografia havia também velhas bicicletas, raquetes, roupas esportivas, troféus etc. Para o tema "A escola de antigamente"

reuniram-se velhos livros escolares, cadernos, carteiras, fotos de classes, além de documentos de órgãos governamentais ligados à educação e das administrações de cada escola.

7. *Atividades diversas* como, por exemplo, campanhas junto aos alunos para a coleta de documentos familiares ou de estabelecimentos comerciais, industriais, esportivos, sindicais ou políticos aos quais seus familiares ou amigos estejam ligados. Da mesma forma, recolhem-se, nessas mesmas famílias, lembranças orais e escritas, material de valia para a história local contemporânea.

Partindo do exemplo francês, e numa tentativa de generalização, cabe fazer algumas ponderações: para se organizar uma assistência educativa em arquivos, é necessário estabelecer critérios. Quais seriam as modalidades do encontro entre o escolar e o documento? Que documentos selecionar? São viáveis as formas seguintes:

1. Um contato com documentos mais gerais, selecionados pelo arquivista. Trata-se dos que tenham maior significação para a história local, ou os mais "flagrantes" como fontes. Não guardam relação, porém, com o conteúdo programático que o professor de história está desenvolvendo, ainda que possa haver uma coincidência. Esses documentos podem constituir uma "reserva permanente".
2. Uma seleção de documentos "sob medida", a pedido do professor. Daria mais trabalho ao arquivista, uma vez que os programas escolares tendem para a história mais geral e os documentos regionais são escassos; mas o proveito didático seria compensador.
3. Uma solução mista: o estabelecido no item 1 fazendo parte da apresentação geral, e a seleção apoiando-se na matéria dada em classe pelo professor.

O melhor é alternar "documentos-chave", que facilitam a compreensão de uma grande noção histórica, com "documentos-testemunho", que registram um acontecimento importante ou são a expressão de uma economia e de uma organização social, e "documentos humanos", reveladores da natureza humana e da vida cotidiana. Essa é a ideia expressa por P. Marechal em *L'invitation à l'histoire par le document*, citado por

Babelon.[187] De qualquer forma, vale repetir, deve-se dar ênfase à história local, por seu valor pedagógico, por dar as exatas dimensões de tempo e espaço, e pelo "poder de evocação que lhe confere sua inserção num mundo familiar".

Apesar de todos os riscos que apresenta, a manipulação dos documentos deve ser propiciada aos estudantes. Esse contato direto é mais imprescindível ainda na "aula" do que na "visita". Claro está que não basta apenas "tocar" o documento. Deve haver alguma leitura por parte do aluno, comentários de professores e arquivistas (se for o caso), além de relatório posterior a respeito, a ser entregue na escola. Ao se tratar do comentário didático, surge a indagação: a quem cabe fazê-lo? A quem cabe essa "aula" no recinto do arquivo? Ao arquivista? Ao professor?

No caso da visita, é indiscutível que os comentários cabem ao arquivista, conhecedor dos recursos da instituição que lhe é familiar. No caso da aula, ou ao arquivista ou ao professor. A experiência mostra que, em se tratando de alunos do ensino fundamental, o mestre funciona melhor, e no caso de alunos de cursos técnicos ou pré-universitários, talvez seja preferível a atuação do arquivista. De qualquer modo, a presença do professor é fundamental do ponto de vista psicológico e pedagógico, mesmo porque, posteriormente, em classe, cabe-lhe fazer as ilações com a matéria exposta e o que foi visto no arquivo. Aliás, ele deve ser o animador de um desejável debate que se estabeleça a propósito dos documentos e seu conteúdo entre alunos e arquivistas.

Em que consiste o comentário? É preciso que se estabeleça um pano de fundo cronológico, geográfico, social, político e econômico, no qual o documento "atue". Segue-se um resumo detalhado, com a leitura de trechos. Passa-se à modernização da linguagem, quando necessário, já que não se trata de auditório erudito. São indispensáveis alusões e chamadas às interpretações da historiografia sobre o fato comentado. Deve-se fornecer também uma bibliografia básica sobre o documento (e não só sobre o seu conteúdo específico). Tudo isso permitirá que se concretizem na cabeça do aluno noções que, antes, na rotina da aula expositiva de história, lhe pareciam abstratas e, por isso, não eram bem assimiladas. Além do mais, ao sentir a complexidade do fato histórico,

---

[187] Babelon, 1979.

detectando quantas interpretações posteriores recebeu, o adolescente irá formulando indagações saudáveis para a formação de um espírito crítico.

Quanto ao recinto, essas aulas especiais devem ser dadas no arquivo, sem dúvida, porém em local adequado, que disponha de quadro-negro, tela para projeções, mapas etc. Nunca na sala de leitura geral do arquivo, pois isso prejudicaria os pesquisadores.

É provável que em algumas escolas surjam dificuldades burocráticas e materiais para levar os alunos do estabelecimento de ensino até o arquivo. Se forem intransponíveis, o arquivista pode deslocar-se. Mas o aproveitamento será menor, sem a possibilidade de exibir a documentação original.

O número de documentos a exibir é importante. Não pode ser muito grande, para que a atenção dos jovens não se disperse, mas é interessante que a quantidade seja significativa. O ideal seria expor de 50 a 100, levando-se em conta as séries e subséries, e reservar de 10 a 20 para a manipulação e os comentários específicos. O número de alunos, por sua vez, não deve ultrapassar 20, e sua faixa etária deve ficar entre 14 e 19 anos. A frequência ao arquivo, segundo o exemplo francês, seria de duas a três vezes ao ano.

Se for possível contar com uma publicação do tipo *Guia de recursos pedagógicos para o ensino da história* em cada um dos arquivos que prestam assistência educativa, o trabalho dos pedagogos e arquivistas seria facilitado. A cada etapa da história nacional e local já corresponderiam os documentos assinalados, o que não impediria a renovação de exemplos para novas abordagens.

Um serviço educativo de arquivo não deve dispensar a colaboração de outros organismos culturais e pedagógicos: museus, bibliotecas, centros de documentação, universidades e instituições ligadas ao turismo cultural. Tudo isso sem mencionar o mais próximo de todos: a própria escola. O estabelecimento de convênios, ou até mesmo de contatos não regulares, permitirá saber como e até que ponto será possível contar com as funções e os recursos de cada um. A possibilidade de coproduções e coatividades, além de economizar recursos, pode propiciar um aproveitamento mais eficaz de equipamentos e de serviços do patrimônio público.

Muitas vezes é difícil detectar em que medida o arquivo pode fornecer elementos para atividades, digamos, mais populares. À força de ser usado quase exclusivamente pelas vias primordiais de sua própria existência, isto é, pela administração (geradora de seus documentos) e pela pesquisa histórica, tem-se a impressão de que se esgotaram outras possibilidades de uso. A verdade é que "os arquivos constituem um recurso cultural e um elemento fundamental da civilização e da cultura dos povos, mas não se fizeram acompanhar do progresso equivalente quanto às estruturas necessárias para colocar esses recursos culturais à disposição de cada um".[188]

Limitados antes à erudição, à pesquisa científica e à administração, passam agora, dentro da moderna tendência da função arquivística, a receber um novo usuário — o cidadão. Outra não é a finalidade das exposições, palestras, visitas guiadas e montagens audiovisuais: perseguir uma política que vise aproximar o homem comum dos arquivos. Este cidadão pode estar corporificado no simples interesse pelas coisas do passado de um profissional liberal, um militar ou uma dona de casa, e pode ainda ser representado pelo escolar.

A educação popular é uma outra vertente da atividade pedagógica; é campo da chamada "educação permanente", que quer atingir o cidadão que já deixou os bancos escolares. A educação pós-escolar pode completá-lo como cidadão. O conhecimento do meio local de sua cultura pode desenvolver nele o senso crítico e a compreensão solidária por aquilo que o rodeia.

Paralelamente, é desse modo que o arquivo pode tornar mais conhecida sua própria função primária, desenvolvendo a compreensão dos testemunhos do passado, mesmo os mais modestos; difundindo a noção de respeito pelo documento escrito, evitando assim a destruição de papéis que se achem em depósitos particulares e, talvez, estimulando doações de fundos privados ou, ao menos, sua cessão para microfilmagem.[189]

Trazer, a partir das atividades socioculturais, essa gente nova para a consulta mais sistemática dos documentos requer também mudanças

---

[188] Principe, 1980.
[189] Babelon, Bousquet e Seve, 1970:655-694.

na própria sistemática de funcionamento dos arquivos — abertura em horários noturnos e em fins de semana —, assim como menos exigências no concernente à qualificação acadêmica dos consulentes. Estas, entre outras, seriam transformações urgentes.

Na verdade, os arquivos estão premidos entre dois extremos: de um lado, a cultura para o usuário erudito e o cientista; de outro, a cultura para todos. E no bojo dessa diversificação vem também toda uma dicotomia na política de uso e liberalização da documentação. Será que, necessariamente, só àqueles dois primeiros públicos pode ser permitido o acesso aos documentos mais raros, aos de mais precário estado de conservação e aos de conteúdo mais complexo? É certo que esse usuário, o pesquisador, por definição pode prescindir da assistência que o cidadão comum requer. Mas, no que concerne à segurança e ao cuidado, a totalidade dos consulentes deve receber a mesma vigilância. Mesmo porque, frequentemente, ao simples curioso não acudirá a tentação de apoderar-se de um documento do qual nem do valor real tem noção!

Nessa diferenciação entre público erudito, científico e escolar, este último pode, embora inserido no quadro do "público em geral", constituir-se em tipo intermediário, apresentando, em seu corpo, futuras vocações para a pesquisa histórica. Se em seus primeiros contatos com o arquivo ele era "guiado" pelos responsáveis pela assistência educativa, num segundo momento passará a ter gosto próprio, seja num campo profissional ligado à arquivística ou à história, seja no âmbito de um interesse meramente erudito-cultural.

As novas formas de utilização do arquivo, para além da pesquisa administrativa e histórica, como o uso educativo ou o de natureza técnico-operativa (o chamado uso prático do arquivo, pelo qual tem havido recentemente grande interesse), representam, todas elas, um grande desafio para o arquivista. Ele deve continuar a ser o erudito, o técnico que preserva e ordena os documentos, assim como elabora os instrumentos de pesquisa que serão utilizados essencialmente por um número muito restrito de intelectuais? Ou devem os arquivistas assumir uma tarefa diversa em face da evolução das demandas culturais? Em caso afirmativo, isso virá impor ao arquivista a necessidade de estudar novos métodos de pesquisa, deixando as vias tradicionais, de modo a poder ajudar a comunidade a utilizar os arquivos.[190]

As características de sua assistência ao usuário vão-se diferenciando. Na realidade, ele pode ser tomado por uma sensação incômoda de que sua instrumentação tradicional de atendimento ao público está sendo insuficiente para atender às novas demandas. Uma revolução será necessária, sem que se afetem as essências arquivistas: a demanda diversificada passará a exigir novos instrumentos de pesquisa. O recolhimento e o arranjo não sofrerão mudanças, não se impondo, assim, transformações na sua formação profissional básica. Mas ele deverá assenhorear-se dos canais possíveis de comunicação com a sociedade a que serve.

O próprio caráter da informação que o documento de arquivo fornece, o dado em estado bruto, sem quaisquer análises ou interpretações, requer, justamente, toda uma preparação quando usado para fins educativos. Vimos como, na França, o material é organizado para a sua utilização didática. Isso demanda, como se evidencia, certa atitude e predisposição do arquivista. Não que profissionalmente ele vá se transformar em documentalista, no mais estrito sentido da palavra. Não lhe caberá fazer resumos, indexar matérias, destacar ou unir informações, enfim, constituir um banco de dados. Não é esta a sua função. Como sempre destacaram os teóricos da informação, o trabalho do documentalista realiza-se a partir da saída das informações, enquanto o do arquivista se faz em função da entrada, atendo-se rigorosamente aos organismos e aos processos de origem da documentação. Assim, ele será neutro quanto às futuras utilizações do seu acervo. Isto no que concerne ao arranjo e à descrição. Mas é no seu trabalho de assistência, seja ao pesquisador, seja ao professor e a seus alunos, que ele deverá se desviar de suas tarefas rotineiras. E sem prejuízo (até pelo contrário) de sua função primordial.

Na assistência educativa em arquivos devem ficar bem estabelecidas as tarefas do professor e do arquivista. Elas devem ser definidas a partir mesmo do nível do contato aluno-arquivo. No caso de visitas, ainda que explicadas, o arquivista é o mais indicado, conhecedor que é do seu

---

[190] Principe, 1980.

material. No estudo mais aprofundado dos documentos, entretanto, no momento dos comentários de caráter histórico-pedagógico, talvez a palavra deva ser cedida ao mestre. "Se o arquivista é sempre qualificado para explicar o que são os documentos de arquivos, em razão do conhecimento profundo que ele tem, falta-lhe, em geral, senso pedagógico. Na medida em que o professor possa ele mesmo fazer o comentário, é preferível que se lhe dê a palavra."[191]

De um lado, o arquivista conhecedor do acervo do arquivo. De outro, o professor que sabe exatamente que eventos, atitudes, situações e circunstâncias ocorridas na história são mais significativos e como localizá-los nos programas escolares. Quem melhor que ele para estabelecer ilações precisas? Seu desempenho pode ser gratificante quando notar o entendimento dos alunos ao ilustrar as aulas teóricas com o conteúdo dos documentos do arquivo.

A posição dos arquivistas e dos professores a esse respeito varia, como já vimos quando se fez menção a situação na Alemanha, na Áustria e na Inglaterra. O mais sensato seria a sintonia do profissional da informação com o da educação. O primeiro, a fornecer a matéria-prima; o segundo, a usá-la, sem distorcê-la, ligando-a à historiografia. Já me referi aos tipos de documento e à maneira de mostrá-los aos alunos. Ora, só esse entrosamento entre profissionais proporcionará ao método pedagógico condições de realização.

Na relação educação-arquivo, foi exposto até aqui sobretudo o contato direto, isto é, a presença do aluno na instituição custodiadora da documentação. Até mesmo as exposições itinerantes de reproduções de documentos ou as de originais são variações desse contato.

Há, no entanto, uma outra modalidade, pela qual a comunicação se estabelece a distância, sem com isso perder sua eficácia. Trata-se da utilização de documentos pela imprensa, rádio e televisão com finalidades educativas.

As formas desse uso têm duas vertentes:

1. Publicação do conteúdo integral de documentos de arquivos em jornais diários, ou a emissão, do mesmo conteúdo, por rádio ou televisão.

---

[191] Braibant e Bautier, 1954.

2. Publicação ou apresentação de temas preparados à base de documentos ou que lhes explore o conteúdo.

Não nos iludamos com a perspectiva de que tal iniciativa — a divulgação sistemática do acervo do arquivo — parta dos comunicadores sociais. É o arquivista quem deve procurar os meios de comunicação de massa, como vias de penetração de sua mensagem, nos dois sentidos: em primeiro lugar, o arquivo realiza sua ação educativa em direção ao grande público; em segundo, mostra o que é e o que faz, atraindo, na direção contrária, possíveis pesquisadores.

Estabelecendo-se contato com órgãos de informação social e com profissionais encarregados da difusão cultural, pode-se chegar à elaboração de programas sistemáticos. Nos Estados Unidos os há, com a exibição dos mais conhecidos documentos históricos. Em Barcelona, na Espanha, duas vezes por semana os arquivistas dão aulas de história catalã, também pela televisão.

Se atentarmos para o fato de que, anualmente, na ex-União Soviética, eram publicados cerca de 4 mil artigos em jornais e transmitidas aproximadamente 1.500 emissões radiofônicas e 500 televisionadas baseadas na exploração de documentos de arquivo[192] — apesar de os meios de comunicação serem estatais — somos levados a refletir sobre a premência de se fazer algo nesse sentido no Brasil. Há programas culturais na televisão e no rádio brasileiros. Eventualmente podem até fazer uso de um documento de arquivo. Mas o que valeria a pena tentar é fazer algo, sistematicamente, em torno do documento, e não usá-lo apenas como fonte primária circunstancial.

Um programa de divulgação histórica em que se usasse o método comparativo seria altamente eficaz. Por exemplo, uma exigência municipal qualquer, que se faz hoje (exibindo o documento atual), e como era feita há 50 ou 100 anos (comparando os documentos). Essa forma de publicação ou emissão "ontem e hoje" é sempre bem recebida e absorvida pelos jovens. Aliás, esse procedimento também pode ser usado nas aulas ministradas no arquivo. No caso da televisão — provavelmente o

---

[192] Khmeleva, 1980.

meio mais eficiente, por ser o mais difundido —, poderia haver emissões circunstanciais, em comemoração a efemérides. Entretanto, os objetivos só seriam alcançados se precedidas de uma longa, prévia e profunda preparação, a cargo de arquivistas e comunicadores.

Enfim, é indiscutível que os arquivos podem e devem exercer uma ação educativa de vulto. As sugestões "realistas", para aplicação no Brasil, devem ser poucas e objetivas:

- que parta dos arquivistas, em especial dos arquivos municipais, uma aproximação com as escolas, a concretizar-se em reunião com alguns professores de história ou de estudos sociais do município onde esteja situado o arquivo;
- que se estabeleça um cronograma de trabalho e se fixe um planejamento de atividades. É preciso levar em conta sobretudo o conteúdo programático. Este deve estabelecer a seleção e o preparo do material, parte que cabe ao pessoal do arquivo. Pode ser feita até uma lista dos documentos mais apropriados aos programas escolares;
- os grupos de alunos — nunca formados por mais de 20, na faixa etária ideal de 13 a 16 anos (ou 14 a 19, como estabelecem os franceses) — devem ser previamente esclarecidos sobre a feição e o porquê dos documentos de arquivo;
- um amplo entrosamento prévio deve ser encetado entre o professor e o arquivista, não se permitindo que aflore o menor desajustamento entre o que cabe a um e a outro, principalmente diante dos alunos;
- um relatório individual sobre as atividades no arquivo para que se avalie o aproveitamento real deve ser exigido pelo professor;
- quanto às formas de interação arquivo-educação, que se tome como base o exemplo de outros países, sendo, entretanto, cada caso um caso, levando-se em conta diferenças de orçamentos, possibilidades, recursos e documentação disponível.

Em resumo: arquivistas e educadores não devem permitir que a colaboração entre eles se esvaia diante das primeiras dificuldades ou decepções. Talvez não ocorram resultados tangíveis a curto ou a médio prazos. Podem ser encontradas barreiras e a muitos parecerá inócua essa atividade, sendo necessário que os que creem nas possibilidades pedagógicas do arquivo insistam nelas.

É preciso frisar que a educação não pode abrir mão das possibilidades didáticas do arquivo: tornar a história, de uma vez por todas, uma disciplina que se entenda e não que se decore. E o arquivo, se não levar em conta a importante força social que lhe oferece o mundo escolar, estará perdendo a oportunidade de desempenhar melhor a sua necessária participação na vida nacional. Contribuindo para a formação integral do adolescente, estará plasmando até um maior número, e de melhor qualidade, de futuros usuários.

Havendo uma apreensão direta e concreta do conteúdo dos documentos, será mais fácil, posteriormente, "encontrar o caminho" do arquivo; ou pelo menos conhecer sua existência e missão. Haverá, no jovem, um interesse maior pela história, seja como aluno, seja como futuro cidadão atuante. Poderá mesmo, em suas futuras atividades profissionais, diversas que sejam do campo da história, ser um dos que atuem na preservação de documentos originais, mesmo no âmbito da iniciativa privada. Outro ponto a salientar é a importância assumida pelos arquivos junto à opinião pública, como reflexo da ligação arquivo-futuro cidadão.

Mesmo não sendo a função primordial do arquivo, essa nova abertura para a educação pode se constituir numa forma de aproximação que lhe garantirá um novo espaço social. E isso acabará beneficiando — e até reforçando — o próprio protagonismo do arquivo-informação administrativa e do arquivo-informação histórica.

Como centro armazenador de tudo o que pode testemunhar as relações passadas entre o Estado e o cidadão, das entidades públicas entre si e as transações entre particulares (no caso dos fundos cartoriais), um arquivo público define sua posição na estrutura administrativa e assegura seu papel no contexto social que integra, recolhendo, preservando, processando e divulgando documentos de valor permanente. Se, no entanto, essa sociedade conformar-se em nele ver apenas um "depósito de papéis velhos", sem lhe compreender a função e a utilidade, ela não terá meios eficazes de reencontrar sua memória, condenando-se a si mesma à ignorância dos fatos, das coisas e dos homens que a edificaram tal como é.

Quando um arquivo público instala, alimenta, desenvolve e expande seus serviços editoriais, culturais e educativos, alinhando-os à sua função informacional administrativa e científica, ele preenche seu lugar por direito e por conquista na comunidade. Esta deve ver no arquivo uma tribuna e um manancial de direitos e deveres, um lugar de entretenimento e uma real fonte de cultura e saber.

Capítulo 15

Arquivos privados: conceituação e caracterização

O objetivo deste capítulo é discutir a questão dos arquivos privados por meio de quatro abordagens:
- conceituação de documento privado;
- caracterização de documento privado;
- conceituação de arquivo privado;
- caracterização de arquivo privado.

Não obstante sua interligação, elas podem ser abordadas independentemente, a fim de que se alcance mais facilmente o quadro para discussão das possibilidades, visando o estabelecimento de uma certa disciplina de recolhimento e de processamento de arquivos privados, como forma e também como conteúdo.

Documento privado: conceituação

É preciso esclarecer em que acepção se toma o termo "documento" e quais os limites exatos, do ponto de vista jurídico, entre "público" e "privado". Afirmar-se que são documentos privados todos os que não são públicos parece demasiado simplista. Contudo, é assim, por exclusão, que a própria área jurídica distingue os bens públicos, afirmando serem estes os pertencentes à União, aos estados ou aos municípios, e os outros, particulares.

O documento privado seria o emanado por pessoas físicas e jurídicas de direito privado. Se o documento, como o tomamos aqui, é um bem cultural patrimonial de domínio público ou privado, à primeira vista a definição está dada. No entanto, é preciso ir além, já que todas as suas variantes e possibilidades nos interessam, como matéria-prima que é dos profissionais da organização documental e dos da investigação histórica.

Consideremos inicialmente o documento privado tomado como unidade. É o documento primário isolado, produzido ou recebido por entidade não governamental ou pessoa física, documento que, tendo perdido seus liames orgânicos com o meio onde foi gerado, acabou por tornar-se elemento de coleção (pública ou privada) ou mesmo objeto de guarda/posse única de um particular (pessoa física ou jurídica) ou de uma entidade pública. Com isso, excluem-se para efeitos da discussão deste texto, tipos de documento considerados característicos das bibliotecas, dos museus e dos centros de documentação.

Documento privado: caracterização

Para caracterizar o documento privado isolado, podem-se destacar os seguintes elementos:

- origem por razões funcionais, jurídicas, administrativas, profissionais ou pessoais — razões que o identificam como documento de arquivo, dentro das atividades de instituições não governamentais ou de pessoas físicas;
- tipologia e suportes diversos;
- unicidade — está isolado porque perdido de seu grupo, núcleo ou série original; acha-se alienado ou constituindo conjuntos não orgânicos, isto é, coleções;
- término dos prazos de utilização ligada a cada uma das razões estipuladas no primeiro item;
- alienação de outros documentos que com ele formariam conjuntos

significativos como organicidade/fluxo de origem privada (arquivos privados);
- pouco valor arquivístico, embora possa ter densidade informacional e peso considerável para a pesquisa histórica;
- se incorporado a um acervo arquivístico de forma isolada, não dentro de conjuntos orgânicos, para efeitos de arranjo integrará coleções, dossiês ou séries miscelâneas, diversos ou avulsos, conforme for o caso de sua origem/função (se detectáveis); isto, se esgotadas as possibilidades de sua identificação como elemento de um fundo privado orgânico, já estabelecido e constituído. Se houver a identificação, deve ser reintegrado a seu meio original;
- se incorporado a um acervo arquivístico para efeito de descrição, o será dentro do segmento a que for incorporado (coleções, avulsos etc.), recebendo, porém, tratamento unitário quase que obrigatório, pois dificilmente poderá ser descrito em grupo, a não ser que realmente se trate de um conjunto indivisível e constitua, por si, um documento completo como tal;
- se integrado a um acervo arquivístico, no momento da transferência da informação, e só neste caso, será tratado de maneira absolutamente igual à dos demais documentos, isto é, aos não isolados e que constituem propriamente "fundos de arquivo". A análise documental e a indexação, como meio de informação ao pesquisador, independem da caracterização formal e de origem, preocupando-se exclusivamente com conteúdos transformáveis em descritores.

Quanto à entrada do documento isolado no acervo, o procedimento do arquivista que o localizar ou de quem por ele tiver interesse deve ser, inicialmente, esgotar as possibilidades de identificá-lo como membro de um fundo (isto é, de um conjunto orgânico). Se essa identificação se efetivar, o documento deve ser reintegrado ao seu "meio genético", mesmo que o fundo a que pertença esteja sob a custódia ou propriedade de outra entidade privada ou pública. O cabível, nesse caso, é que se fique com uma cópia, como documentação complementar, não substitutiva, se a presença da informação for realmente significativa no total do acervo.

Proporcionar a reincorporação do documento isolado — público ou privado — ao fundo ao qual pertence encerra um dos aspectos fundamentais da ética arquivística, pelo qual o *respect des fonds* deve estar acima dos interesses pessoais/institucionais. Muitas vezes, porém, essa entrega pode ser dificultada.

É admissível uma guarda provisória e temporária se se constatar que, em seu verdadeiro destino, o documento não receberá tratamento adequado nem terá, em alguns casos, condições de sobrevivência. É este, com efeito, um dos maiores problemas que se tem a enfrentar: o do documento rejeitado por quem legitimamente deveria custodiá-lo. Por isso mesmo, em nome da mesma ética, o arquivista deve envidar esforços no sentido de saná-los.

A questão torna-se mais grave nos seus dois sentidos (obrigação de entrega e pouca probabilidade de tratamento adequado) quando o documento é público (ainda no caso de documento isolado). Quanto à possibilidade de o arquivista ter retirado o documento de seu meio natural, essa é uma hipótese não aventada de tão absurda e antiética que é; considera-se aqui apenas o caso de a peça ter sido doada ou oferecida à compra por um particular. O comportamento do profissional deve ser o mesmo que teria em relação a um documento particular que saiba pertencer a outra entidade particular: a devolução imediata ou a guarda provisória, caso constate falta de condições para custódia e tratamento adequados por parte do legítimo proprietário.

A Lei nº 8.159, de 8 de janeiro de 1991, que dispõe sobre a política nacional de arquivos públicos e privados contempla a questão dos arquivos privados *versus* o poder público, como se pode verificar nos arts. 13 a 15:

> Art. 12. Os arquivos privados podem ser identificados pelo poder público como de interesse público e social, desde que sejam considerados como conjuntos de fontes relevantes para a história e desenvolvimento científico nacional.
>
> Art. 13. Os arquivos privados identificados como de interesse público e social não poderão ser alienados com dispersão ou perda da unidade documental, nem transferidos para o exterior.
> Parágrafo único — Na alienação desses arquivos o poder público exercerá preferência na aquisição.
>
> Art. 14. O acesso aos documentos de arquivos privados identificados como de interesse público e social poderá ser franqueado mediante autorização de seu proprietário ou possuidor.

Art. 15. Os arquivos privados identificados como de interesse público e social poderão ser depositados a título revogável, ou doados a instituições arquivísticas públicas.

Arquivo privado: conceituação

A mencionada Lei nº 8.159 trata dos arquivos privados, estampando em seu art. 11: "Consideram-se arquivos privados os conjuntos de documentos produzidos ou recebidos por pessoas físicas ou jurídicas, em decorrência de suas atividades". Ao mencionar claramente que os documentos são produto das atividades pessoais ou institucionais no âmbito privado, esta definição toca no ponto essencial da especificidade dos documentos de arquivo: sua organicidade. A "relação entre a individualidade do documento e o conjunto no qual ele se situa geneticamente é precisamente a base da noção de fundo de arquivo".[193] Fundo sendo, pois, esse aglomerado lógico, estruturado e indivisível, de documentos produzidos por um órgão ou por entidade no decurso de atividades que justificam sua própria razão de ser.

Se, no âmbito dos arquivos públicos, é preciso não confundir coleções com fundos de arquivo, na dos privados esse cuidado deve ser redobrado. Isto porque tal eventualidade pode ocorrer muito mais nesse domínio: é frequente que um particular "colecione" documentos por motivos que vão desde o gosto pela raridade antiga até o querer possuir — e não apenas consultar — os papéis que pretende analisar para elaborar trabalhos historiográficos. A "organicidade" estaria nesse aspecto e não no da produção, o que, positivamente, perde sentido diante da teoria arquivística.

Em uma conceituação de fundo de arquivo enunciada como o conjunto de documentos gerados/recolhidos por uma instituição ou pessoa no exercício de suas funções, mesmo que não acrescida da menção à relação genética, esta está implícita. Isto porque o fato de se afirmar que

---

[193] Gauye, 1984:18.

o material se origina do "desempenho de funções específicas" implica não serem os seus elementos (documentos) totalmente estranhos uns aos outros: relacionam-se na sequência de tempo (processo cumulativo), completam-se lateral e transversalmente (inter-relações estruturais) e possibilitam flagrar, no momento em que se queira, o funcionamento da entidade ou a atuação profissional de um indivíduo.

Os termos da conceituação não permitem distinguir a idade dos conjuntos documentais a que se refere, podendo-se nela entrever os arquivos vivos de uma empresa ou qualquer outra entidade privada. É, pois, necessário deixar claro que este texto focaliza e privilegia acervos arquivísticos que se originam na área privada e que se encontram em sua terceira idade, já tendo ultrapassado a sua utilização imediata. Em suma, quando já cumpriram a função (ou razão) para a qual o documento foi criado, que é o mesmo que dizer que ultrapassaram os limites do valor primário.

No caso dos acervos privados, a fixação de prazos e datas de transferência, de desclassificação, de destruição ou de recolhimento não é obrigatória, como deve ser no dos públicos. Talvez nem mesmo devam existir como regra, exceção feita à documentação estática. No caso desta, quanto mais e melhor forem estabelecidos e obedecidos os critérios de avaliação e expurgo, tanto maior será o benefício para a administração e a pesquisa histórica. Para a primeira, pela desobstrução de seus espaços arquivísticos e pela racionalização dos sistemas internos de informação; para a segunda, pelo acesso propiciado aos dados econômicos, sociais, culturais etc. de origem privada.

No que diz respeito, ainda, à conceituação, há que se distinguir, de um lado, os arquivos gerados por instituições não governamentais e, por outro, os gerados por famílias ou indivíduos. Essa dicotomia implica considerar os arquivos econômicos, os arquivos sociais e os arquivos pessoais.

Arquivos econômicos

Esta categoria compreende a documentação gerada por empresas comerciais, industriais, financeiras ou de serviços, de pequeno, médio ou grande portes. Evidentemente, em cada um dos tipos de organização mencionados cabe uma gama enorme de especializações (bancos, seguradoras, empresas agrícolas, pecuárias, siderúrgicas, de tecelagem, de bebidas, de transportes etc.). Dada a sua obviedade, é prescindível mencionar aqui a importância desses acervos para a pesquisa histórica.[194]

Os conteúdos informacionais dos documentos de empresa podem ser bastante diversificados quanto às atividades específicas, mas há muita semelhança quanto aos setores de gestão (direção, gerência, pessoal administrativo, operários, legislação trabalhista a ser cumprida, regulamentação interna, seguros, área fiscal etc.), o que resulta em tipologias documentais semelhantes, do ponto de vista arquivístico.

Convém ressaltar, não obstante a sua evidência, que a organização técnica e a análise documentária desses acervos de terceira idade não dispensam o conhecimento da estrutura, das funções e das atividades da empresa, esteja ela encerrada ou ainda em atividade. Outrossim, se se tratar deste último caso, importa no estabelecimento de um fluxo regulamentado entre os arquivos correntes, centrais e o permanente, seja este último estranho ou não à referida organização.

Arquivos sociais

Os chamados arquivos sociais abrangem um grande número de arquivos importantes, sobressaindo-se os religiosos, os notariais e os de movimentos e entidades políticas. Os demais também merecem atenção, dada a importância de seus respectivos campos. Por exemplo: a documentação proveniente de instituições educacionais privadas e de associações de classe, esportivas, beneficentes e culturais. Na verdade, cada uma dessas categorias mereceria uma tipificação, um levantamento de entidades e dos problemas que enfrentam para que fossem unidas em grupos de trabalho. Tal prática permitiria uma união de forças para estudos técnicos, chegando-se a identificações e homogeneizações que só podem ser benéficas.

Quanto aos *arquivos notariais*, em muitos países e em alguns estados brasileiros, eles integram a área da atividade pública, dado seu caráter de

---

[194] Ver o capítulo 16.

concessão de validade jurídica aos atos, fatos e documentos registrados nas entidades do setor: registros, cartórios, tabelionatos. Durante longo tempo, no século XX, no Brasil, os cartórios tiveram parte de sua documentação estática obrigatoriamente recolhida aos arquivos públicos. É um setor para o qual a arquivística e a pesquisa histórica atualmente voltam a sua atenção com o maior vigor.

Outro importante polo são os *arquivos religiosos*. Os da Igreja Católica, com datas anteriores à proclamação da República, devido ao valor jurídico de seus registros demográficos (já que nos períodos colonial e imperial não havia registro civil), mereceu um artigo, o 16, na Lei nº 8.159: "os registros civis de arquivos de entidades religiosas produzidos anteriormente à vigência do código civil ficam identificados como de interesse público e social".

A Igreja Católica tem, no Brasil, uma tradição de organização arquivística de certa antiguidade. Os arquivos de algumas cúrias metropolitanas têm proporcionado trabalhos historiográficos de relevo, justamente pela possibilidade de uma adequada transferência de informação, pela existência de razoáveis instrumentos de pesquisa.

Arquivos pessoais

A conceituação de arquivos pessoais está embutida na própria definição geral de arquivos privados, quando se afirma tratar-se de papéis produzidos/recebidos por entidades ou pessoas físicas de direito privado. O que se pode aqui especificar é que, sendo papéis ligados à vida, à obra e às atividades de uma pessoa, não são documentos funcionais e administrativos no sentido que possuem os de gestão de uma casa comercial ou de um sindicato laboral. São papéis ligados à vida familiar, civil, profissional e à produção política e/ou intelectual, científica, artística de estadistas, políticos, artistas, literatos, cientistas etc. Enfim, os papéis de qualquer cidadão que apresente interesse para a pesquisa histórica, trazendo dados sobre a vida cotidiana, social, religiosa, econômica, cultural do tempo em que viveu ou sobre sua própria personalidade e comportamento.

Se tomados no plural, como os arquivos de vários membros de uma mesma família (ou dinastia ou casas de nobreza), teremos os chamados arquivos familiares, cujos respectivos fundos não devem ser confundidos nem desmembrados.

Arquivos privados: caracterização

A caracterização técnica de arquivos privados já foi abordada em alguns aspectos, podendo-se retomá-la por razões didáticas, relembrando que se trata essencialmente de arquivos de terceira idade:

- origem por razões funcionais, administrativas, profissionais ou pessoais dentro das atividades de instituições não governamentais ou pessoas físicas;
- tipologia e suportes diversos dentro de um conjunto orgânico que obedece às razões acima explicitadas. No caso de arquivos de pessoas as tipologias são bastante semelhantes;
- conjuntos orgânicos de documentos ordenados em seções, séries e subséries, processos e dossiês. O fluxo e a organicidade são inerentes ao funcionamento e às atividades da instituição ou à vida pessoal e profissional do titular do arquivo;
- término dos prazos de utilização primária, ligada a cada uma das razões estipuladas no primeiro item. Os prazos devem ser normalizados por comissões constituídas pelas entidades produtoras de arquivo. No caso dos arquivos pessoais, o uso pela pesquisa se dá, em geral, após a morte do titular, passando a documentação a uma entidade pública ou privada ou, ainda, permanecendo em poder da família, que poderá autorizar o acesso. Em ambos os casos, devem ser previstos contratos e acordos com os herdeiros quanto a restrições parciais, publicações futuras etc.

Quanto ao recolhimento e à custódia dos arquivos privados, ressalvem-se os casos em que as próprias entidades econômicas ou sociais estabelecem um sistema interno de arquivos. Neste pode estar prevista a abertura do acervo de terceira idade à consulta pública, após tratamento técnico adequado e estudos de disseminação de informação realizados por pessoal próprio ou por especialistas alheios a seu quadro, especialmente contratados.

As questões de recolhimento, sonegação e destruição de papéis apresentam facetas mais complexas quando se trata da área privada. Isto porque atos ligados aos deslocamentos de fundos, aos critérios de avaliação, à proibição de expurgo indiscriminado e de exportação podem ser determinados por leis municipais, estaduais e federais, com validade nas suas respectivas jurisdições, quando o que está em causa são documentos produzidos pelo poder público. No caso dos acervos privados é apenas por sensibilização, por persuasão, por especiais interesses e concessões que certos acervos podem ser resgatados para a pesquisa histórica.

Há casos em que as famílias fazem uma triagem nos documentos, destruindo os que denigrem a imagem do titular; o mesmo ocorrendo com empresas temerosas de que se lhes empane a atual imagem publicitária. Também pode ocorrer a supervalorização de uma documentação, por parte dos herdeiros, no sentido da possibilidade de venda dos papéis familiares, emprestando-lhes uma importância informacional que muitas vezes não possuem. O Estado nada pode obrigar nesse sentido.

Cabe ao poder público intervir? Parece que não. É opinião de alguns arquivistas estrangeiros que "urge resguardar-se absolutamente da intervenção do Estado, susceptível apenas de gerar a desconfiança por parte dos comerciantes e industriais e de impedir qualquer contato frutuoso e útil entre os organismos do Estado e as empresas particulares. É a persuasão, o conselho, que permitirá colher os resultados. Prejudicial e mesmo nociva seria a coerção neste domínio".[195]

Como estamos no Brasil? Qual a situação dos arquivos privados *vis-à-vis* a legislação relativa à preservação e ao tratamento do chamado patrimônio documental? Há interesse do Estado? Total desleixo? Ou há confusão na ordem jurídica? O antológico trabalho de Aurélio Wander Bastos, "A ordem jurídica e os documentos de pesquisa no Brasil",[196] é altamente esclarecedor. Faz-se necessária uma vasta discussão em torno da questão do choque de jurisdição no que toca à proteção do patrimônio

---

[195] Marquant, 1960:7.
[196] Bastos, 1980:3-18.

documental brasileiro entre o Arquivo Nacional e o Serviço do Patrimônio Histórico e Artístico Nacional/Fundação Pró-Memória.

O que está em pauta é o destino da transferência e da custódia dos acervos brasileiros. Arquivos privados devem ser custodiados em instituições culturais ou de pesquisa histórica ligadas à iniciativa privada? Ou em fundações específicas ou de caráter mais geral? Ou em instituições culturais públicas? Arquivos privados em arquivos públicos?

Para cada um desses casos, há no Brasil bons e maus exemplos, mas, de qualquer maneira, casos alheios àquela legislação "protecionista", tão bem retratada por Aurélio Wander Bastos. Reitera-se a necessidade de se levantar o perfil dessas instituições e divulgá-lo. Só um guia das coleções de documentos privados e dos fundos de arquivos privados pode fornecer aos historiadores os dados de localização e de conteúdo desses acervos, ricos em informações básicas ou complementares ao labor historiográfico.[197]

Os arquivos privados ainda são, no Brasil, uma questão de "causa", ainda necessitam que se "levantem bandeiras". Para tanto, pode-se sugerir as mesmas propostas aventadas por Cesar Garcia Belsunce com referência ao patrimônio documental,[198] adaptando-as ao caso: é preciso conscientizar, integrar e institucionalizar.

Na presente questão, trata-se de fomentar o desenvolvimento de uma consciência sobre o valor dos arquivos privados junto a seus detentores, ao grande público, aos historiadores e aos "formadores de opinião" dos meios de comunicação de massa. O sentido de integrar é que a problemática dos arquivos privados esteja unida à dos arquivos públicos e à do desenvolvimento arquivístico.

O patrimônio documental deve ser concebido como parte do desenvolvimento nacional e integrado a um projeto nacional de salvação e resgate dos valores fundamentais da nacionalidade.

Para institucionalizar o sistemático recolhimento, tratamento documental e disseminação da informação contida nos arquivos privados, que

---

[197] Ver o capítulo 16.
[198] Garcia Belsunce, 1982.

se estabeleça um quadro de instituições, cabendo-lhes respectivamente certa especificidade de tipologia dos acervos a serem recolhidos. Que uma harmonia técnica e analítica, perfeitamente possível, seja tentada, em benefício dos arquivistas e dos historiadores.

Temas
complementares

Capítulo 16

Arquivos pessoais como fonte de pesquisa

A existência de arquivos de terceira idade justifica-se por seus sentidos patrimonial e testemunhal. Por um lado, é preciso preservar como patrimônio esses conjuntos orgânicos de informações e respectivos suportes, por motivos de transmissão cultural e visando a constituição/reconstituição incessante das formas de identidade de um grupo social como tal; por outro, é imprescindível assegurar aos historiadores os testemunhos de cada geração, o modo de pensar e de atuar de seus elementos quando em sua contemporaneidade.

Nos dois casos, a otimização das situações depende, em grande parte, da atuação do arquivista. A integridade e a integralização de acervos documentais, o resgate e o processamento técnico dos documentos, seguidos da divulgação das informações neles contidas, são a essência da sua tarefa profissional no âmbito dos arquivos permanentes.

O historiador não analisa o documento pelo documento; antes, utiliza-o como ponte para o passado, ou do arquivo para a realidade. Essa passagem do documento ao passado é um processo decisivo pelo qual se cumpre o essencial da elaboração do conhecimento histórico. No entanto, o documento reflete uma realidade; não é a realidade concreta. É um discurso sobre a realidade. Ora, o historiador parte da "leitura" da realidade passada, somando a isso a carga do presente sobre si próprio, presente que em si já é resultado de sucessivas realidades que aconteceram desde o momento da produção do documento até a sua chegada às mãos de quem vai analisá-lo, usando o instrumental analítico e crítico que lhe fornece sua formação profissional.

A história não é a ressurreição do passado; é o torná-lo inteligível, sem deformá-lo. O procedimento para alcançar esse objetivo é a pesquisa histórica.

A pesquisa histórica é o rastreamento, o estudo, a análise, a crítica, a explicação de informações obtidas em fontes primárias e secundárias, objetivando desenvolver uma hipótese de trabalho. Sendo essas fontes passíveis de consulta por meio de suportes gráficos, iconográficos, sonoros ou micrográficos, é nas instituições que as armazenam que o historiador realiza as etapas de identificação e coleta de dados, seguindo os passos do seu trabalho — o que não exclui as entrevistas e os questionários de história oral.

Para realizar sua pesquisa o historiador necessita de uma questão, uma hipótese, dentro de um tema preestabelecido. Um tema, evidentemente, para o qual ele já detectou os níveis de relevância, viabilidade e originalidade.[199] A partir daí é preciso começar a construir um *corpus* documental, atribuindo a cada um dos componentes sua dose de credibilidade. O conhecimento se realiza por um processo dialético entre o objetivo do historiador e o documento. Desse contato pode haver a constatação do que esperava, ou de que terá que mudar. Mudar o lado mutável: a hipótese. Aliás, "a hipótese constitui o instrumento mental mais importante no processo da pesquisa. Age como um critério de pertinência que permite ao historiador decidir que documento e que dados lhe servem e quais não".[200] Evidencia-se que a hipótese pode mudar. O documento, como conteúdo, não.

A seleção é perfeitamente lícita entre os documentos que corroboram a hipótese e os que, sem negá-la, não lhe são pertinentes. Entretanto, se nem essa seleção alcançar o enunciado da hipótese, ela deve ser descartada. Há que se tomar outro caminho: o apontado pelas fontes pesquisadas.

Constituído o *corpus* documental adequado, as fases seguintes são a análise, a síntese e todo o processo crítico do discurso historiográfico, que já extrapola o raio de ação dos arquivistas. Contudo, na problemá-

---

[199] Cardoso, 1981:76.
[200] Ibid.

tica toda da constituição do *corpus* documental e da seleção de fontes, o arquivista, quando atua em arquivos permanentes, pode e deve trabalhar para o historiador, ou melhor, em prol do historiador. Se o seu trabalho de descrição e de disseminação da informação for satisfatório, todas as fases anteriores à crítica e à síntese serão enormemente facilitadas. Ele estará agindo, portanto, não a favor da comodidade do pesquisador, mas, principalmente, da clareza e veracidade de suas conclusões.

O historiador parte do objeto intelectual da pesquisa (o fato histórico, tomado no sentido mais amplo), perpassa pelo instrumento da pesquisa (a hipótese) e chega ao objeto material da pesquisa (o documento).[201] É óbvio que, nesse caminhar, ele se serve de toda espécie de documento, arquivísticos ou não arquivísticos. Se arquivísticos, o fato de serem públicos ou privados não lhes alteram nem os passos, nem os resultados. Tanto nuns quanto noutros pode haver arranhaduras na credibilidade ou tropeços na veracidade. O historiador pode levar a efeito todo o discernir acerca desses fatores através de seu instrumental teórico e metodológico. De qualquer forma, arquivos públicos e/ou privados constituem a espinha dorsal de todo o manancial de matéria-prima da pesquisa histórica.

Do vasto leque de fontes oferecidas ao historiador para o conhecimento e a comprovação de suas hipóteses de trabalho, uma modalidade que cresce hoje em importância e em abrangência de utilização é a que congrega os arquivos privados.

É larga a sua gama, se tomados conceitualmente como todos os arquivos de entidades não governamentais. Entretanto, por motivos didáticos e práticos, a arquivística consagrou internacionalmente três categorias: sob a denominação *arquivos econômicos* estão os arquivos de empresas, de estabelecimentos bancários, industriais ou comerciais; como *arquivos sociais* incluem-se os de estabelecimentos de ensino privado, de agremiações políticas, profissionais e desportivas, assim como de sindicatos, hospitais, entidades religiosas, caritativas e outras de fins não lucrativos; como *arquivos pessoais* — também considerados arquivos privados propriamente ditos —, os constituídos por documentos produzidos e/ou recebidos por uma pessoa física (cidadão, profissional, membro de uma

---

[201] Glénisson, 1961b:123 e 137.

família ou elemento integrante de uma sociedade), enfim, de documentos que, preservados para além da vida dessa mesma pessoa, constituem seu testemunho, como um conjunto orgânico, podendo então ser abertos à pesquisa pública.

Mas para que essa conceituação não nos leve à amplidão que ela realmente comporta — já que todo ser humano em idade adulta e vivendo num meio político-social acaba por constituir um arquivo —, é preciso especificá-la para efeitos de organização arquivística e de pesquisa histórica.

Assim, pode-se definir arquivo pessoal como o conjunto de papéis e material audiovisual ou iconográfico resultante da vida e da obra/atividade de estadistas, políticos, administradores, líderes de categorias profissionais, cientistas, escritores, artistas etc. Enfim, pessoas cuja maneira de pensar, agir, atuar e viver possa ter algum interesse para as pesquisas nas respectivas áreas onde desenvolveram suas atividades; ou ainda, pessoas detentoras de informações inéditas em seus documentos que, se divulgadas na comunidade científica e na sociedade civil, trarão fatos novos para as ciências, a arte e a sociedade.

É partindo dessa perspectiva — a do interesse científico, artístico e social de certos documentos de caráter pessoal — que arquivos e centros de documentação do domínio público ou privado devem procurar recolher documentos privados. Devem mesmo empenhar-se junto aos herdeiros dos titulares de arquivos, mostrando-lhes as possibilidades de sigilo e de alienação de certos papéis pela própria família, para que a privacidade seja respeitada.

Outrossim, devem ser esclarecidos, quando for o caso, quanto às características da pesquisa histórica: que o historiador, com o instrumental que lhe permite sua formação profissional, extrai dos documentos-fonte os mais insuspeitados elementos aos olhos dos leigos. Muita coisa considerada de menor importância pode ser da maior valia, constituir-se até mesmo num "fio da meada". É comum ouvir-se a alegação de que "não há documentos históricos nesta papelada...". Por outro lado, pode-se dar o contrário: a família superestimar os papéis ou reter consigo documentação mais importante, a que pode dizer algo sobre o criador daqueles documentos, acabando por entregar material de menor significado.

O arquivista deve estar alerta, porque, depois da entrega definitiva, nada mais pode ser feito com esse material inútil senão guardá-lo. Por isso, quando do recolhimento de arquivos privados, entendimentos e atos notariais devem ser cuidadosamente realizados. Porque é preciso lembrar que, no caso dos arquivos privados, a instituição recolhedora não tem o direito de lavrar e aplicar tabelas de temporalidade. O descarte, nesta instância, é impossível. Assim, para que se evitem acumulações inúteis, a seleção deve ser feita pela família com a colaboração ou não do arquivista, seu futuro curador. Se for delegado ao arquivo recolhedor o trabalho de triagem, este deve ser efetuado com a cooperação dos herdeiros.

Quando da cessão ou venda do acervo para a entidade que o irá abrigar, processar e divulgar, um contrato deve ser assinado, a fim de garantir os direitos de ambas as partes e os direitos assegurados à pesquisa histórica.

É preciso realizar campanhas para sensibilizar os detentores de documentação privada de interesse público. Não será pela força da lei ou dos regulamentos que essa compreensão será alcançada. Ricardo Filangieri, especialista italiano em arquivos privados, assim expõe a questão: "Haver confiança recíproca e espírito de colaboração da parte do Estado e dos cidadãos no que concerne à salvaguarda, à manutenção e ao emprego científico dos arquivos particulares, seja por iniciativa do Estado, seja por iniciativa privada, tem mais valor que leis e regulamentos. Para atingir tal fim, é preciso que o cidadão se convença de que se trata de uma função social e que esta função se realiza dentro de um acordo pleno entre seus direitos e seus deveres".[202]

Na fase do uso primário, como acumulação e utilização em vida, o arquivo pessoal serve eminentemente ao próprio titular, em suas atividades de trabalho e para comprovação de sua existência civil, deveres cívicos, relacionamentos com pessoas e com instituições, dentro e fora da vida intelectual.

Passando à fase da preservação, estabelece-se o uso secundário, cujo objetivo não é mais o jurídico ou profissional do próprio titular do arquivo e, sim, o da pesquisa científica, feita por terceiros. Aí a potencialidade informacional dos documentos transfigura-se e multiplica-se.

---

[202] Filangieri, 1956:43-63.

Pode alcançar um campo infinitamente mais vasto que a vida e a obra do produtor/detentor dos papéis. Evidentemente, é nessa segunda idade, correspondente à terceira dos papéis públicos, que esse arquivo passa a ser do interesse do pesquisador.

Contudo, para possibilitar a pesquisa e para que esta seja satisfatoriamente realizada, duas condições são fundamentais:

- a sensibilização das famílias detentoras de arquivos privados e o consequente recolhimento a entidade apta a identificar, ordenar, descrever os documentos, propondo-se a realizar todo um trabalho de disseminação da informação;
- a capacidade técnico-científico-intelectual de seu pessoal especializado. De outra forma, malgrado o recolhimento, teríamos tão só a custódia e a preservação dos arquivos privados. Poderíamos ter até um certo trato documental, mas não teríamos estabelecido o processo informacional. O elo entre a informação contida no documento e o pesquisador nela interessado é dado pelo arquivista, por meio dos instrumentos de pesquisa, consequentes da análise documentária.

O trabalho do historiador, vale dizer o benefício social da análise crítica e da explicação que seu pensar científico produz, ao lado da integralização de todo o patrimônio cultural de um grupo social, são os grandes objetivos do recolhimento e do tratamento de documentos.

O arquivo pessoal como fonte de pesquisa apresenta variantes que convém explicitar. Ele pode ser usado como documentação básica, como documentação alternativa, como documentação subsidiária ou como documentação paralela. O mesmo conjunto documental serve de uma forma ou de outra em relação à pesquisa proposta. Isso depende do tema, das hipóteses levantadas, da perspectiva da abordagem do próprio fio condutor que o documento evidencia ao historiador e não o contrário.

Caracterizemos essas possibilidades:

1. Fazer de um determinado arquivo privado documentação básica, quase que única para o desenvolvimento de um tema, é tendência cada vez menor na moderna pesquisa histórica. É uma via abandonada pela história científica, se o uso das informações for puramente tópico, genealógico ou biográfico. Entretanto, essa primeira alternativa pode

ter sentido se o historiador estiver levando a cabo o que se chama de "história de vida". Se atingir com o trabalho o alcance social e político do biografado ou se conferir aos titulares dos arquivos o anonimato que possibilitará ao individual tornar-se universal, aí sim, pode estar fazendo "história nova". Ainda assim, só terá proveito se a devida análise, a decantada "explicação histórica", for feita com conhecimento teórico e não prescindindo de fontes paralelas, mesmo que em pequeno número. Exemplos: diário e correspondência de um profissional que possa ser tipificado com um médico de interior, um líder sindical, memorialistas de época, pioneiros de colonização etc.

2. Um arquivo privado pode atuar como fonte alternativa quando servir como testemunho de afirmações cujos fundamentos não são encontrados em outros documentos públicos ou privados. Embora sem relação direta com a vida e a obra do respectivo titular, um documento privado, nessas condições, pode possuir a suficiente fidedignidade. Exemplo: caso de aumento de fretes ferroviários no século XIX, no arquivo privado de João Martins da Silva Coutinho, custodiado pelo Arquivo Permanente do Museu Emilio Goeldi. Tratando-se de um engenheiro-chefe de estradas de ferro na época imperial, em seus papéis estão estudos e vários rascunhos, com dados matemáticos e econômicos, para cálculos relativos àquele aumento. Esse material pode ser usado como fonte alternativa, não sendo encontrado em nenhum documento público.

3. Os arquivos privados podem representar fontes subsidiárias se determinadas informações retiradas dos documentos que o compõem atuarem como ilustrativas de argumentos desenvolvidos a partir de outro tipo de material. Exemplo: documentação pública policial e a imprensa podem informar sobre determinada greve operária, durante a qual líderes foram detidos por terem sido acusados de distribuição de panfletos considerados subversivos. Estes, no entanto, não constam do processo, mas poderão ser localizados no arquivo privado de um daqueles líderes.

4. Os documentos privados contêm informações que corroboram outras obtidas em documentos públicos, não no sentido de nova fonte, mas com conotação enfática do mesmo documento: neste caso, atuam como fonte paralela. Exemplo: um programa partidário em São Paulo.

Pode-se obtê-lo num arquivo de tribunal eleitoral ou equivalente. Entretanto, os papéis privados de um dirigente de partido como Manoel Lopes de Oliveira (Arquivo Municipal de São Paulo) ou Júlio Prestes (Arquivo do Estado de São Paulo) contêm as primeiras redações daquele programa e os sucessivos rascunhos, com as devidas emendas.

Enfim, os três polos implicados na problemática dos arquivos pessoais como fonte de pesquisa — as famílias (ou os titulares em vida), os arquivistas e os historiadores — devem estar conscientes do valor dos papéis e objetos pessoais. Eles podem ser "flagrantes" possíveis e confiáveis dos diferentes aspectos da experiência humana, experiência que cabe à historiografia captar, analisar, sintetizar. Neste sentido, é função do arquivista proporcionar corretamente essa matéria-prima. Cabe ao historiador "dar conta das transformações da realidade humana usando métodos próprios da história e conceitos adquiridos para cumprir sua função de descobrir, apreender, analisar os acontecimentos passados e todo o substrato que jaz entre eles e seus encadeamentos, para então explicá-los à sociedade de seu tempo". Este é um dever social que o arquivista, preparando adequadamente os arquivos como fonte de pesquisa, o ajudará a cumprir.

CAPÍTULO 17

Reflexões sobre o conceito de memória no campo da documentação administrativa

A informação administrativa — contida, por sua realidade jurídico-institucional, nos arquivos correntes e, posteriormente, como testemunho em fase intermediária ou como fonte histórica, custodiada nos arquivos permanentes — não se restringe a si mesma. Se a considerarmos de modo mais abrangente, analisando-a como transmissão cultural, lançada para o futuro por meio de diferentes documentos grafados em diferentes suportes, ela pode significar muito mais, quando aliada a outros dados/informações oriundos de campos não arquivísticos.

Trata-se de algo que vai muito além do próprio conteúdo do documento. Os conjuntos informacionais que se geram não podem ser definidos compartimentadamente como material de arquivo, de biblioteca ou de centro de documentação, por serem atípicos, como totalidade, a qualquer um deles. Esses conjuntos de dados constituem a memória.

Integram-na os fatos e as reflexões que podem envolver um ato administrativo ou a vida e a atuação de um órgão público, assim como as manifestações a respeito; transcendem a própria natureza administrativa que os criou ou dele dependem. Todos esses elementos, arquivísticos ou não, são iguais fontes a serem utilizadas pelo historiador. Nesse sentido, os testemunhos que se reúnem sobre o ato/fato administrativo passam da restrita condição de instrumento gerencial e alcançam uma posição dentro de um conjunto testemunhal.

Esse bloco de elementos pode ser decodificado: em primeiro lugar, os elementos de caráter jurídico e/ou administrativo, os que normalmente chamamos de documentos de arquivo. São aqueles que depois do trâmite dentro da ação que justificou sua criação foram recolhidos a arquivos, passando pelas diversas fases do ciclo vital dos documentos. Seguem-se os elementos que embasam os primeiros ou que deles resultam e que constituem o material técnico-científico. São os que demonstram a aplicação dos atos administrativos, podendo ainda ser os que neles se basearam. Acabam por ser documentos normais de bibliotecas e centros de documentação, jacentes em suportes como livros, artigos de periódicos etc. Em terceiro lugar estão os elementos de mais difícil percepção, que são de crítica, de reflexão ou de inspiração: manifestações de apoio ou de repúdio que não passaram necessariamente ao documento escrito; são invenções técnico-industriais ou criações artísticas. Enfim, trata-se de elementos que contornam extraoficialmente qualquer ato ou processo político-administrativo.

Por exemplo, o fato de o Brasil entrar na I Guerra Mundial, além de gerar material oficial ou bibliográfico, pôde produzir poesia popular dita em feiras e ainda não grafada em folhetos de cordel. Portanto, uma manifestação artística ligada àquele ato político. Ora, isso é impalpável como documento de arquivo ou de biblioteca, mas faz parte da memória da entrada do Brasil na guerra. Se a manifestação já estivesse num suporte — papel ou fita — este poderia ser recolhido a um centro de documentação, biblioteca ou museu. Mas uma poesia popular só dita ainda não está gravada nem se encontra em suporte que se possa armazenar. Representa um item da memória, podendo ser referenciada pelo profissional que esteja preocupado em levantar tudo o que possa informar sobre o tema "Brasil na I Guerra Mundial".

São, portanto, esses três tipos de elementos que constituem a memória do ato administrativo: o documento de arquivo, o técnico-científico ou informativo e os elementos dispersos.

A organização da memória é posterior ao acontecimento. Exemplifiquemos com um ato político-administrativo do século XIX: a dissolução da Assembleia Constituinte de 1823. Obrigatoriamente, geram-se os documentos parlamentares propriamente ditos e o ato de d. Pedro I: documentação estritamente político-administrativa e indiscutivelmente arquivística constitui o primeiro tipo dos elementos citados. A seguir, informações de outra natureza que podem ter influído naquela resolução. Estas, por sua vez, podem originar notícias e comentários na imprensa e análises impressas em forma de livros ou artigos. Estes são os elementos técnico-científicos ou informativos. No momento em que for montada a memória da dissolução da nossa primeira Assembleia Constituinte, toda essa documentação deve ser captada: pode ter aparecido antes e depois do ato administrativo. O terceiro tipo de elemento é sempre o mais difícil, dada a sua diversidade; entretanto, não pode deixar de ser resgatado. É o caso, por exemplo, das modinhas e canções, que apareceram na época contra o ato arbitrário de d. Pedro ou ainda uma paródia teatral. Não se trata, evidentemente, de fazer história, porque não se vai discutir nem interpretar modinha, mas recolhê-la em algum suporte e juntá-la a outros documentos, até constituir-se um *corpus* documental significativo. Isso é a memória. É matéria documental em estado bruto, a ser trabalhada pelo historiador.

Aos profissionais de apoio à pesquisa cabe a disseminação da informação, a partir do seu estado puro. Só é possível fazer a interpretação porque a memória está lá, estática, porém já resgatada, reunida, arranjada e descrita criteriosamente por profissionais cuja função é justamente essa. O que justifica a afirmação de José Honório Rodrigues de que a memória é estática e a história, dinâmica.

É mais fácil fazer a memória de um órgão público do que a de um ato, porque, no primeiro, os elementos são mais concretos. Começa-se pelo arquivo: trata-se de toda a documentação da constituição do órgão e do decorrer de sua vida funcional. Em seguida, o material técnico-científico, que pode ser de arquivo ou não. Além disso, há as manifestações nos meios de comunicação: recortes de jornal, gravação de noticiários, fotos etc. Tudo isso e muito mais deve ser captado para realmente se conseguir montar a memória do órgão público.

A memória também pode ser construída em torno de um tema. Por exemplo: a imigração ou a ocupação da terra no Brasil. Caso se fosse fazer a memória da imigração estrangeira em São Paulo a partir do século XIX, o primeiro passo seria o exame e abordagem dos custodiados pela Hospedaria dos Imigrantes e por outros arquivos de natureza pública ou privada. O segundo passo, como já vimos, é o relativo a livros, artigos, manifestações escritas a respeito da emigração para o Brasil e ainda fotos, objetos, depoimentos, papéis privados de pessoas e de corporações etc.

Também é possível levantar a memória de uma função administrativa de relevo. Tomemos, por exemplo, a tributação no Brasil colonial. A composição do conjunto documental é a mesma. A documentação de arquivo compreende livros de receita e despesa, diários de cobrança, livros de assentamento etc. Naturalmente, há livros e artigos sobre o assunto, além de toda uma variada gama de informações. Exemplo: canções jocosas que se faziam ao tempo da Inconfidência Mineira a respeito das taxações, ou peças teatrais caricaturando o cobrador de tributos. Quanto ao material de museu a respeito da tributação, pode-se identificar e relacionar moedas e instrumentos de aferição de pesos e medidas.

Como se depreende, a memória é um conjunto de informações e/ou documentos, orgânicos ou não. A memória é referenciadora, e não recolhedora ou armazenadora. Os documentos existem nos seus lugares, sem que se tente reuni-los materialmente. Basta que a informação esteja captada, o objeto identificado, localizado e disponível para o pesquisador.

Outro exemplo pode ser a memória de um município: devem ser levantados documentos de arquivo, bibliografia, fotografias, objetos, monumentos, ruas, praças, edificações e até referências à paisagem.

Por esses exemplos pode-se ter uma ideia de que, no campo da documentação, a memória chega a ser uma abstração, gerada por elementos concretos. Na verdade, constitui-se de dados a serem trabalhados.

A memória de uma cidade, de um fato, de uma entidade ou de um tema não é a sua história. Isso precisa ficar bem claro: não se trata de um novo nome para o que sempre se chamou de história. Se a história é hoje o resultado de uma interação entre documento, documentado e historiador, a memória em si mesma prescinde dessa voz e dessa verificação do historiador. É nesse sentido que se evocou a assertiva de José Honório Rodrigues. Ele afirma ser a memória um banco de dados, enquanto a história é uma análise crítica interpretativa. A memória tem que ser usada como um computador, para que se obtenha rápida e racionalmente o maior número possível de informações. O que não impede que, no seu interior, os dados apresentem viabilidades dinâmicas, à espera de sua metamorfose em informação viva.

Para que realmente se possa melhor compreender que a memória não é história, mas um substrato bruto, sem explicação, é preciso lembrar a clássica ideia de que o historiador é um profissional que deve dar conta das transformações da realidade humana com métodos próprios da história. Aos olhos do leigo, pode parecer que sua função é rastrear o documento e repeti-lo. No entanto, quando no exercício correto de sua profissão, sua atitude é acionar os conceitos adquiridos para cumprir sua função de descobrir, apreender, analisar os acontecimentos passados e todo o substrato que jaz entre eles e mais o seu encadeamento para, então, explicitá-los à sociedade do seu tempo. Assim, o produto historiográfico é o resultado do esforço criador do historiador, estabelecendo um elo compreensível entre o presente e o passado. Marrou, em seu livro *La conaissance historique*, diz que é sobre um esqueleto *événementiel*, isto é, sobre os esqueletos dos acontecimentos históricos concretos que o historiador coloca nervos, carne e pele, isto é, "a epiderme delicada e pulsante de vida"; a complexidade do real do homem é que, afinal, é objeto da história. O historiador necessita dos aportes que lhe proporciona o todo abrangente — a memória. Entretanto, não lhe cabe recolher o documento. O recolher e o disseminar da informação cabem a outro tipo de profissional: o de apoio à pesquisa e à informação. O historiador serve-se do documento como uma ponte para o passado, enquanto ao documentalista interessa rastrear o documento pelos dados nele contidos. O levantamento da memória pode ser até subjetivo, mas jamais interpretativo. Quanto mais completo e criterioso for, maior será a contribuição científica do arquivista. A memória é mesmo a pedra de toque para o bom encaminhamento da historiografia.

No âmbito dessas reflexões é preciso ainda enfocar a questão da definição documental. Afinal, o que constitui o patrimônio documental? O que, no Brasil, é chamado de patrimônio arquivístico? De bem cultural? De patrimônio cultural? O que é documento de arquivo como bem cultural? Busquemos a definição de bem cultural na palavra de Aloísio Magalhães, o prematuramente falecido idealizador da Fundação Pró-Memória. Ao se pronunciar na CPI do Patrimônio Histórico na Câmara, em 1982, declarou que o conceito de bem cultural é um conceito envolvente e atento às múltiplas manifestações do fazer do homem e de todas as condições que estão em torno desse fazer. Compreende-se aí o que se insere no permanente, no domínio do que deve ficar retido, para ser devolvido à comunidade. Isto porque cada bem cultural é que vai formar o perfil e a identidade de uma nação. Aloísio Magalhães vê duas vertentes no bem cultural: uma é a produção corrente espontânea; outra é o bem cultural custodiado, aquele que já está sob o domínio de alguma instituição pública e que deve ser organizado, descrito e divulgado.

A definição clássica de bem cultural, a da Unesco, é mais abrangente, pois considera bens culturais os móveis e imóveis ligados à tradição cultural, e que devem ser transmitidos, devem ser lançados nessa transmissão cultural para as gerações vindouras. O que seria um bem cultural móvel? São os livros, manuscritos e outros objetos de interesse artístico, histórico e arqueológico, inclusive as coleções científicas. Bens imóveis são os monumentos de arquitetura, de arte, os documentos históricos, os sítios arqueológicos.

Na Constituição brasileira de 1967, depois referendada ou confirmada na Emenda Constitucional de 1969, o art. 180 diz que "o amparo da cultura é dever do Estado". No parágrafo único, o que se considera patrimônio cultural do país e se coloca sob a proteção do poder público são os "documentos, as obras e os locais de valor histórico ou artístico, os monumentos e as paisagens naturais notáveis, bem como as jazidas arqueológicas". Possivelmente é isso que a legislação brasileira admite como bem cultural; sua soma integralizaria o patrimônio cultural. Entretanto, é vago: por documento ou por obras de valor, será que se entendem todos os acervos atuais das bibliotecas brasileiras e toda a nossa arquivalia? A memória total do país seria o inventário de todo o seu patrimônio cultural.

Na Constituição de 1937 definia-se patrimônio histórico artístico nacional como o conjunto de bens móveis e imóveis existentes no país e cuja conservação seria de interesse público, por sua vinculação a fatos memoráveis da história do Brasil. Assim, só era considerado patrimônio histórico o que se enquadrasse naquele tipo tradicional e ultrapassado de documento histórico. Aquela velha tendência de só guardar no arquivo as preciosidades. "Fatos memoráveis": essa é a ideia que até os administradores têm de arquivo histórico, sem nada a ver com a continuação do arquivo administrativo. Prosseguindo na Constituição: aludia-se aos fatos memoráveis da história do Brasil, por seu excepcional valor arqueológico, etnográfico, bibliográfico ou artístico. Não se tomava a produção documentária do passado como um todo acumulado, mas se valorizavam os "fatos memoráveis da história do Brasil". Como se administração, no cotidiano das pessoas, a história, a vida se fizesse só com os "fatos memoráveis"!

Meçamos a distância do "fato memorável" à memória. Tem-se aí todo um escalonamento: o documento do "fato memorável", o documento do fato que não é memorável. Na verdade, há toda uma gama de documentação que interessa, mas que não é "fato", tampouco "memorável", porque não é nem propriamente administrativo, mas constitui a memória administrativa. Do que se compõe, então, a memória de um órgão administrativo? Isso seria a primeira etapa; a segunda, como organizá-la, isto é, organizar para quê, por quem, para quem, como, onde e quais os meios de divulgá-la.

Retomando a montagem da memória de um órgão administrativo, não custa reiterar que sua espinha dorsal é o arquivo. Não é preciso referenciar todos os seus documentos de valor permanente, podendo, de outra parte, constar os que não são de valor permanente, mas que possam fornecer dados significativos.

O passo seguinte é a pesquisa no material impresso, produzido fora do órgão, mas de seu interesse. Integrante típico desse elemento é a legislação atinente à sua criação e regulamentação, incluindo discussões parlamentares.

Em seguida, os elementos externos à entidade. O primeiro desses é a imprensa. A periódica, falada, escrita, televisada, nos aspectos que se referirem ao órgão: notícias, comentários, editoriais, reportagens, fotos. Outro item, a produção bibliográfica de terceiros: livros, artigos, depoimentos, fotos que dizem respeito direta ou indiretamente à entidade.

Estando os itens da memória rastreados, referenciados e/ou recolhidos, como organizá-los? Para quem e por quem?

Além dos historiadores, jornalistas, literatos, sociólogos e administradores, que estão trabalhando constantemente com essa questão, pensemos na memória utilizada pelo chamado grande público. Ela pode constituir um dos componentes da educação permanente. Até porque o cidadão-usuário pode ver com mais simpatia o órgão de que se serve se conhecer como se desenvolveram suas atividades através dos tempos.

Por quem será organizada a memória? Na área de documentação, acorrem profissionais de arquivo, de biblioteca ou de história e dos setores de divulgação e promoção social. Pode ser organizada dentro da entidade por seus funcionários ou por uma instituição de pesquisa ou especialistas de fora. O sentido de divulgar deve estar voltado não só para o historiador mas também para o grande público. Os escolares e os cidadãos comuns têm direito a que essa memória lhes seja explicada didaticamente.

Por que o interesse em divulgar, isto é, em atrair, por meio de vários instrumentos, a "consulta" à memória? No caso do órgão público, por exemplo, sua posição no contexto social será melhor compreendida quando estiver em uma linguagem que a comunidade entenda.

Deve ficar bem claro que, em se tratando de um órgão público, a elaboração da memória não é obrigatória, como o é a organização de um arquivo; nem mesmo é prioritária, se não se dispõe dos devidos recursos, mas não deve ser desprezada. Havendo elementos humanos e recursos financeiros que a viabilizem, vale a tentativa de montá-la, mesmo que partindo de um levantamento meio desordenado, dada a diversidade do material. A informação perdida não se recupera mais. Que o resgate seja feito a tempo e a hora. Quanto mais completo for o quadro de resgate da informação, tanto melhor para que o historiador caminhe mais seguramente no seu trabalho de reviver e questionar os comportamentos do passado.

Capítulo 18

Direito à história: a questão da microfilmagem de arquivos coloniais e o projeto Resgate

O aparente paradoxo que existe entre o incontestável direito que tem um país a acesso pleno às fontes de informação de sua história e os ditames da arquivística, da administração pública e do direito, que preconizam a permanência física dos suportes documentais originais tradicionais em seus domicílios arquivísticos de praxe, esse paradoxo pode ser, nos dias de hoje, exemplarmente contornado, em instância preliminar, pela identificação, referenciação e descrição daquelas fontes em instrumentos de pesquisa e, de forma mais cabal, por sua obtenção virtual mediante a microfilmagem e a digitalização dos documentos na íntegra, para serem disponibilizados aos pesquisadores de maneira inequívoca, clara e direta. Um país pode obter em outros países, que, por essa ou aquela razão, estiveram ligados ao seu próprio passado, a referenciação, a descrição e a reprodução dos recursos documentais de interesse para o estudo do seu passado, por meio de projetos internacionais de cooperação arquivística.

Há toda uma problemática de microfilmagem de documentação indispensável ao embasamento heurístico da história de determinado país e que — por motivos que a própria história explica — integra a arquivalia, ou seja, o patrimônio arquivístico de outro país. A questão apresenta suas formas mais evidentes, nevrálgicas e até mesmo dramáticas quando se trata de ex-colônias e suas respectivas ex-metrópoles, tendo-

-se em conta que muitas vezes o processo de independência é sangrento, significando ruptura absoluta de laços entre elas. Como é evidente, dada a própria sistemática da administração de um império colonial, os papéis produzidos e/ou recebidos pelo governo central acabam por constituir os diferentes fundos de seus arquivos. Mesmo que a documentação produzida e/ou recebida nos vários pontos do território imperial tenha sido ali retida, esses conjuntos de fontes não bastam à pesquisa histórica. De outra parte, há também a possibilidade de um país pertencente à mesma comunidade, imperial ou não, possuir documentos de interesse de outro, por fatores políticos, econômicos, sociais ou geopolíticos. Em ambas as hipóteses, só o recurso micrográfico pode sanar o impasse do confronto entre a dualidade de interesses políticos e historiográficos e a unicidade e inalienabilidade do documento de arquivo.

Contudo, na concretização dessa solução pelo microfilme, ocorrem problemas e procedimentos para os quais as direções arquivísticas dos dois polos em questão — do país que quer a reprodução micrográfica e do país proprietário da documentação — devem estar atentas, sob o risco de cometerem erros insanáveis se não o fizerem. Os prejuízos atingem tanto a pesquisa histórica quanto a organização e a ética arquivísticas, podendo ainda alcançar o nível das dificuldades diplomáticas.

Só a existência real de uma política de microfilmagem no exterior pode levar a tarefa a bom termo, se nela tiverem lugar: planejamento criterioso, atendimento às prioridades e possibilidades, entendimento prévio e efetivação do trabalho, desde a seleção do que e onde microfilmar até a descrição elucidativa e a transferência da informação em moldes que se coadunem com a demanda dos historiadores.

A questão está intimamente ligada ao problema da acessibilidade aos arquivos e apresenta vários aspectos que convém explicitar. A par das condições técnicas, jurídicas, administrativas e financeiras da microfilmagem, ela se reveste de princípios políticos, éticos e científicos que fazem com que haja duas opiniões quase irreconciliáveis entre as várias direções arquivísticas da América, Europa, Ásia e África: os que são a favor de uma política restritiva e os que apoiam uma política liberal em relação à microfilmagem de seus respectivos acervos.

Um informe do Conselho Internacional de Arquivos, publicado por um grupo de trabalho especialmente constituído para estudar a política de microfilmagem internacional, nos dá a conhecer as nuances das posições sobre o assunto.[203] Os que defendem uma política restritiva, quantitativa ou qualitativa, baseiam-se em questões de ordem metodológica e técnica como:

- a pesquisa histórica não se faz unicamente com o auxílio dos microfilmes; é preciso que o pesquisador tenha contato direto com os documentos; como é tecnicamente impossível microfilmar o conjunto da documentação histórica, o pesquisador deve fazer, ele mesmo, a seleção das fontes que lhe são úteis, e só estas devem ser reproduzidas;
- mesmo que se possa microfilmar tudo, o benefício não será grande: a manipulação de microfilmes é incomparavelmente mais penosa do que a de documentos; e o retorno a fotogramas anteriores, tanto quanto o exame simultâneo de várias unidades, apesar de não serem impossíveis, apresentam sérias dificuldades;
- a multiplicação de campanhas de microfilmagem intensiva pode levar à criação de depósitos paralelos, fazendo os pesquisadores desertar das salas dos arquivos e, ao invés de rastrearem a sua documentação, como ditam as praxes da história, examinando fundos susceptíveis de conter informações relativas ao objeto de sua pesquisa, se contentar em recorrer somente aos microfilmes existentes nos mencionados depósitos;
- a dispersão maciça de microfilmes tornaria impraticável o controle de sua utilização, e é fundamental que toda cessão ou reprodução de microfilmes seja autorizada pela direção do arquivo que tem a custódia das peças originais.

A política restritiva em matéria de microfilmagem provém da convicção de que as direções dos arquivos permanentes assumem a responsabilidade pela gestão do patrimônio documentário nacional. Elas devem, consequentemente, levar em conta os efeitos que podem ter as microfilmagens em massa sobre a utilização científica desse patrimônio. Essa política restritiva transparece nas práticas adotadas por alguns arquivos nacionais:

---

[203] Politique de..., 1968:36-42.

- as microfilmagens em grande escala para pesquisadores ou instituições estrangeiras só são executadas quando a documentação diz respeito ao país do solicitante;
- as microfilmagens sistemáticas de séries ou de fundos inteiros só devem ser efetuadas a título excepcional;
- os pedidos em quantidade só são atendidos se para fins científicos precisos, apreciados pela direção do arquivo;
- os instrumentos de pesquisa não publicados não podem ser microfilmados;
- as operações de microfilmagem de grande envergadura, que requerem trabalho de preparação considerável, só são realizadas na medida das possibilidades técnicas do arquivo. De outro lado, os partidários de uma política liberal partem do princípio de que a microfilmagem é um meio técnico excepcionalmente eficaz para promover a pesquisa científica, para ampliar as possibilidades de acesso às fontes, para difundir os conhecimentos históricos.

Segundo essa corrente, a documentação conservada nos arquivos, antes de ser um bem nacional, faz parte do patrimônio cultural comum da humanidade. De acordo com o informe mencionado, para esses arquivistas, a existência, no estrangeiro, de cópias em microfilme de vastos conjuntos documentais, além de não prejudicar a integridade do patrimônio documental nacional, é uma garantia de sua perenidade.

Se uma das missões essenciais dos arquivos é servir à ciência, devesse satisfazer a todos os pedidos de microfilmes cientificamente justificados, qualquer que seja o tema da pesquisa, e mesmo quando se trata de operações extensas. Como confirma Aurélio Tanodi em texto sobre a cooperação internacional entre arquivos: "...há toda uma gama de opiniões e de posições concretas entre a liberdade completa de permitir a microfilmagem ilimitada de todos os acervos documentais conservados em um arquivo ou nos depósitos de toda uma nação e as estreitas restrições que tendem a proteger a difusão documental como patrimônio cultural nacional, assegurando a preferência da investigação aos consultores diretos dos arquivos, com a obrigatoriedade de investigar os documentos não publicados no mesmo repositório. Naturalmente, o intercâmbio internacional de microfilmes depende essencialmente do critério que se adote".

Portanto, deve-se adotar uma política liberal, guardando-se, muito embora, os direitos e deveres dos solicitantes e dos cedentes do microfilme. Para tanto, convênios, acordos de troca, acordos de assistência técnica etc. devem ser estabelecidos e a microfilmagem de projetos de grande envergadura deve ser do conhecimento das autoridades máximas arquivísticas do país, incumbindo-se estas de difundir informações amplas sobre os referidos projetos.

Pelo exposto, vê-se que se apresentam três formas pelas quais a pesquisa histórica pode rastrear a informação de arquivo por meio do microfilme:

- a obtenção pode ser direta, isto é, resultar do contato entre o historiador e a direção do arquivo, solicitando ele documentos avulsos ou pequenos grupos, cujo levantamento foi feito *in loco* ou a distância, através de instrumentos de pesquisa publicados;
- o pedido pode ser feito por instituição interessada, pública ou privada, para a microfilmagem de grandes massas de documentos de interesse de um país ou em torno de um tema;
- o arquivo pode realizar edições de fontes, sob a forma de microfilmes, a partir da documentação original, *a priori*, independentemente de quaisquer solicitações de historiadores.

A vertente que vamos analisar é a segunda: a da microfilmagem de núcleos documentais de interesse de determinado país, custodiados em outro. Trata-se do que a arquivística denomina microfilmagem de complemento. "Os países que têm necessidade de arquivos de outros países são aqueles que viveram muito tempo sob a dominação estrangeira ou os que pertenceram a uma confederação desfeita."[204] Há casos em que, em razão de tratados internacionais, um arquivo teve de recolher seus documentos a arquivos de outro país: por exemplo, a cidade italiana de Turim, em decorrência de tratado de paz, cedeu, tendo antes microfilmado, documentos concernentes a Nice e Savoia aos Archives Nationales

---

[204] Szedö, 1966:119. Exemplifica-se com os casos do Império Austro-húngaro, do Canadá em relação à França e à Inglaterra, ou da América Latina e da África com suas metrópoles do passado.

franceses em 1947. A Hungria, no mesmo ano, entregou parte de seus arquivos à ex-Iugoslávia, igualmente microfilmando-os antes da cessão. Por vezes, estabelecem-se acordos bilaterais entre países de história muito ligada, como Hungria e Polônia. Nem sempre tal medida é necessária, pois há países cujas autoridades não se opõem à microfilmagem de seus fundos, autorizando-a simplesmente por julgarem que convênios bilaterais não funcionam, dado o fato de que a intensidade do interesse dos documentos recíprocos não é a mesma.

Muitos programas internacionais nesse sentido são realizados através do Conselho Internacional de Arquivos. Assim, a Unesco prestou auxílio financeiro ao Sri Lanka, à República Dominicana e à Índia para que adquirissem cópias em microformato de documentos relacionados com sua história.

A Índia é um dos países que mais sistematicamente tem levantado e microfilmado suas fontes históricas no exterior. "Para a Índia, é um problema permanente e oneroso o fato de grandes quantidades de material de arquivo, de importância capital para sua história, estarem no exterior, principalmente na Inglaterra. Não obstante, em função de terem existido colônias de Portugal, França e Dinamarca no território da atual República da Índia, é muito provável que um grande volume de informações interessantes estejam ocultas nos arquivos daqueles países. O número de rolos de microfilmes de documentos históricos tomados nos países estrangeiros (principalmente na Inglaterra) e conservados na biblioteca de microfilmes do Arquivo Nacional ascende atualmente a mais de 2 mil, número que está longe de ser suficiente para satisfazer às múltiplas solicitações dos pesquisadores. Os documentos conservados no Arquivo Nacional contêm muita informação sobre a história dos países vizinhos e certos arquivos indianos conservam em seus acervos material de importância capital para a Birmânia, Nepal, Afeganistão e outros países".[205]

Também o Canadá, o México e a Guatemala têm recebido assistência da Unesco neste mesmo sentido. Um caso particular é a microfilmagem a serviço dos países que recentemente se tornaram independentes. Estes necessitam dela para a sua continuidade administrativa, como

---

[205] Borsa, 1976:360-365.

informação, já que materialmente não põem em dúvida que o documento pertença ao país que o produziu como elemento de sua atividade administrativa, portanto, no caso, a metrópole.

Em geral, como vimos, os esforços partem dos arquivos nacionais, havendo entretanto instituições culturais que se preocupam com esses trabalhos. Assim é o exemplo de universidades norte-americanas, o do arquivo da Igreja Mórmon de Salt Lake City, ou, entre muitos outros, o do Centro de Estudos do Leste Asiático com sede em Tóquio, que vem reunindo microfilmes de documentos de interesse para a história de Malásia, Cingapura, Filipinas, Índia e Japão, cujas cópias são postas à venda. Outro bom exemplo é o do Centro Internacional de Informação sobre as Fontes da História Balcânica, com sede em Sófia (Bulgária). Reúne instrumentos de pesquisa sobre o tema, organizando também a microfilmagem das fontes relativas à história dos países balcânicos e suas relações com o mundo mediterrâneo. Possui mais de 230 mil fotogramas.

No Brasil, algumas instituições, quase sempre pelo esforço inicial de um professor ou pesquisador, têm, ainda que numa ação isolada, cercada das maiores dificuldades, procurado levantar fundos brasileiros no exterior, trazendo para o país cópias microfilmadas. Estão neste caso, entre outros, o trabalho do professor Walter Piazza para a Universidade Federal de Santa Catarina, fazendo microfilmar documentos relativos à história daquela área no período colonial em arquivos portugueses. O Núcleo de Documentação e Informação Histórica Regional da Universidade Federal de Mato Grosso também possui, em microfichas, vasto material reproduzido de originais existentes no Arquivo Histórico Ultramarino sobre a região de Mato Grosso, cujos minuciosos e bem-elaborados inventários já estão publicados. Também se enquadra nessa sistemática a documentação levantada pelo Centro de Documentação da Amazônia, por meio de pesquisas e microfilmagem levadas a efeito pelo professor João Renôr de Carvalho, da Universidade Federal do Amazonas. O material acha-se à disposição dos pesquisadores, devidamente organizado.

Em fins da década de 1980 surgiu um projeto da Fundação Alexandre de Gusmão, com sede em Brasília e ligada ao Ministério das Relações Exteriores, visando microfilmar a documentação brasileira ou, antes, de interesse para o Brasil no exterior, iniciando-se o trabalho pelos arquivos portugueses. O projeto não teve continuidade, mas foi o precursor do projeto Resgate, como veremos mais adiante.

Obviamente, os documentos relativos ao Brasil no exterior não se acham somente em Portugal; existem documentos de extrema relevância para a nossa história na Espanha, Inglaterra, França, Holanda, Argentina etc. Demonstram-no os *Guias de fontes para a história da América Latina* que a Unesco vem publicando desde a década de 1960, como já averiguaram os historiadores que têm realizado pesquisas naqueles países. Tudo isso precisaria ser muito bem rastreado e identificado. Assim, vem a propósito afirmar que talvez Charles Kecskméti, coordenador dos mencionados guias e secretário executivo do Conselho Internacional de Arquivos tenha razão quando faz um alerta sobre a microfilmagem "selvagem". A ele parece inoportuno empreender, no presente, uma campanha internacional de microfilmagem pelas seguintes razões: a) os guias, uma vez publicados, oferecem orientação precisa para a preparação de programas de microfilmagem; b) muitos países em vias de desenvolvimento não estão ainda em condições de aproveitar esses programas; há falta de um serviço especializado para onde enviar as microfotos; faltam aparelhos de leitura, locais adequados para a conservação, laboratórios.[206]

De qualquer modo, a microfilmagem de fontes para uma história nacional existentes em outros países é um esforço que deve ser empreendido, desde que conte com suficiente infraestrutura e seja viável. Isto porque, no dizer do conceituado arquivista húngaro Antal Szedö: "uma das manifestações das mais simpáticas da solidariedade humana é a de proporcionar uma ajuda eficaz para que um país possa encontrar sua história".[207]

O projeto Resgate de Documentação Histórica

O projeto Resgate de Documentação Histórica Barão do Rio Branco, do Ministério da Cultura do Brasil, é arquivístico de coopera-

---

[206] *Archivum*. Paris, v. 16, 1966. p. 185. Mesmo que se tenham passado algumas décadas, as ponderações parecem ainda bastante válidas.
[207] Szedö, 1966:119.

ção internacional, dentro dos parâmetros da chamada pesquisa remota, uma vez que, por meio de microfilmes e CD-ROMs, proporciona aos historiadores, a distância, a possibilidade de ler na íntegra documentos de seu interesse.

Nessa iniciativa, o Ministério da Cultura conta com a colaboração do Ministério das Relações Exteriores, de várias universidades, fundações e instituições culturais e de apoio à pesquisa. A denominação Barão do Rio Branco foi escolhida em razão de este titular do Império, durante sua gestão à frente do Ministério das Relações Exteriores do Brasil, no início do século XX, ter-se interessado sobremaneira pela recuperação da informação histórica brasileira, incentivando e promovendo a estada de paleógrafos, historiadores e escritores em arquivos europeus para que copiassem documentos de interesse brasileiro.

O projeto teve início em 1995, sob a coordenação da doutora Esther Caldas Bertoletti, desde então assessora especial do ministro da Cultura do Brasil, contando com uma equipe mutável de mais de uma centena de arquivistas, historiadores e pesquisadores, predominantemente brasileiros, mas também com alguns estrangeiros, e que vem atuando sobretudo em arquivos de Portugal, e também de Espanha, Itália, Vaticano, Inglaterra, França e Holanda a fim de efetuar o levantamento, a identificação, a referenciação, a leitura dos documentos e a elaboração de verbetes para catálogos ou para guias de fontes, tendo esse trabalho, como sequência, a microfilmagem e a digitalização dos documentos.

A cooperação dá-se entre o Ministério da Cultura do Brasil e arquivos europeus, e entre o referido ministério e universidades, instituições de fomento à pesquisa, arquivos e fundações culturais, tanto brasileiros quanto estrangeiros. No primeiro caso, o dos arquivos europeus, a cooperação compreende, além do trabalho técnico-científico comum, o acolhimento, a disponibilidade de acesso e a manutenção de infraestruturas facilitadoras do trabalho, além do financiamento de publicação de guias ou de catálogos. A cooperação interna, no Brasil, com universidades, arquivos, fundações culturais e outras instituições tem visado o financiamento de publicações, microfilmagem, digitalização, viagens, bolsas de manutenção e ajudas de custo, sem o que não se poderia dispor de recursos técnicos e humanos qualificados; além disso, algumas universidades, arquivos e institutos de pesquisa brasileiros têm colaborado autorizando deslocamentos de professores e pesquisadores para os arquivos-alvo do projeto na Europa, assim como administrando o depósito, a custódia e a utilização dos catálogos, rolos de microfilmes e CD-ROMs produzidos pelo projeto.

Baseado no programa da Unesco do Guia de Fontes para a História das Nações, o Resgate, porém, é mais ambicioso, já que pretende ir muito além da simples referenciação de documentos existentes nos vários arquivos, chegando à descrição unitária e à minuciosa indexação. Pelo menos no que diz respeito ao principal repositório dessas fontes — o Arquivo Histórico Ultramarino de Lisboa — foram elaborados catálogos constituídos de verbetes descrevendo documento por documento, de introduções temáticas, metodológicas e técnicas, além de índices temáticos, onomásticos e topográficos. Mas a grande característica distintiva do projeto em relação a outros semelhantes foi a microfilmagem total dos documentos, constando no topo do fotograma inicial de cada documento a reprodução do respectivo verbete, e a passagem dos microfilmes para CD-ROMs. Assim, para cada conjunto documental básico há um catálogo, rolos de microfilmes e CD-ROMs, de acordo com a extensão do material.

Historicamente, o embrião do projeto Resgate situa-se no século XIX, quando, dentro dos parâmetros da filosofia e da historiografia positivistas e da preocupação com a afirmação das nacionalidades, surgiram em todo o mundo as grandes instituições a serviço da cultura, da pesquisa, do culto aos símbolos nacionais e da organização burocrática, como os grandes arquivos, bibliotecas e museus. No Brasil, surgiram no Rio de Janeiro a Biblioteca Nacional, o Museu Nacional de Belas-Artes e também o Arquivo Nacional e o Instituto Histórico e Geográfico Brasileiro. Uma das grandes preocupações destas duas últimas entidades, que contavam com o entusiasmado apoio do imperador d. Pedro II, era os documentos de interesse do Brasil que se encontravam no exterior. Para copiá-los, foram enviados a Portugal e à Espanha eminentes historiadores, literatos e paleógrafos, pagos pelo poder público, para "resgatar" informações de interesse histórico para o Brasil. No início do século XX, quando o barão do Rio Branco, José Maria da Silva Paranhos, era ministro das Relações

Exteriores, ele incentivou e intensificou sobremaneira essas buscas, tendo, por isso mesmo, emprestado seu nome ao atual projeto Resgate de Documentação Histórica.

Nas décadas de 1970 e 80 houve tentativas, por parte do Ministério das Relações Exteriores, de patrocinar projetos que dessem suporte a indivíduos ou a equipes para que levantassem documentos de interesse brasileiro no exterior em geral, e não apenas na península Ibérica. Alguns chegaram a ser iniciados em Portugal, envolvendo a elaboração de catálogos e/ou a microfilmagem de documentos, mas foram demasiadamente pontuais e sem continuidade, por uma variedade de motivos.

Quando, sob os auspícios da Comissão de Eventos Históricos do Conselho Nacional de Desenvolvimento Científico e Tecnológico (CNPq), se preparavam, no Brasil, as comemorações dos centenários da libertação dos escravos, da proclamação da República e do bicentenário da Inconfidência Mineira (o primeiro movimento de grande vulto contra a dominação portuguesa) na segunda metade da década de 1980, deu-se início, entre outras iniciativas e discussões em torno daqueles temas, a um projeto de descrição dos documentos relativos a Minas Gerais existentes no Arquivo Histórico Ultramarino de Lisboa, sob a coordenação do professor Caio Boschi.

O exemplo dado por Minas Gerais foi seguido, de forma institucionalizada, concreta e mais ambiciosa, em 1995/96, com o estabelecimento do projeto Resgate no Ministério da Cultura, com o apoio do Ministério das Relações Exteriores, sob a coordenação do embaixador Wladimir Murtinho e a coordenação técnica geral da doutora Esther Caldas Bertoletti, assessora especial do então ministro da Cultura, professor Francisco Weffort. O que havia sido feito para Minas Gerais no Arquivo Histórico Ultramarino de Lisboa acabou sendo estendido a outros conjuntos documentais referentes às demais ex-capitanias coloniais: São José do Rio Negro (atual Amazonas), Pará, Maranhão, Ceará, Piauí, Rio Grande do Norte, Pernambuco, Alagoas, Paraíba, Sergipe, Bahia, Goiás, Mato Grosso, Espírito Santo, São Paulo, Santa Catarina, Rio Grande do Sul e Rio de Janeiro.

O projeto se estendeu a arquivos de outros países — Espanha, Itália, Vaticano, França, Holanda, Reino Unido — para os quais, em face da evidente impossibilidade de descrição unitária, foram (ou estão sendo) elaborados os chamados guias de fontes (embora alguns deles, como o da Espanha, por exemplo, tenha características também de catálogo, em razão do nível de detalhamento).

Desde o início caracterizado como de cooperação internacional, no decorrer de sua evolução o projeto tem trabalhado com vários organismos públicos e entidades privadas dos países envolvidos. Concebido como integrante das comemorações dos 500 anos do descobrimento do Brasil pelos portugueses, desde o começo ficou claro que se propunha a pôr à disposição da sociedade brasileira os testemunhos de sua história e que estes se achavam nos arquivos de outros países. Por isso a necessidade de estabelecer uma dinâmica de cooperação institucional internacional. Foram incansáveis os contatos, viagens, reuniões, visitas e entrevistas feitas pelo coordenador-geral, Murtinho, já falecido, e sua coordenadora técnica, agora respondendo inteiramente pelo projeto, doutora Bertoletti.

O grande investidor tem sido o Ministério da Cultura, por meio de dotação orçamentária, incentivo fiscal ou fundo de cultura, mas inúmeras outras instituições públicas e privadas, nacionais e estrangeiras, de uma forma ou de outra, em diferentes proporções, completam o financiamento do projeto. Mais de US$3 milhões, provenientes de todas essas entidades, constituem o suporte financeiro do projeto para cobrir gastos com transporte e manutenção dos pesquisadores (em sua esmagadora maioria brasileiros historiadores e arquivistas, pós-graduados com especialização e/ou com mestrado e doutorado), de coordenadores, e também com a compra e a confecção de microfilmes e CD-ROMs, e a publicação, difusão e distribuição de catálogos.

Em números, o projeto Resgate impressiona. São mais de 100 pesquisadores, 20 catálogos, 112 instituições públicas e privadas prestadoras de apoio financeiro, 40 universidades públicas e privadas, oito fundações de apoio à pesquisa, 12 fundações culturais privadas, quatro prefeituras, oito ministérios, 28 institutos histórico-geográficos, 18 empresas privadas, três instituições públicas portuguesas — Arquivo Histórico Ultramarino, Arquivo Nacional da Torre do Tombo, Comissão Nacional para as Comemorações dos Descobrimentos Portugueses —, além do aporte de peso da Fundação Calouste Gulbenkian, de Portugal. Ainda no que diz respeito a números, só no Arquivo Histórico Ultramarino foi descrito o conteúdo de mais de 2 mil caixas, contendo 300 mil documentos, quase 3 milhões de páginas manuscritas lidas, relidas, microfilmadas, transferidas para o Brasil e hoje quase que totalmente disponíveis para os pesquisadores, como afirmou a coordenadora do projeto em uma das inúmeras entrevistas que vem concedendo aos meios de comunicação no Brasil e no exterior.

As etapas técnicas do trabalho, com diferentes graus de profundidade e abrangência, porém com o mesmo senso de critério, cuidado e precisão, consistem basicamente em:

- identificação;
- conferência, no caso de documentos múltiplos;
- reconhecimento do conjunto documental, nos casos de elaboração de inventários (em arquivos que não o Ultramarino);
- leitura paleográfica, nos casos de descrição unitária (no Arquivo Ultramarino de Lisboa);
- elaboração, diretamente em forma digital, dos verbetes descritivos, quer correspondentes à série ou ao conjunto, quer correspondentes à peça documental; e, a partir da impressão desse corpo de verbetes,
- montagem dos catálogos, com introdução, explicação metodológica, anexos de dados históricos, bibliografia, glossários etc.

Paralelamente, visando à microfilmagem e à edição dos CD-ROMs, os técnicos procedem ao recorte e colagem de cada verbete nas capas dos documentos (isto no caso do Arquivo Histórico Ultramarino), e a sua microfilmagem, produzindo-se rolos correspondentes aos grandes conjuntos documentais. Desses rolos são extraídos os CD-ROMs, que conservam a mesma sinalização da notação de origem.

O processo de microfilmagem obedeceu às mais modernas normas internacionais, sendo os microfilmes duplicados em quatro conjuntos, que foram trazidos para o Brasil, ficando em Lisboa a cópia master e uma cópia de pesquisa. Na Biblioteca Nacional conserva-se a cópia de segurança, um negativo de segunda geração em sais de prata, e nos arquivos públicos estaduais fica a outra cópia negativa, com a documentação relativa a cada um deles. As cópias positivas de pesquisa já estão disponíveis na Biblioteca Nacional do Rio de Janeiro e nos referidos arquivos.

Para a etapa seguinte, a da digitalização — única forma de ampliar ainda mais o acesso à documentação e democratizá-lo —, foi contratada uma firma especializada, que desenvolveu um *software* monousuário de pesquisa apropriado às necessidades do projeto e à digitalização automática dos rolos de microfilmes. Foi desenvolvida uma base de dados indicando as principais informações em mídias apropriadas aos conceitos internacionais, nas quais o pesquisador pode ir direto ao documento que lhe interessa sem necessidade de passar, uma a uma, milhares de páginas.

Segundo os especialistas encarregados da elaboração desses sistemas de microfilmagem e digitalização, suas vantagens seriam: a preservação da memória histórica brasileira, a facilitação da publicação de documentos de valor histórico, a padronização da forma de busca segundo padrões internacionais, e a rapidez de acesso.

Os catálogos dos conjuntos documentais correspondentes às antigas capitanias, dentro do grande fundo denominado Brasil, contaram com a orientação técnica — inclusive na editoração — dos coordenadores científicos dos respectivos estados brasileiros a que correspondiam. A orientação arquivística de ordem diplomática e descritiva foi prestada pelas equipes científicas do Arquivo Histórico Ultramarino. Assim, a descrição unitária dos documentos é relativamente homogênea, mas a composição editorial não.

Até a presente data, o projeto Resgate já publicou e colocou à disposição dos pesquisadores os seguintes guias:

- *Guia de fontes para a história do Brasil holandês*. Brasília: MinC, Fundação Joaquim Nabuco, Massangana, 2001. 378p., com indicação de sete arquivos holandeses e referências de fundos documentais do período de Maurício de Nassau.
- *Guia de fontes para a história franco-brasileira: Brasil colônia, Vice-reinado e Reino Unido*. 304p., com indicação de 32 arquivos e bibliotecas de Paris e de cidades francesas que possuem documentos manuscritos sobre o Brasil.
- *Guía de fuentes manuscritas para la historia de Brasil conservadas en España/Guia de fontes manuscritas para a história do Brasil conservadas na Espanha*. Madrid: Fundación Mapfre Tavera, Ministerio da Cultura

do Brasil, 2002. 702p., com indicação de 38 arquivos e bibliotecas de Madri e de cidades espanholas e referências dos documentos de interesse para o Brasil.

Já se acham em vias de publicação os guias do material levantado na Itália, no Vaticano, na Inglaterra, e em levantamento os documentos de interesse do Brasil existentes nos Estados Unidos da América.

Quanto aos catálogos, já estão disponíveis:

- *Códices do Fundo do Conselho Ultramarino (1605-1833)* 183p., com 939 códices microfilmados em 222 rolos e 44 CD-ROMs.
- *Capitania de Alagoas (1680-1826)* 190p., com 532 documentos microfilmados em nove rolos e dois CD-ROMs.
- *Capitania do Ceará (1618-1832)* 358p., com 1.436 documentos microfilmados em rolos e CD-ROMs.
- *Capitania do Espírito Santo (1585-1822)* 169p., 549 documentos microfilmados em sete rolos e dois CD-ROMs.
- *Capitania de Goiás (1731-1822)* 533p., com 2.950 documentos microfilmados em 73 rolos e sete CD-ROMs.
- *Capitania de Mato Grosso (1720-1827)* 526p., com 2.212 documentos microfilmados em 39 rolos e nove CD-ROMs.
- *Capitania de Minas Gerais (1680-1832)* 3v., com 13.969 documentos microfilmados em 174 rolos e 54 CD-ROMs.
- *Capitania da Paraíba (1593-1826)* 663p., com 3.523 documentos microfilmados em 57 rolos e seis CD-ROMs.
- *Capitania do Rio Grande do Norte (1623-1823)* 218p., com 684 documentos microfilmados em 12 rolos e um CD-ROM.
- *Capitania do Rio Grande do Sul (1732-1825)* 239p., com documentos microfilmados em 15 rolos e dois CD-ROMs.
- *Capitania do Rio Negro (1723-1825)* 249p., com 750 documentos microfilmados em 21 rolos e dois CD-ROMs.
- *Capitania de Santa Catarina (1717-1827)* 174p., com 619 documentos microfilmados em 11 rolos e um CD-ROM.
- *Capitania de São Paulo (1618-1830)* 3v., com 6.496 documentos microfilmados em 103 rolos e 11 CD-ROMs.
- *Capitania de Sergipe (1619-1822)* 185p., com 495 documentos microfilmados em sete rolos e dois CD-ROMs.

- *Colônia do Sacramento e Rio da Prata (1618-1828)* 376p., com 935 documentos microfilmados em 14 rolos e dois CD-ROMs.
- *Secretaria do Conselho Ultramarino (1642-1833)*, com 389 documentos microfilmados em 22 rolos e três CD-ROMs.
- *Capitania do Piauí (1684-1828)* 350p., com documentos microfilmados em rolos e CD-ROMs.

Os rolos de microfilmes, os conjuntos de CD-ROMs e os catálogos vêm sendo depositados, no Brasil, na Biblioteca Nacional do Rio de Janeiro, nas universidades federais e em algumas estaduais e nos arquivos estaduais, e estão abertos à consulta nessas instituições, segundo as próprias disponibilidades das entidades custodiadoras.

Em Portugal, a cooperação arquivística internacional empreendida pelo projeto Resgate propõe-se a atingir, no futuro, outros arquivos de nossa antiga metrópole, não só na capital, Lisboa — Arquivo Nacional da Torre do Tombo, Coleção Pombalina da Biblioteca Nacional, Arquivo do Tribunal de Contas etc. —, mas também em outras cidades, como Évora, Porto, Coimbra etc.

Por ora, naquele país ibérico, o projeto, embora já tenha feito o mapeamento da geografia das fontes de seu interesse, trabalhou apenas com o principal repositório da documentação colonial brasileira, o Arquivo Histórico Ultramarino de Lisboa.

Criado em 1931, o Arquivo Histórico Ultramarino de Lisboa passou a congregar os documentos recebidos, produzidos, registrados e acumulados pelos órgãos mais diretamente afetos à administração do vasto império colonial português, que foram, sucessivamente, o Conselho Ultramarino (sucessor do Conselho da Índia, 1643-1833), a Secretaria dos Negócios da Marinha e Ultramar (1736-1834), a Secretaria de Estado da Marinha e Ultramar (1834-1910) e o Ministério das Colônias, depois do Ultramar (1910-75). Esse importante repositório custodia a documentação referente a todas as colônias do antigo império português: Cabo Verde, Guiné Bissau, São Tomé e Príncipe, Angola, Moçambique, Índia (Goa), Macau, Timor, Madeira, Açores, Norte da África, Brasil (constituído por 18 capitanias), documentação datada entre os séculos XVI e XX.

Essa instituição arquivística, por não ser o arquivo nacional português, não dispõe dos atos dispositivos da Coroa e dos emanados das chancelarias dos reis, nem dos registros de órgãos administrativos em geral, mas contém o real pulsar da administração através de toda a rede burocrática. Como o conselho e a secretaria eram os órgãos incumbidos de resolver questões mais burocráticas e administrativas do que propriamente políticas, justamente por isso é neles que os historiadores podem encontrar os testemunhos do dia a dia das colônias, entre elas o Brasil.

A disponibilização dos documentos é essencial para o bom andamento do trabalho do historiador. Como muito bem assinala o embaixador Luiz Felipe de Seixas Correa no estudo introdutório que fez ao *Guía de fuentes para la historia de Brasil*, publicado pelo convênio entre o projeto Resgate e a Fundação Tavera: "O documento fixa o passado, reflete um instante, uma circunstância, uma maneira de ser, de estar, de transmitir. Ao tratar o documento, o historiador estabelece com ele um diálogo, uma mediação de culturas e de tempos que o habilita a formular valorações para o seu significado. O documento é a matéria-prima. O diálogo é o processo. Não há História sem um e outro. Entre os dois, entre o documento e o diálogo, medeia o tempo, a oposição passado/presente que, conforme ensina Jacques Le Goff, constitui o material fundamental da História. É através da memória que, no presente, o historiador se habilita a dialogar com o passado e, portanto, a atualizá-lo".

Com o novo corpo documental facilitado pelo projeto Resgate, os historiadores poderão enriquecer seu diálogo com os documentos coloniais luso-brasileiros. Será possível flagrar, no seu tempo real, atitudes e comportamentos de autoridades, provedores, ouvidores, governadores civis e militares, vice-reis, oficiais das câmaras etc., assim como de funcionários civis, militares e eclesiásticos e de colonos em geral. Detectar as vias e os fluxos da obediência e/ou da insubordinação a uma legislação e um governo construído de longe, nos gabinetes palacianos, frequentemente ignorando as realidades locais coloniais. Trata-se do pulsar administrativo, do dia a dia da governança colonial, das reações do governo metropolitano flagrados, de forma inequívoca, em suas variadas nuances durante quase 200 anos.

Mas não é apenas essa realidade luso-brasileira que vem à tona, agora com contornos mais nítidos, permitindo um retrato mais consistente do Brasil dos séculos XVI a XIX. Os levantamentos feitos e por fazer em outros Estados da Europa, como Espanha, França, Itália, Holanda, Vaticano e Inglaterra, propiciarão vislumbrar com essa mesma nitidez nossas relações com esses países em épocas passadas.

E o ineditismo de muitas das fontes ora descritas proporcionará uma visão renovada do Brasil colonial e imperial, apontando novos rumos para a historiografia e possibilitando um melhor conhecimento da evolução do país.

Embora a documentação do Arquivo Histórico Ultramarino represente 80% dos documentos referentes ao período colonial que se encontram no exterior, ainda existem mais 20% espalhados em outros arquivos portugueses e em arquivos dos países europeus acima mencionados, com os quais o Brasil teve alguma ligação no decorrer de sua história.

Relativamente à Espanha, a vizinhança do Brasil com suas possessões na América significou uma convivência nem sempre pacífica, mas, em outras ocasiões, de franco diálogo. São muitos os cruzamentos dessa história comum, como se pode verificar no mencionado guia de fontes. O período da União Ibérica colocou todos os países da América espanhola e o Brasil sob o mesmo domínio dos Áustrias, muito embora houvesse peculiaridades, tais como a manutenção de várias áreas de autoridade portuguesa no Brasil e mesmo em território português, como é de notório conhecimento dos historiadores.

Foram levantados, na Espanha, os grandes arquivos históricos gerais — com destaque para o Archivo Histórico Nacional, o Archivo General de Simancas e o Archivo General de Indias —, os arquivos da administração geral, da autonômica, os militares, os eclesiásticos, os nobiliários, os de instituições culturais e de fundações, assim como os fundos de manuscritos de bibliotecas. A maior parte dos documentos neles contidos recebeu tratamento de descrição unitária; os outros, descrição mais sumária, por se tratar de documentos de dados repetitivos.

O mesmo período do Brasil-espanhol foi o das invasões holandesas na Bahia e em Pernambuco, fazendo com que os meados do século XVII fossem de convivência entre o Brasil e a Holanda em matéria documental. Tal fato levou o projeto Resgate aos arquivos holandeses. Fazia-se necessária mais uma incursão de cooperação internacional, agora com aquele país. Com o forte apoio de instituições culturais pernambucanas e de pesquisadores brasileiros e holandeses, contando-se ainda com antigos catálogos realizados por antigos historiadores brasileiros, foram identificados documentos de nosso interesse no Arquivo Geral do Estado, em arquivos municipais e no arquivo da Casa Real em Haia. Assim, conseguiu-se publicar, em 2001, o *Guia de fontes para a história do Brasil holandês*.

Em 2004, o projeto Resgate realiza seu derradeiro compromisso no Arquivo Histórico Ultramarino: a finalização da descrição dos documentos relativos à Capitania do Rio de Janeiro, um dos maiores conjuntos entre toda a documentação do Brasil. Também aguarda, no mesmo ano, a publicação dos catálogos e os CD-ROMs dos trabalhos já finalizados, inclusive a microfilmagem dos documentos referentes às capitanias da Bahia e de Pernambuco.

Capítulo 19

O arquivista na sociedade contemporânea

O arquivista hoje não pode esquecer que vive e atua profissionalmente na chamada "era da informação", na qual as tecnologias da informação e da comunicação têm presença marcante. Os novos suportes documentais com os quais terá de lidar exigem conhecimento, competência, métodos e meios de produção, utilização e conservação física especiais. São fatores novos, sobre os quais os arquivistas passam agora a ser instruídos e treinados, não obstante correrem o risco de, em virtude do vertiginoso crescimento das possibilidades da eletrônica nas áreas documentais, nunca conseguirem abarcar a plenitude desses conhecimentos tão mutáveis e dependentes de equipamentos tão rapidamente tornados obsoletos.

A informática, entendida como a "técnica que permite a produção e o tratamento acelerado da informação por meio de operações eletrônicas e mecânicas",[208] tem hoje nos arquivos marcada presença. As tecnologias aumentaram muito a capacidade da sociedade de gerar, reunir, recuperar, examinar e utilizar dados com objetivos os mais variados, apresentando ainda a vantagem de possibilitar o acesso à informação a distância e de nos ajudar a eliminar dados/informações redundantes, supérfluas, irrelevantes.[209]

---

[208] Couture e Rousseau, 1987.
[209] Duranti, c.1994.

O documento em meio informático permite a densidade máxima da informação em um mínimo de suporte, do qual a mensagem, naturalmente, terá de passar por reconstrução legível por máquina para ser entendida. Entretanto, dentro da peculiaridade do documento arquivístico, os especialistas chamam a atenção dos arquivistas para o fato de que todo o processamento que se dê à informação arquivística não pode se afastar dos princípios teóricos básicos da arquivística, refletindo sempre o princípio da proveniência e a organicidade na ordenação interna dos fundos.[210] Isto, mesmo em se admitindo a já não centralização material e formal dos documentos, tal como se apresentavam anteriormente na forma tradicional da organização arquivística. Nesta, campeava o suporte papel, a informação formalmente padronizada e a obediência estrita e material ao princípio da proveniência. Ora, a informática vem mudar sensivelmente essas verdades, porque separa a informação do suporte reconhecível, já que este é um sistema informático. Trata-se, portanto, de documentos virtuais,[211] e assim devem ser compreendidos e tratados.

Preservam-se documentos por sua capacidade de servir como prova (*evidential value*) ou como testemunho (*informational value*). Neste sentido, os arquivistas devem ter bem claro o quanto é preciso localizar, de imediato nos seus documentos, a procedência e a estrutura, funções e atividades do produtor nele refletidas. Só isso confere a eles autenticidade, no primeiro caso, e fidedignidade, no segundo.

No entanto, ainda é inconsistente nosso conhecimento quanto à evidência desses elementos nos documentos em suporte eletrônico. Será que questões como imparcialidade, fidedignidade, autenticidade, natureza, unicidade, inter-relações orgânicas são, atualmente, facilmente detectáveis nos sistemas eletrônicos? Têm surgido problemas jurídicos em vários países em torno dessas questões, aguardando-se os caminhos e soluções, que certamente passarão pela área do direito.

Quando se fala do arquivista no século XXI, esperando dele que se assenhoreie das novas tecnologias para um eficiente desempenho de seu trabalho, não se deve esquecer que não é possível prescindir da-

---

[210] Tallafigo, 1994.
[211] Carucci, 1994.

quelas qualidades esperadas de tal profissional, em qualquer situação, tempo e lugar — com ou sem tecnologia. Alguns especialistas assim as têm arrolado:[212]

- capacidade de análise e síntese, juntamente com uma aptidão particular para esclarecer situações complexas e ir ao essencial;
- habilidade de formular claramente suas ideias, tanto na forma escrita quanto na verbal;
- capacidade de julgamento seguro;
- aptidão para tomar decisões sobre questões ligadas à memória da sociedade;
- abertura às novas tecnologias da informação;
- bom senso para tomar resoluções;
- adaptação à realidade, às condições de seu tempo e lugar.

Como se tudo isso fosse ainda insuficiente, fala-se ainda nas qualidades de adaptabilidade, pragmatismo, curiosidade intelectual, rigor, método, continuidade, capacidade de compreensão e de escuta relativamente ao produtor, ao pesquisador e ao cidadão. A verdade é que o arquivista, ademais de toda essa qualificação de cunho pessoal, deverá ainda estar capacitado profissionalmente para intervir em toda a cadeia do tratamento documental, qualquer que seja o suporte. A respeitabilidade de que é revestido o seu trabalho virá da segurança com que atue no seu *métier*.

Na verdade, o desafio da credibilidade deve ser respondido com um grande esforço de comunicação, de aperfeiçoamento, de reciclagem, paralelamente ao entendimento da evolução das práticas profissionais, das técnicas que não cessam de se renovar, dos conhecimentos, das competências, dos procedimentos.[213] Deve haver um diálogo constante entre a concepção que o arquivista tem do arquivo e a forma pela qual a sociedade expressa suas necessidades. Se o arquivista não assumir sua identidade de modo muito claro e consistente em qualquer nível profissional, as estratégias de aprimoramento de ensino, de capacitação ou

---

[212] Grimard, 1993:3-12.
[213] Limon, 1999-2000:49-69.

de prática profissional não terão resultados. Por se ter que enfrentar os desafios profissionais impostos pelas tecnologias, pelo aprimoramento e complexidade crescente dos processos administrativos e pelos imperativos da transparência da administração, mais do que nunca é preciso que o arquivista trace sua identidade, conheça nitidamente seus contornos e fronteiras, de modo a não confundir com outra a sua profissão.

Para cumprir com competência todas as demandas e desafios, deve-se desenvolver e cultivar a identidade profissional, reafirma a arquivista norueguesa Liv Mikland. No seu dizer, arquivo é mais do que informação. É uma entidade integral, completa, indivisível, cujas partes iluminam-se umas às outras. É instrumento de transmissão. Está no coração da transferência do conhecimento e das experiências.[214] E se o arquivista deseja marcar presença na política geral do órgão ou na empresa a que serve, deve ser capaz não só de reproduzir conhecimentos profissionais técnicos, mas também de pensar em termos de empresa. Precisa aproximar-se das técnicas de gerenciamento, da psicologia do trabalho, da gestão financeira etc.[215]

Muitos dos especialistas que se têm preocupado com a formação e o desenvolvimento profissional do arquivista em âmbito internacional são unânimes em reconhecer as deficiências da formação, a falta de relação entre o mercado de trabalho e o mundo universitário, assim como em apontar os pontos fracos da profissão, advindos não só da debilidade de formação, mas também da carência de maior consolidação das teorias, das normas, da evolução vertiginosa das tecnologias, não acompanhada no mesmo ritmo pelo ensino e pela aprendizagem.

No X Congresso Internacional de Arquivos, realizado em Montreal em 1992, o arquivista nigeriano Alegbeleye perguntava-se a respeito do descompasso entre mercado de trabalho e universidade, quase que entre teoria e prática, aliás, uma das grandes fraquezas internas da profissão. Afirmava ele: "Quando investigamos o vácuo entre, de um lado, as habilidades, conhecimentos, atitudes e comportamentos transmitidos nos cursos de arquivologia no mundo inteiro e a atual prática da profissão

---

[214] Mikland, 1994:99-109.
[215] Carucci, 1992.

podemos vislumbrar o porquê deste vácuo: uma deficiência no desenho curricular. Urge, portanto, efetuar revisões curriculares", assim como dar mais ênfase a treinamentos, leituras da produção recente, contatos em congressos e visitas técnicas, enfim, haver um maior intercâmbio entre os arquivistas.[216]

José Maria Jardim apresentou um quadro geral internacional da formação arquivística no X Congresso Brasileiro de Arquivologia, e referiu-se a essa possibilidade do arquivista em diferentes níveis: sênior, científico, técnico, auxiliar, distinguindo a educação da capacitação, do peso que deveria ter a interdisciplinaridade, aproximando-se também de uma harmonização curricular com as áreas das ciências da informação, ademais da existência, sempre desejada, da formação contínua. Chegou a afirmar que essa "adquire importância fundamental no quadro das transformações que influenciam a profissão e, por conseguinte, seu processo de formação profissional". E reiterou a questão também aventada pelos colegas estrangeiros no tocante a "uma arquivologia que seria ensinada na universidade e outra que seria praticada no setor público e privado".[217]

Esses vários pontos de vista de muitos teóricos e professores têm algo em comum. Seu *tonus* é a fragilidade do preparo dos arquivistas diante do mundo laboral que os aguarda. É preciso "adaptar o ensino arquivístico às necessidades da sociedade da informação, o que é mais do que criar condições otimizadas para as escolas de arquivo no campo do ensino, pesquisa, recursos e organização. A adaptação efetiva também depende de uma estreita relação entre as escolas de arquivo e a profissão como um todo, que tem de estabelecer padrões de qualificação e conduta".[218] Essa é uma profissão de identidade universal, que repousa em bases comuns e é capaz de se adaptar às especificidades de práticas particulares, nutrida pela renovação gerada pela pesquisa.[219]

Já não resta a menor dúvida de que a formação universitária é o mais importante instrumento para que a atividade arquivística passe,

---

[216] Alegbeleye, 1994:284-296.
[217] Jardim, 1992.
[218] Thomassen, 1994:506-513.
[219] Couture e Martineau, 2000:19-37.

de uma vez por todas, de simples ocupação a profissão. Prossegue Thomassen: "só transmitindo um corpo preestabelecido de conhecimentos científicos e um quadro de padrões e habilidades que cubram a função arquivística na sociedade, o ensino arquivístico será capaz de impor sua própria definição e realidade ocupacional aos novos membros qualificados da profissão e aos outros setores da sociedade. Transmitindo valores, padrões, terminologia, conhecimento, experiência, o ensino mune os novos profissionais de instrumentos para impor sua própria imagem profissional".

O arquivista do futuro deverá aconselhar o produtor de arquivos em suas funções de gestor de documentos. "Só um constante treinamento e cada vez mais experiência permitem aos arquivistas intervir definitivamente na implantação de diversos programas aprovados pela administração das instituições e converter-se em eficazes conselheiros para a solução de problemas relacionados com sistemas e controles, planejamento documental e informativo, análises descritivas, processamento de dados, análise e controle de custos de informação etc."[220] Trata-se da educação continuada. Este foi o tema mais caro ao último presidente do Comitê de Ensino do CIA, Theo Thomassen — tema do qual é um entusiasta. Ele analisou a questão detalhadamente no XII Congresso Internacional de Arquivos, realizado em Montreal em 1992, e como disse, trata-se de uma estratégia educacional para o pós-preparo de profissionais. É naturalmente flexível, diversificada e dinâmica. E pode aumentar os níveis de conhecimento e de competência do profissional. Para ele, é "a forma de [o arquivista] se assenhorear dos novos conhecimentos de sua profissão, de se familiarizar com a nova concepção do seu *métier*, de adquirir conhecimentos especiais e ser profícuo nas novas áreas de seu campo de atividade". No caso do arquivista, ele avança vertical e horizontalmente, isto é, tanto atinge níveis mais altos de especialização e conhecimento na arquivística, quanto se expande para áreas vizinhas.

No nível da educação continuada, cursos, oficinas, seminários, palestras, estudos em grupo podem ser presenciais, semipresenciais ou

---

[220] Arévalo Jordan, 1996:415-418.

a distância. No corpo discente estarão os que atuam no mercado de trabalho, diplomados ou não, e no corpo docente, tanto poderão concorrer professores como arquivistas ou técnicos experimentados, segundo os conteúdos a serem transmitidos. A mão de obra e o conteúdo são inter e multidisciplinares. Num mundo cada vez mais interdisciplinar, este é o caminho adequado.

A informática é o grande elo de comunicação dessa multidisciplinaridade. A informática está definitivamente incorporada aos arquivos, seja na gestão ou na disseminação da informação de documentos tradicionais, seja na organização e descrição de documentos em suportes isolados concretos, seja nos documentos virtuais, integrantes dos bancos de dados e dos sistemas de comunicações.

O que impedirá a dissolução dos princípios arquivísticos na produção e na organização dos documentos, livrando, portanto, a sociedade de enormes prejuízos, tanto para o processo decisório quanto para a pesquisa histórica, será a colaboração dos arquivistas nos processos de elaboração de *software*, para que não se percam os vínculos da informação arquivística com os princípios da proveniência e da organicidade, levando-se em conta, ainda, a padronização internacional de procedimentos.

A tudo isso deve estar muito atento o novo profissional. Ele só poderá cumprir a contento suas tarefas se compreender esse quadro atual de sua profissão, profundamente marcado pela informática. Mas não deve esquecer, cabe reiterar, a especificidade do documento de arquivo, ligado a sua procedência, a sua organicidade e à estrutura dos conjuntos documentais.

No dizer do arquivista do Ministério das Relações Exteriores da Suécia, Berndt Fredriksson, o papel dos arquivistas na sociedade contemporânea está definitivamente mudando. Ele se tornou mais amplo e mais proativo em relação ao restante da sociedade. Isso significa que os arquivistas têm a capacidade de antecipar mudanças e seguir em frente com elas. Ele insiste em que os arquivistas têm um papel a desempenhar na sociedade do conhecimento. Mas, primeiro, precisam definir mais detalhadamente que papel querem desempenhar. Fazendo isso, terão convencido o resto do mundo da sua competência, porque, na sociedade contemporânea, o profissionalismo arquivístico tem um papel essencial.[221]

É fundamental e indispensável que esse papel seja compreendido nas próprias entidades onde o arquivista atua como gestor da informação, seja esta considerada instrumento da administração e do direito, ou testemunho da história e do exercício da cidadania. É preciso que o administrador e o burocrata compreendam que o arquivista não é um simples trabalhador administrativo, dentro de um órgão público ou de uma organização privada, que não está ali apenas para passar papéis ou mídia eletrônica às mãos dos interessados. Ele é um provedor da informação administrativa e jurídica. É preciso também que os historiadores compreendam que o arquivista está suficientemente capacitado para elaborar os instrumentos de pesquisa que dão acesso à informação, que sua formação lhe dá elementos que o habilitam a não permitir que se perca a essência da informação na montagem da representação descritiva.

Do arquivista depende a eficácia da recuperação da informação: sua uniformidade, ritmo, integridade, dinamismo de acesso, pertinência e precisão nas buscas, porque terá havido precisão na classificação, na avaliação e na descrição. Sua atuação pode influir — e muito — no processo decisório das organizações e nas conclusões a que chegam os historiadores a respeito da evolução e da identidade da sociedade.

Com esta constatação consolida-se um novo e importante papel para o arquivista: o de atuar no que se convencionou chamar de "informação estratégica", isto é, a informação requerida pelos administradores de uma organização na tomada de decisão. Para tanto, é necessário ampliar o campo de ação do arquivista para além da informação imediata, de valor primário, ou do resgate daquela de valor secundário. A verdade é que o arquivista deve se posicionar no *front* da informação e estar presente desde sua criação até todos os seus usos possíveis, passando por sua organização e gestão. Outro não é o papel do arquivista na sociedade contemporânea senão o de colaborar estreitamente para que os fluxos informacionais na sua área de ação possam se dar de forma plena e o mais satisfatória possível, dentro dessa sociedade, toda ela beneficiária de seus arquivos e dos arquivistas.

---

[221] Fredriksson, 2002:37-43.

Bibliografia

ALEGBELEYE, Gabriel. Designing the archival education curriculum: what experience from what experiences from what disciplines, why and how? *Archivum*. Paris: CIA, v. 39, p. 284-296, 1994.

ARAÚJO, Emanuel. *Publicação de documentos históricos*. Rio de Janeiro: Arquivo Nacional, 1985. (Publicações técnicas, 43).

ARCHIVES. Montreal, v. 14, n. 1, p. 31-49, juin 1982.

ARÉVALO JORDAN, Victor Hugo. La practica profesional del archivero. In: ———. *Teoría y fundamentos de la archivología*. Santa Fé: Asociación de Archiveros de Santa Fé, 1996.

ARQUIVO NACIONAL. *Identificação de documentos em arquivos públicos*. Rio de Janeiro: Arquivo Nacional, 1985.

ASSOCIAÇÃO DOS ARQUIVISTAS HOLANDESES. *Manual de arranjo e descrição de arquivos*. Trad. Manoel Adolpho Wanderley. Rio de Janeiro: Arquivo Nacional, 1960.

ATIENZA, Cecília Andreotti. Disposições legais. In: ———. *Documentação jurídica:* introdução à análise e indexação de atos legais. Rio de Janeiro: Achiamé, 1979a.

———. Redação legislativa. In: ———. *Documentação jurídica:* introdução à análise e indexação de atos legais. Rio de Janeiro: Achiamé, 1979b.

──────. *Documentação jurídica:* introdução à análise e indexação de atos legais. Rio de Janeiro: Achiamé, 1979c.

BABELON, J. P. *Musées d'archives et expositions historiques.* Paris: Stage Technique International des Archives, 1979.

──────; BOUSQUET, R.; SEVE, R. Les archives et l'animation culturelle. In: *Manuel d'archivistique.* Paris: Direction des Archives de France, 1970.

BASTOS, Aurélio Wander. A ordem jurídica e os documentos de pesquisa no Brasil. *Arquivo & Administração.* Rio de Janeiro, v. 3, n. 1, p. 3-18, jan./abr. 1980.

BAUDOT, M. Les instruments de recherche. In: *Manuel d'archivistique.* Paris: Association des Archivistes Français, 1970.

BAUTIER, Robert-Henri. Les archives. In: SAMARAN, Charles (Dir.). *L'histoire et ses méthodes.* Paris: Gallimard, 1967.

──────. Les archives et le droit internationale. In: *Manuel d'archivistique.* Paris: Asociation des Archivistes Français, 1970.

BELLOTTO, Heloísa Liberalli. Tipologia documental em arquivística. *Revista do Arquivo Municipal.* São Paulo, v. 195, p. 9-17, jan./dez. 1982.

──────. Descrição sumária: solução de acesso. Arquivo. *Boletim Histórico e Informativo.* São Paulo, v. 9, n. 2, p. 65-71, jul./dez. 1988.

──────. Glossário das espécies documentais. In: *Documentos manuscritos avulsos da capitania de São Paulo:* catálogo 1. São Paulo: Fapesp, 2000.

──────. *Arquivística:* objetos, princípios e rumos. São Paulo: Associação de Arquivistas de São Paulo, 2002a.

──────. As espécies documentais. In: ──────. *Como fazer análise diplomática e análise tipológica de documentos de arquivo.* São Paulo: Associação de Arquivistas de São Paulo, 2002b.

BELTRÃO, Odacir. *Correspondência:* linguagem & comunicação; oficial, comercial, bancária, particular. 16. ed. São Paulo: Atlas, 1987.

BERCHE, Claire. The popular use of archives. In: INTERNATIONAL CONGRESS ON ARCHIVES, 9. 1980, London. *Annals...* London: [s.ed.], 1980.

BORSA, Juan. Los archivos de la India. *Boletín de la Unesco para Bibliotecas y Archivos.* Paris, v. 30, n. 6, p. 360-365, nov./dic. 1976.

BRAIBANT, Charles; BAUTIER, Robert-Henri. Les archives et l'enseignement. In: CONFERENCE ET TABLE RONDE DES ARCHIVES, 1. 1954, Paris. Annal. Paris: [s.ed.], 1954.

BRASIL. *Manual de redação da Presidência da República*. Brasília, DF, 1991.

CAMARGO, Ana Maria de Almeida; BELLOTTO, Heloísa Liberalli. *Dicionário de terminologia arquivística*. São Paulo: Secretaria da Cultura, 1996.

CARDOSO, Ciro Flamarion S. *Uma introdução à história*. São Paulo: Brasiliense, 1981.

CARROLL, C. V. *Principles of archival arrangement*. Ottawa: Canadian Historical Association/Archives Section, 1975. (Paper prepared for the 1975 Archives Course, 41).

CARTILLA DE organización de archivos. *Boletín de la Dirección General de Archivos y Bibliotecas de España*. Madrid, v. 55, jul./sept. 1960.

CARUCCI, Paola. *Il documento contemporaneo:* diplomatica e criteri di edizione. Roma: La Nuova Italia Scientifica, 1987.

―――. Place de la formation dans le développement de la profession. In: COLLOQUE INTERNATIONAL SUR LA FORMATION PROFESSIONNELLE, 4. Montréal, 12-14 sept. 1992.

―――. Genesis del documento: redacción, clasificación y valor jurídico. In: *Documento y archivo de gestión;* diplomática de ahora mismo. Carmona: Universidad Internacional Menéndez Pelayo, 1994.

CASTRO, Andresa de Moraes e; MACHADO, Angela Carmem Mäder. *Avaliação de documentos*. Brasília: Seplan, 1983.

CASTRO, Astréa de Moraes et al. *Arquivística = técnica, arquivo = ciência*. Brasília: ABDF, 1985. 2v.

CAYA, Marcel. La diffusion par la publication des instruments de recherche en archivistique. *Archives*. Montreal, v. 14, n. 1, p. 31-49, juin 1982.

CEDEAM. *Boletim de Pesquisa do Cedeam*. Manaus, v. 2, n. 3, p. 86-111, ago. 1983.

CHARPY, Jacques. Classement interne d'un fonds. In: *Principes de classement*. Paris: Stage Technique International des Archives, 1979a.

―――. *Principes de classement*. Paris: Stage Technique International des Archives, 1979b.

COLLIN, Hubert. *Triages et eliminations dans les archives.* Paris: Stage International Technique des Archives, 1979.

CONSELHO INTERNACIONAL DE ARQUIVOS. *Norma internacional de descrição arquivística.* Rio de Janeiro: Arquivo Nacional, 2001.

CORTÉS ALONSO, Vicenta. *Archivos de España y América:* materiales para un manual. Madrid: Universidad Complutense, 1979.

———. Prólogo. In: HERRERA, Antonia Heredia. *Manual de organización de fondos de corporaciones locales.* Madrid: Ministerio de Cultura, 1980.

———. *Documentos y documentación.* Madrid: Ministerio de Cultura, 1981a.

———. *Los documentos y su tratamiento archivístico.* Madrid: Asociación Española de Archiveros, Bibliotecarios, Museólogos y Documentalistas, 1981b. (Sep. do *Boletin de la Anabad.* Madrid, v. 31, n. 3, p. 365-381, jul./sept. 1981.)

COSTA, Avelino de Jesus da. *Princípios gerais da elaboração de instrumentos de trabalho em arquivologia (arquivos públicos e arquivos eclesiásticos).* Coimbra: [s.ed.], 1966.

COUTURE, Carol; MARTINEAU, Jocelyne. La formation en archivistique et le profil de l'archivist contemporain. *Archivum.* Paris: CIA, v. 45, p. 19-37, 2000.

———; ROUSSEAU, Jean-Yves. *Les archives au XXème siècle:* une reponse aux besoins de l'administration e de la recherche. Montréal: Université de Montréal, 1987.

CRUZ MUNDET, José Ramón. Caracteres de los documentos. In: *Manual de archivistica.* Madrid: Fundación German Sanchez Ruiperez, 1994.

DE PLÁCIDO E SILVA. *Vocabulário jurídico.* 6. ed. Rio de Janeiro: Forense, 1980.

DELMAS, Bruno. Manifeste pour une diplomatique contemporaine. Des documents institutionnels à l'information organisée. *Gazette des Archives.* Paris, v. 172, p. 49-70, 1996.

DICIONÁRIO de terminologia arquivística. São Paulo: Associação dos Arquivistas Brasileiros/Núcleo de São Paulo, 1996.

DIRECTION DES ARCHIVES DE FRANCE. *Manuel d'archivistique.* Paris: Sevpen, 1970.

DOCUMENTAÇÃO e arquivo. Brasília: Instituto do Desenvolvimento de Recursos Humanos, 1980.

DUCHEIN, Michel. El respeto de los fondos en archivística: principios teóricos y problemas práticos. *Revista del Archivo General de la Nación*. Buenos Aires, v. 5, p. 7-31, 1976.

———. O respeito aos fundos em arquivística. Trad. Maria Amélia Gomes Leite. *Arquivo & Administração*. Rio de Janeiro, v. 10, n. 14, p. 14-33, abr. 1982/ago. 1986.

DURANTI, Luciana. *A ciência arquivística*. Trad. Manuel Vázquez. Córdoba: [s.ed.], 1994.

———. Defining electronic memory: the essential steps in its preservation. [c.1994].

———. *Diplomática:* nuevos usos para una antigua ciencia. Trad. Manuel Vázquez. Carmona: Asociación de Archiveros de Andalucía, 1997.

ELSEVIER'S lexicon of archive terminology. Amsterdam: Elsevier, 1964.

ERMISSE, O. *Les services educatifs dans les archives départamentales*. Paris: Stage Technique International des Archives, 1979.

FILANGIERI, Ricardo. Les archives privés. *Archivum*. Paris, v. 6, p. 43-63, 1956.

LES FONDS d'archives. In: PÉROTIN, Yves. *Le concept d'archives et les frontières de l'archivistique;* rapport général de la Septième Conférence de la Table Ronde Internationale des Archives, 1962. Paris: Direction des Archives de France, 1963.

FONSECA, Vitor Manoel Marques da; GOUGETO, Alba Gisele Guimarães. *Documentos do período colonial:* considerações para tratamento técnico. Rio de Janeiro: Arquivo Nacional, 1985.

FREDRIKSSON, Berndt. The changing role of archivists in the contemporary society. *Comma*. Paris, v. 1, n. 2, p. 37-43, 2002.

GARCIA, Rodolfo. *Ensaio sobre história política e administrativa do Brasil, 1500-1810*. Rio de Janeiro: José Olympio, 1956.

GARCIA BELSUNCE, Cesar. Legislación sobre protección del patrimonio documental. In: SEMINÁRIO SOBRE ARQUIVOS NACIONAIS NA AMÉRICA LATINA. Anais... Brasília, 1982.

GAUYE, Oscar. Spécificité des archives et convergence avec les bibliothèques, les musées et les centres de documentation. *Archivum*. Paris, v. 34, p. 15-23, 1984.

GLÉNISSON, Jean. A publicação dos textos históricos. In: *Introdução aos estudos históricos*. São Paulo: Difel, 1961a.

_____. *Introdução aos estudos históricos*. São Paulo: Difel, 1961b.

GRACY II, David B. *Archives & manuscripts:* arrangement & description. Chicago: Society of American Archivists, 1977.

GRIMARD, Jacques. La pratique archivistique a trouvé une identité. *Archives*. Québec, v. 24, n. 3, p. 3-12, hiver 1993.

GRUPO DE TRABAJO DE ARCHIVEROS MUNICIPALES DE MADRID. *Manual de tipologia documental de los municipios*. Madrid: Consejería de Cultura, s.d. (Archivos. Estudios, 2).

HERRERA, Antonia Heredia. *Manual de instrumentos de descripción documental*. Sevilla: Diputación Provincial, 1982.

_____. *Recopilación de estudios de diplomática indiana*. Sevilla: Diputación Provincial, 1985.

_____. *Archivística general;* teoría y prática. Sevilla: Diputación Provincial, 1988.

HIMLY, F. J. *Les instruments de recherche:* principes, definitions, commentaires critiques. Paris: Stage Technique International des Archives, 1979.

JARDIM, José Maria. A universidade e o ensino da arquivologia no Brasil. In: CONGRESSO BRASILEIRO DE ARQUIVOLOGIA, 10. *Anais...* São Paulo, 1992. (Primeira Sessão Plenária).

JENKINSON, Hilary. *A manual of archive administration*. 2. ed. London: [s.ed.], 1922.

JILEK, Bozena. Les services educatifs dans les archives départamentales en France. *Archives*. Montreal, mar. 1980.

KASPARY, Adalberto J. *Redação oficial:* normas e modelos. 12. ed. Porto Alegre: Prodil, 1995.

KHMELEVA, V. V. The media and the archives. In: INTERNATIONAL CONGRESS ON ARCHIVES, 9. 1980, London. *Annals...* London: [s.ed.], 1980.

LEAL, Eurípedes Franklin; BERWANGER, Ana Regina. *Noções de paleografia e diplomática*. Santa Maria: Universidade Federal de Santa Maria, 1996.

LIMON, Marie Françoise. La poursuite du développement et de la formation en archivistique. *Archives*. Québec, v. 31, n. 3, p. 49-69, 1999-2000.

LOMBARDO, A. *Une table ronde utile à l'histoire*. Paris: Conseil International des Archives, 1958.

LOPEZ, André Ancona. A norma internacional de descrição arquivística. In: ———. *Como descrever documentos de arquivo:* elaboração de instrumentos de pesquisa. São Paulo: Arquivo do Estado, 2003.

LUZ, Milton. *Redação de documentos:* orientação e modelos. 7. ed. Porto Alegre: [s.ed.], 1992.

MADY, J. et al. Esquisse d'une théorie des bons versements. In: *Manuel d'archivistique*. Paris: Direction des Archives de France, 1970.

MANUAL de arquivos. Rio de Janeiro: Arquivo Nacional, 1959.

MANUEL d'archivistique. Paris: Direction des Archives de France, 1970.

MARQUANT, R. *Os arquivos e as modernas pesquisas econômicas e sociais*. Rio de Janeiro: Arquivo Nacional, 1960.

MARTINHEIRA, José J. Sintra. *Tipologia documental nos arquivos:* um caso — tipologias documentais da administração central do Antigo Regime. Lisboa: Faculdade de Letras, 1997.

MEIRELES, Hely Lopes. *Direito administrativo brasileiro*. São Paulo: Revista dos Tribunais, 1989.

MIGUÉIS, Maria Amélia Porto. Roteiro para elaboração de instrumentos de pesquisa em arquivos de custódia. *Arquivo & Administração*. Rio de Janeiro, v. 4, n. 2, ago. 1976.

MIKLAND, Liv. Protection and integrity. The archivist's identity and professionalism. *Archivum*. Paris: CIA, v. 39, p. 99-109, 1994.

MOREIRA, Aluízio Xavier. Documentação administrativa. In: JAMESON, Samuel H. (Org.). *Administração de arquivos e documentação*. São Paulo: FGV, 1964.

NORMAS GERAIS sobre avaliação de documentos de arquivo. Rio de Janeiro: Arquivo Nacional, 1983 (trabalho preliminar).

NUÑEZ CONTRERAS, Luiz. Caracteres extrínsecos e intrínsecos dei documento diplomático. In: *Archivística:* estudios básicos. Sevilla: Diputación Provincial, 1981a.

———. Concepto de documento. In: *Archivística:* estudios básicos. Sevilla: Diputación Provincial, 1981b.

PAES, Marilena Leite. *Arquivo:* teoria e prática. Rio de Janeiro: FGV, 1986.

PAYNE, Hugh W. L. Education and archives. In: INTERNATIONAL CONGRESS ON ARCHIVES, 9. 1980, London. *Annals...* London: [s.ed.], 1980.

PINHEIRO, Ana Virgínia. Glossário de codicologia e documentação. *Anais da Biblioteca Nacional.* Rio de Janeiro, v. 115, p. 123-113, 1995-1998.

LA PLACE des archives et des archivistes dans l'État. [Troisième Conférence de la Table Ronde des Archives, Zagreb, 1957.] In: BRAIBANT, Charles; BAUTIER, Robert Henri. *Une table ronde utile à l'histoire.* Paris: Direction des Archives de France, 1958.

POLITIQUE DE microfilmage pour l'etranger. *Archivum.* Paris, v. 18, p. 36-42, 1968.

PRATESI, Alessandro. *Un secolo di paleografia e diplomatica.* Roma: Gela, [1988].

PRINCIPE, L. S. Les archives et le citoyen. In: INTERNATIONAL CONGRESS ON ARCHIVES, 9. 1980, London. *Annals...* London: [s.ed.], 1980.

REAL DIAZ, Jose Joaquín. *Estudio diplomático del documento indiano.* Sevilla: Escuela de Estudios Hispanoamericanos, 1970.

RIBEIRO JUNIOR, José. Extrato da legislação para o Brasil durante o reinado de d. José I (1750-1777). *Anais da História.* Assis, v. 1, 1969.

RIEGER, Morris. Procédés modernes de disposition et d'evaluation des dossiers. *Rusiba,* v. 1, n. 3, p. 209-219, jul./sept. 1979.

RIO DE JANEIRO (Estado). *Manual de redação oficial do Estado do Rio de Janeiro.* Rio de Janeiro: Secretaria de Estado de Administração e Reestruturação, 1999.

RODRIGUES, José Honório. *Teoria da história do Brasil.* 2. ed. São Paulo: Nacional, 1957.

SCHELLENBERG, T. R. Descrição das peças. In: *Manual de arquivos.* Rio de Janeiro: Arquivo Nacional, 1955a.

———. Descrição das séries. In: *Manual de arquivos.* Rio de Janeiro: Arquivo Nacional, 1955b.

———. Interesses do arquivo na administração dos documentos. In: *Manual de arquivos.* Trad. Manoel A. Wanderley. Rio de Janeiro: Arquivo Nacional, 1959a.

———. Padrões de avaliação. In: *Manual de arquivos*. Rio de Janeiro: Arquivo Nacional, 1959b.

———. Relação da biblioteca com o arquivo. In: *Manual de arquivos*. Trad. A. Wanderley. Rio de Janeiro: Arquivo Nacional, 1959c.

———. *Arquivos modernos:* princípios e técnicas. Rio de Janeiro: FGV, 1973a.

———. Evolução do princípio de arranjo na América. In: *Arquivos modernos:* princípios e técnicas. Trad. Nilza Teixeira Soares. Rio de Janeiro: FGV, 1973b.

———. Evolução dos princípios de arranjo na Europa. In: *Arquivos modernos:* princípios e técnicas. Rio de Janeiro: FGV, 1973c.

———. *Documentos públicos e privados:* arranjo e descrição. Trad. Manoel A. Wanderley. 2. ed. Rio de Janeiro: FGV, 1980a.

———. Natureza das operações de arranjo. In: *Documentos públicos e privados:* arranjo e descrição. 2. ed. Trad. Manoel A. Wanderley. Rio de Janeiro: FGV, 1980b.

———. Natureza do programa descritivo. In: *Documentos públicos e privados:* arranjo e descrição. Trad. Manoel A. Wanderley. 2. ed. Rio de Janeiro: FGV, 1980c.

SILVA, António de Morais. *Grande dicionário da língua portuguesa*. 10. ed. Lisboa: Confluência, 1956.

SOARES, Nilza Teixeira. Arquivos em sistemas nacionais de informação. In: CONGRESSO BRASILEIRO DE BIBLIOTECONOMIA E DOCUMENTAÇÃO, IX., jul. 1977, Porto Alegre. *Comunicação*... Porto Alegre, 1977.

———. As novas funções dos arquivos e dos arquivistas. *Cadernos da Fundap:* Comunicações Administrativas. São Paulo, v. 4, n. 8, abr. 1984.

SPINA, Segismundo. *Introdução à ecdótica*. São Paulo: Cultrix; Edusp, 1977.

SZEDÖ, Antal. L'utilisation du microfilme pour la recherche et la publication. *Archivum*. Paris, v. 16, 1966.

TALLAFIGO, Manuel Romero. La tradición documental. Originales y copias. In: *Archivística:* estudios básicos. Sevilla: Diputación Provincial, 1981.

———. *Archivos y archivística*. Carmona: Asociación de Archiveros de Andalucía, 1994.

TAMAYO, Alberto. Segunda parte: diplomática. In: ———. *Archivística, diplomática y sigilografia*. Madrid: Cátedra, 1996.

TESSIER, Georges. Le discours diplomatique. In: ——. *La diplomatique*. Paris: PUF, 1952.

——. La diplomatique. In: *L'histoire et ses méthodes*. Paris: Gallimard, 1961.

THOMASSEN, Theo. Continuing professional education and the archival profession. *Archivum*. Paris, v. 39, p. 506-513, 1994.

——. Introduction to the Hague Conference on Professional Training. *Janus*. Paris: ICA, v. 2, 1995.

VALENTE, José Augusto Vaz. Acerca do documento. *Revista Brasileira de Biblioteconomia e Documentação*. São Paulo, v. 11, n. 3/4, p. 177-198, jul./dez. 1978.

VÁZQUEZ, Manuel. *Manual de selección documental*. Córdoba: Universidad Nacional de Córdoba, 1983.

——. Reflexiones sobre el término "tipo documental". In: *De archivos y archivistas:* homenaje a Aurelio Tanodi. Washington: Organización de los Estados Americanos, 1987.

——. *El carácter original de los documentos*. Córdoba: Universidad Nacional de Córdoba, 1988a.

——. *Estudio del carácter original de los documentos*. Córdoba: Dirección General de Publicaciones, 1988b.

Nota da autora

Os capítulos relacionados a seguir resultam, completamente ou em parte, de textos já publicados.

❏ Capítulo 1 — fusão, revista, de artigos publicados em *Ágora*. Florianópolis, v. 2, p. 10-13, jul. 1986; na *Folha de S.Paulo*, 5 dez. 1983. p. 2; e em *Arquivo*. São Paulo, v. 2, n. 3, p. 85-94, set./dez. 1981.

❏ Capítulo 2 — elaborado a partir da fusão e da revisão de três artigos: Arquivos, bibliotecas e centros de documentação: da convergência de objetivos à diversidade da documentação e do processamento técnico. *Revista Brasileira de Biblioteconomia e Documentação*. São Paulo, v. 11, n. 3/4, p. 169-175, jul./dez. 1978; Arquivos, bibliotecas e museus: fronteiras definidas. *Arquivo Rio Claro*. Rio Claro, v. 1, p. 5-11, jan. 1982; e Fronteiras da documentação. *Cadernos Fundap*. São Paulo, v. 4, n. 8, p. 12-16, abr. 1984.

❏ Capítulo 3 — parte deste capítulo foi extraído do manual de minha autoria *Como fazer análise diplomática e análise tipológica de documento de arquivo*. São Paulo: Associação dos Arquivistas Brasileiros, 2002.

❏ Capítulo 7 — adaptação de artigo publicado originariamente em *Arquivo Rio Claro*. Rio Claro, v. 3, n. 2, p. 28-35, jul. 1984.

❏ Capítulo 9 — adaptação de artigo publicado originariamente em *Arquivo Rio Claro*. Rio Claro, v. 5, n. 1, p. 4-15, jan. 1986.

- Capítulo 10 — texto baseado em comunicação apresentada no I Simpósio Nacional de Políticas Públicas. Ouro Preto, MG, 21 e 22 jun.1996.

- Capítulo 12 — adaptação, com mudanças substanciais, do artigo publicado originariamente em *Arquivo Rio Claro*. Rio Claro, v. 6, n. 1, p. 8-30, jan. 1987; e v. 6, n. 2, p. 40-49, jul. 1987, com exceção da parte referente ao *Guia de arquivo*, publicada em *Arquivo: Boletim Histórico e Informativo*. São Paulo, v. 5, n. 3, p. 81-88, jul./set. 1984, acrescido do texto inédito sobre a norma Isad (G).

- Capítulo 14 — fusão, com supressões e acréscimos, do prefácio ao *Catálogo de publicações* do Arquivo do Estado de São Paulo, de artigo sobre assistência educativa em arquivos publicados na *Revista do Arquivo Municipal*. São Paulo, v. 43, n. 193, p. 3-18, e de palestra sobre difusão cultural e educativa, proferida no II Encontro de Arquivos Catarinenses. Florianópolis, 18 set.1986.

- Capítulo 15 — texto-base, com supressões e acréscimos, elaborado para o I Encontro Paulista de Arquivos Privados, realizado em São Paulo, em abril de 1985.

- Capítulo 16 — baseado em conferência pronunciada no Ciclo de Palestras sobre Arquivos Públicos e Privados, patrocinado pelo Arquivo do Distrito Federal. Brasília, 21 e 22 nov. 1985.

- Capítulo 17 — baseado em aula proferida em curso da Fundap, em São Paulo, em março de 1984.

- Capítulo 18 — texto originariamente apresentado no Painel sobre Microfilme e Cultura, do VI Seminário Nacional de Sistemas Micrográficos, realizado em Niterói, de 7 a 11 de novembro de 1983, e publicado em *Ciência e Cultura*. São Paulo, v. 37, n. 6, p. 943-946, jun. 1985, acrescido do texto sobre o projeto Resgate, do qual sou consultora, originariamente apresentado como conferência no V Congreso de Archivología del Mercosur, realizado em Córdoba, Argentina, de 28 a 30 de agosto de 2003.

- Capítulo 19 — baseado em conferência pronunciada no I Encontro de Arquivologia, no *campus* de Marília da Unesp, em 2 de outubro de 2003, texto resultante da fusão de outras conferências e comunicações sobre o tema.

Esta obra foi produzida nas
oficinas da Imos Gráfica e Editora na
cidade do Rio de Janeiro